MICHEL BRÛLÉ

C.P. 60149, succ. Saint-Denis,
Montréal (Québec) H2J 4E1
Téléphone : 514 680-8905
Télécopieur : 514 680-8906
www.michelbrule.com

Maquette de la couverture et mise en pages : Jimmy Gagné, Studio C1C4
Révision : Élyse-Andrée Héroux, Sylvie Martin
Correction : Nicolas Therrien
Photo de la couverture : Mathieu Lacasse
Retouche photo : Marie-Elaine Doiron
Crédits photographiques : Alain Stanké

Distribution : Prologue
1650, boul. Lionel-Bertrand
Boisbriand, Québec J7H 1N7
Téléphone : 450 434-0306 / 1 800 363-2864
Télécopieur : 450 434-2627 / 1 800 361-8088

Distribution en Europe : D.N.M. (Distribution du Nouveau Monde)
30, rue Gay-Lussac
75005 Paris, France
Téléphone : 01 43 54 50 24
Télécopieur : 01 43 54 39 15
www.librairieduquebec.fr

Les éditions Michel Brûlé bénéficient du soutien financier du gouvernement du Québec — Programme de crédit d'impôt pour l'édition de livres — Gestion SODEC et sont inscrites au Programme de subvention globale du Conseil des Arts du Canada. Nous reconnaissons l'aide financière du gouvernement du Canada par l'entremise du Programme d'aide au développement de l'industrie de l'édition (PADIÉ) pour nos activités d'édition.

Société
de développement
des entreprises
culturelles
Québec 🔷🔷

ASSOCIATION
NATIONALE
DES ÉDITEURS
DE LIVRES

Bibliothèque et Archives nationales du Québec
Bibliothèque nationale du Canada
ISBN : 978-2-89485-467-9

ALAIN STANKÉ

Ceci n'est pas un roman, c'est ma vie!

Du même auteur

- *Un mois chez les damnés*, Le Petit Journal, 1955.
- *Le journalisme mène à tout*, Éditions du Saint-Laurent, 1960.
- *Un prêtre et son péché*, Éditions de l'Homme, 1961.
- *A priest and his sin*, Pyramide Publishing, 1961.
- *Toges, bistouris et soutane*, Éditions de l'Homme, 1962.
- *La rage des goof balls*, Les Éditions de l'Homme, 1962.
- *Pourquoi et comment cesser de fumer*, Éditions de l'Homme, 1964.
- *Montréalités*, Éditions de l'Homme, 1965.
- *Cent ans déjà*, Éditions de l'Homme/Éditions Radio-Canada, 1968.
- *Les greffes du cœur*, Éditions de l'Homme/Éditions Radio-Canada, 1968.
- *Prague, l'été des tanks*, Éditions de l'Homme, 1968.
- *Ce combat qui n'en finit plus…*, Essai sur la vie et l'œuvre du Dr Armand Frappier, Éditions de l'Homme, 1970.
- *PAX : lutte à finir avec la pègre*, Éditions La Presse, 1972.
- *Guide des vacances inusitées*, Éditions La Presse, 1974.
- *So much to forget*, Gage Publishing, 1977.
- *Pierre Elliott Trudeau, portrait intime*, Éditions Stanké, 1977.
- *Rampa : imposteur ou initié ?*, Éditions La Presse, 1980.
- *Le livre des livres*, Éditions Stanké, 1988.
- *Lituanie — L'indépendance en pleurs ou en fleurs*, Éditions Stanké, 1990.
- *Vive la liberté !*, Éditions Stanké, 1992.
- *Guide pratique des Montréal de France*, Éditions Stanké, 1992.
- *Je parle plus mieux française que vous et j'te merde*, Éditions Stanké, 1995.
- *Livres-s (Qu'importe le livre, pourvu qu'on ait l'ivresse)*, Éditions Stanké, 1997.
- *Le renard apprivoisé*, Éditions Stanké, 1997.
- *Petit manuel du parfait entarteur*, Éditions Stanké, 1999.
- *Contes à régler avec le temps*, Éditions Alexandre Stanké, 1999.
- *Malheureusement, c'est tout le temps que nous avons*, Éditions de l'Homme, 2007.
- *Occasions de bonheur*, Hurtubise HMH, 2008. Éd. originale : Éditions Stanké, 1993.
- *Des barbelés dans ma mémoire*, Les éditeurs réunis, 2009. Éd. originale : Éditions de l'Homme, 1969, publiée sous le titre *J'aime encore mieux le jus de betterave*.
- *Y a-t-il une vie après la guerre ?*, Les éditeurs réunis, 2009. Éd. originale : Éditions Stanké, 1998, publiée sous le titre *Mon chien avait un z'an*.
- *Le français a changé ma vie*, Les éditions Michel Brûlé, 2009.

ALAIN STANKÉ
Ceci n'est pas un roman,
c'est ma vie!

MICHEL BRÛLÉ

« *Chaque homme devrait écrire sa vie,*
car il est le seul à la connaître. »

Patrick Besson

Préavis aux lecteurs* du Québec

Voici le troisième tome d'une trilogie dont les deux premiers (*Des barbelés dans ma mémoire* et *Y a-t-il une vie après la guerre?*) furent édités à Paris, par l'Archipel. L'éditeur de la maison, Jean-Daniel Belfond, a cru qu'il serait d'intérêt de compléter le récit de la vie de l'auteur, commencée sur les rives de la Baltique, en lui faisant raconter sa découverte du Nouveau Monde.

Pour sa part, l'éditeur Michel Brûlé a eu la générosité de penser que cette tranche de vie de l'auteur pourrait également présenter un certain intérêt au Québec. D'où l'édition de cet ouvrage et l'avertissement que voici : le débarquement au Québec s'est fait dans la joie, mais pas sans surprises dont celle, notamment, de la découverte d'une langue qui, comme on le sait, bien que française, diverge parfois de celle pratiquée dans l'Hexagone. En conséquence, les explications concernant ces différences langagières, qui paraîtront superfétatoires aux lecteurs de ce côté-ci de l'Atlantique, n'auraient pas eu de sens si elles n'étaient pas commentées pour le bénéfice des Européens « de l'autre bord ». Autrement dit, il ne serait pas venu à l'idée de l'auteur d'expliquer aux Québécois des mots qu'ils connaissent parfaitement et… depuis plus longtemps que lui.

---

* Ce pluriel témoigne de l'optimisme de l'auteur, sans quoi il aurait plutôt écrit « Préavis au lecteur »…

En prélude

Pour tout dire, sans rien cacher...

Je suis un être favorisé. La chance, le hasard ou le destin, appelez cela comme vous voudrez, m'a déjà permis de vivre quatre vies bien remplies.

J'ai vu le jour, une première fois, en Lituanie. Naissance empreinte de paix, d'affection et de douceur. Un remarquable débarquement bardé de peluche, dont je garde un souvenir inoxydable.

Lors de ma deuxième naissance, qui eut lieu dans le terreau germanique, le ciel était couvert et menaçant. Des jours qui ont suivi mon douloureux accouchement, je ne retiens que de cruelles et accablantes images.

À ma troisième naissance, qui s'est produite à Paris, les sombres et sinistres nuages s'étant dissipés, le nouvel horizon m'apparut engageant, et l'avenir, prometteur.

Lorsque je suis venu au monde (au Nouveau Monde) la quatrième fois, j'eus nettement l'impression que mes vies précédentes m'avaient servi d'apprentissages. Cette quatrième vie, dont je jouis toujours avec une joie gourmande, fait l'objet des pages qui suivent.

Ma vie privée et ma vie professionnelle étant étroitement liées, les mêler en les remémorant témoigne à quel point elles sont indissociables.

Jusqu'à ce jour, la vie m'a procuré de merveilleuses découvertes et des exaltations remplies de lumineuses promesses.

Bien que gorgée de joies, elle fut aussi nourrie parfois d'inapaisables chagrins.

Le jour où cette vie-là prendra fin, je me sentirai... mortellement blessé. Seule une vie après la mort réussirait à m'en consoler. Malheureusement, l'inflexible sceptique que je suis entretient de sérieux doutes sur une hypothétique vie d'outre-tombe. Si jamais elle existait, elle serait alors ma cinquième. Entre-temps, comme je ne suis pas porté à croire à la réincarnation, je m'efforce d'«élastifier» le temps en meublant de mon mieux les jours qui me restent à vivre avec un maximum d'action, d'ardeur et d'enthousiasme.

Je ne dis pas que, de ces vies passées, il ne me soit rien resté. Des souvenirs heureux, j'en ai gardé plein ma besace, en nombre suffisant, en tout cas, pour éteindre ceux du genre plus douloureux dont on ne m'a pas épargné.

Toutes ces vies à travers lesquelles j'ai dû me diriger seul, sans boussole, je ne regrette pas de les avoir vécues. Elles m'ont donné l'occasion d'apprendre quantité de matières rarement enseignées à l'école. Elles m'ont appris, entre autres, que le rat n'avait pas si mauvais goût, particulièrement quand on n'a rien d'autre à se mettre sous la dent, et que le chat était plus savoureux à manger que le rat. J'ai aussi appris qu'il existait rarement au monde de joie plus simple et plus réjouissante que celle de porter des chaussures à sa pointure...

Enfant, j'ai tremblé de froid et de peur. J'ai connu aussi la faim, dont je porte encore des séquelles. Alors que je n'avais que cinq ans, je suis passé à un cheveu de mourir devant un peloton d'exécution. Si je n'ai pas eu peur, c'est parce que, n'ayant jamais vu de fusil de ma vie, j'ignorais leur (in)utilité.

Bien entendu, mes parents se sont chargés de m'expliquer, après coup, à quoi j'avais échappé pendant que j'avais le dos tourné. Depuis ce jour, je traîne une habitude profondément enracinée en moi, que seuls mes intimes connaissent. J'ai toujours beaucoup de difficulté à m'asseoir dos à une porte ou à une fenêtre...

Quelque temps après mon initiation au peloton d'exécution, ma famille s'est retrouvée sur la liste de déportation pour la Sibérie. Au moment de venir nous arrêter, les bourreaux soviétiques ont frappé, par mégarde, à la maison de nos voisins d'à côté. Les malheureux sont morts à notre place.

Adolescent, j'ai failli mourir, la gorge tranchée par un soldat allemand ; puis étouffé sous les décombres d'une maison détruite par les bombes américaines ; puis, à la suite d'un sabotage, déchiqueté sur une voie ferrée lors du déraillement d'un train ; puis, mis en lambeaux par la détonation d'un paquet de dynamite, qu'affamé, j'avais pris pour du riz ; puis, anéanti par une bombe à retardement. Je l'ai caressée quelques minutes juste avant qu'elle n'explose en détruisant un pâté de maisons en entier. J'avais cru qu'elle était défectueuse.

J'ai également échappé de justesse à la mort par hypothermie. Est-ce pour cela que j'ai tellement horreur du froid ? Il se trouve que, pour mes onze ans, alors que j'étais en Allemagne, le destin m'avait inscrit sur une liste de cobayes sélectionnés pour une recherche pseudo-scientifique sur l'hypothermie. L'expérience consistait à immerger l'infortuné baigneur dans une piscine d'eau à la température polaire pendant que l'on notait scrupuleusement le temps qui s'écoulait avant que la mort glaciale ne l'emporte. En entrant dans le bain glacé, on était mort d'effroi. En le quittant, on était assuré d'être mort de... froid !

À ma plus grande joie (je ne trouve pas de meilleur mot) et au grand désespoir des chercheurs nazis, l'immonde étude fut interrompue brusquement par l'arrivée impromptue des soldats américains, nos sauveteurs. Cette ahurissante recherche était menée avec la collaboration de l'I.G. Farben, une éminente industrie qui entretenait les meilleures relations avec les S.S. L'abominable expérience à laquelle j'ai échappé, presque par un imprévisible miracle, est restée à jamais gravée dans ma mémoire. On n'a pas tort de dire que l'important dans la recherche, c'est... l'imprévisible !

Après la guerre, on a pu mettre la main sur une série de documents issus de l'I.G. Farben, comme cette lettre envoyée par ses dirigeants aux chefs des camps d'Auschwitz.

« En vue d'expériences pour un nouveau narcotique, nous vous serions reconnaissants de nous procurer un certain nombre de femmes. Mais nous trouvons le prix de 200 DM par femme trop élevé. Nous vous proposons 170 DM. Nous avons besoin de 150 pièces environ. Réservez-les-nous dans le meilleur état de santé possible. »

Voici la suite de l'histoire. Après avoir pris la livraison des 150 « pièces » (!), les responsables de la recherche écrivaient de nouveau à leurs fournisseurs :
« Les expériences ont eu lieu. Toutes les femmes qui ont servi de sujet à ces expériences sont mortes. Nous vous écrirons prochainement en vue d'une nouvelle livraison. »

Toutes ces épreuves m'ont appris que dans les pires moments de la vie, il peut toujours arriver un événement imprévu où quelqu'un d'inattendu nous ouvre un interstice minuscule et inespéré qui fait du condamné que l'on est, un survivant. Revenu du monde des mourants, poussé par une force mystérieuse, on se réchauffe rapidement en se frottant aux vivants, on reprend confiance, on se remet à rêver. On veut prouver au monde entier, et à soi-même, que l'on n'a pas survécu pour rien. On veut découvrir, inventer, créer, se rendre utile, laisser sa trace, vivre, fonder une famille, passer le flambeau de sa mémoire directe.

C'est après avoir déjoué les plans sournois de la Grande Faucheuse que j'ai commencé à croire aux miracles et à apprécier la vie, toujours plus courte qu'on ne l'imagine. Au lieu de me briser, les foudres qui m'ont frappé par le passé m'ont fait pousser des ailes et des racines et appris à tenir compte du temps. À le ménager. À ne jamais le gaspiller. À ne pas seulement croire que je vis, mais à vivre réellement !
Je leur suis reconnaissant, à ces vies, de m'avoir donné aussi la chance d'avoir hérité de plusieurs langues… maternelles.
Il y eut d'abord le lituanien. Dérivé du sanskrit, il est une des plus anciennes langues parlées au monde. Ma deuxième langue fut le polonais, que parlaient les premiers ennemis de mon pays natal. Vint ensuite le russe, pratiqué par les bolcheviks qui, sur le plan de l'inimitié, ont succédé aux premiers. Puis, l'allemand, la langue des nazis, qui ont succédé aux deux ennemis précédents. La cinquième langue que j'ai

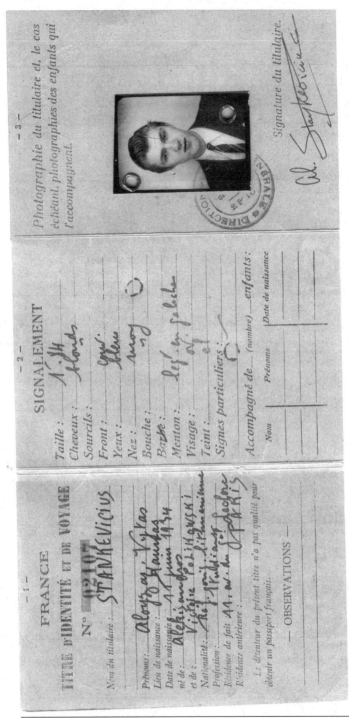

Le détenteur du présent titre — qui a le menton légèrement en galoche (!) — n'a pas qualité pour détenir un passeport français…

apprise fut le français. Elle représente pour moi la langue de la liberté retrouvée. Pour couronner le tout et pouvoir me prétendre polyglotte, j'ai aussi appris un peu d'espagnol et mis toute la gomme sur... l'anglais. C'est à Paris que je me suis efforcé d'apprendre cette dernière langue, et ce, par pur orgueil, afin d'épater mes petites copines françaises qui semblaient croire que la langue de Shakespeare donnerait un meilleur goût aux *French kisses*.

On ne devine pas à quel point le pouvoir des femmes est imprédictible.

Pour entrer dans ma quatrième vie et quitter définitivement le continent européen, il m'a fallu faire un bref retour au pays où j'avais déjà vécu ma deuxième : l'Allemagne. Que peut-on contre la fatalité ?

Après avoir passé six ans en France à chercher inlassablement un semblant de paradis sur terre pour y jeter l'ancre, mes parents ont fini par conclure que celui-ci pourrait bien se trouver outre-Atlantique. Plus précisément au Québec où, avait découvert mon père, « les gens étaient catholiques et parlaient tous le français ! » Deux qualités qui, à ses yeux, étaient fondamentales pour quiconque aspirait à une nouvelle existence remplie d'intense félicité.

Les frais de notre transport vers le Nouveau Monde furent pris en charge par l'OIR (Organisation internationale pour les réfugiés).

Le vieux rafiot affrété pour nous y conduire, le *S.S. Nelly*, était amarré à Hambourg. Pavillon panaméen, équipage norvégien, mille deux cents immigrants originaires du monde entier à son bord, sans compter une meute de rats à la nationalité indéterminée.

La traversée de l'océan — joies, rêves, impatience, prières, insomnie, mal de mer et icebergs compris — dure une accablante semaine. Amis du *Titanic*, bonjour !

C'est un vieux rabbin, un insomniaque, compagnon de notre traversée, qui aperçoit le Canada le premier. Nous sommes le lundi 28 mai 1951. Lorsqu'il crie à tue-tête « Terre ! Terre ! Canada ! Canada ! », son appel euphorique et démesuré nous fait penser à Christophe Colomb. Rallié par son acclamation, en un rien de temps, tout le monde se retrouve sur la passerelle et, dans un geste symbolique et spontané, chacun de nous balance par-dessus bord un vieux vêtement.

La joie est à son comble. On rit, on crie, on s'embrasse. Voilà longtemps qu'on n'a pas ressenti un tel bonheur collectif. Dans l'enthousiasme général, le rabbin s'empare d'un chandail que son fils est en train d'enfiler et lance le vêtement à la mer. Puis, dans le même élan, sous les applaudissements nourris de ses compagnons d'infortune regroupés près du bastingage, voilà que maintenant il jette à l'eau sa vieille pelisse noire de rabbin. Il rit à gorge déployée et tourne en rond devant nous comme une toupie. L'homme est ivre de joie. (Lorsque, plusieurs décennies plus tard, j'ai admiré Louis de Funès dans le film *Les Aventures de Rabbi Jacob*, j'ai cru reconnaître en lui le religieux de notre bateau.) Soudain, l'homme prend sa tête dans ses mains et se met à pleurer à chaudes larmes. Tout d'abord, on pense tous que c'est l'émotion, mais comme il reste inconsolable, on le questionne à tour de rôle pour comprendre son accablement. Honteux, le bougre finit par nous avouer qu'il avait cousu dans sa doublure une petite fortune. Si l'OIR avait su qu'il possédait pareille somme, jamais l'organisme d'aide aux réfugiés n'aurait accepté de lui offrir le voyage au même titre que nous qui n'avions, pour tout pécule, que trente maigrichons dollars

Mon père et moi (quatrième et cinquième à partir de la gauche) à bord du S.S. Nelly et au... bord du bonheur, qui n'est plus très loin.

en poche. Mon père, toujours très croyant et accessoirement mora-
lisateur, en profite pour me faire une leçon :

— Tu vois, dit-il, c'est ça, la justice divine... Même les
ministres du Très-Haut ne peuvent y échapper ! Ce rabbin est
maintenant au même point que nous, c'est-à-dire sans le sou !

Chploung !

Bonjour le Canada ! En débarquant au port de Halifax, nous
sommes accueillis par une grande affiche qui nous fait
chaud au cœur, même si elle n'est rédigée qu'en anglais. Traduite
en français, elle dirait « BIENVENUE CHEZ VOUS, AU
CANADA ! »

La seconde petite douche froide vient quelques instants plus
tard. Les officiers de l'immigration venus nous accueillir, sourire
aux lèvres, n'ont qu'un mot (aimable) à la bouche, « *Welcome !* »,
et, lorsque nos hôtes poussent leur conversation plus avant, je
comprends qu'aucun d'entre eux ne sait parler français. Mon
père, qui nous avait assurés du contraire, se sent vaguement trahi.
Il ne me sourit même pas lorsque je tente de le rassurer :

— Ce n'est pas grave..., lui dis-je, ça ne les empêche
sûrement pas d'être catholiques !

Comble de malheur pour lui, il n'y a pas l'ombre d'un
crucifix sur les murs et, à défaut d'être aspergés d'eau bénite par
le goupillon d'un quelconque curé de service, nous sommes
profusément inondés d'un épais nuage blanc de DDT dont la
tenace odeur nous escortera trois jours durant.

Avant de monter dans un train en direction de Montréal,
nous avons droit à une distribution d'étiquettes d'identification
qu'on nous recommande de placer bien en évidence sur le
revers de notre manteau. Outre mon nom et l'adresse du
destinataire (notre famille d'accueil), mon étiquette porte le
numéro 208. J'ai franchement le sentiment d'être un colis.

Ne voulant rien rater du paysage éblouissant de mon
nouveau pays d'accueil, je ne ferme pas l'œil de tout le trajet. Il
faut bien que je fasse le plein pour nourrir mes rêveries. Tout,
dans le nouvel univers que je découvre, me paraît vaste,
lumineux et féerique. Les champs à perte de vue, les majestueux
conifères, les bouquets d'arbrisseaux et les herbes folles bordant

la voie ferrée constituent mon comité d'accueil. En admirant tous ces arbres empanachés de vert, les érables, les sapins, les ormes, les bouleaux, les peupliers et les trembles, j'ai l'impression que quelque chose d'intemporel plane sur le monde de ma nouvelle naissance. Tout en moi est en fête.

À chaque passage à niveau, la locomotive répercute un sifflement strident que je n'ai connu qu'au cinéma. Le train, dont la tâche est de nous conduire sains et saufs vers un ailleurs rempli de promesses, court à perdre haleine, traversant sans s'arrêter des villages aux couleurs vives où, curieusement, l'on ne voit jamais âme qui vive.

Le gigantesque fleuve Saint-Laurent que l'on aperçoit au loin est d'une beauté sans rivale. Avant de quitter l'Europe, j'ai appris, en lisant l'histoire de l'immense cours d'eau, que c'est par cette majestueuse artère navigable que Jacques Cartier est passé, pendant l'été 1535, pour atteindre le pied du mont Royal où, à mon tour, je vais débarquer bientôt. «Il faudra bien que la France, tôt ou tard, vienne jeter ici sa semence», avait-il dit. Pour réaliser le vœu du navigateur malouin, il fallut néanmoins attendre 1608 et l'arrivée de Champlain. Pour l'heure, mon cher Jacques, le train apporte une semence qui, bien qu'ayant germé un temps en France, est originaire des rives de la Baltique…

En admirant le panorama, je ne peux m'empêcher de penser à combien différent je vais devenir sur ce coin de terre. Je sens au plus profond de moi que chaque tour de roue, chaque chaussée qui coupe les rails, m'éloignent inexorablement de mon passé. Tout ce que j'ai vécu jusqu'ici trouvera encore place dans la contrée de ma mémoire, mais rien ni personne ne pourra jamais plus m'empêcher de rénover ma vie à ma façon.

C'est dans cette disposition, avec une foi toute neuve et le vertige au ventre qu'on finit par atteindre la gare Centrale de Montréal. Un ami fidèle nous y attend: Jonas Kubilius. Un être unique. Un jésuite lituanien que nous avons connu à Paris et à qui j'ai servi d'enfant de chœur. Durant la Seconde Guerre mondiale, cet homme humble et généreux a accompli plusieurs actes héroïques. Pendant l'occupation allemande, alors qu'il était encore séminariste, le jeune Kubilius s'était vaillamment enrôlé dans la Résistance française pour œuvrer au sein du groupe que dirigeait nul autre que le célèbre résistant visionnaire Jean Moulin. À l'exemple des véritables héros, l'abbé parlait rarement de ses exploits. Une fois cependant, il dérogea à la règle et consentit à nous raconter une mission parmi les plus périlleuses qu'il avait vécues.

Un jour, Kubilius et un de ses compagnons, séminariste comme lui, furent enjoints par leurs chefs de libérer un parachutiste américain prisonnier des Allemands dans la *kommandantur* d'un petit patelin de campagne. Pour réussir leur périlleuse tâche, les deux comparses, qui ne manquaient pas plus d'imagination que d'audace, se sont tout d'abord rasés de près (!), puis ils se sont déguisés en sœurs de Saint-Vincent-de-Paul, avec la célèbre coiffe en cornette. Ils emplirent ensuite leurs cabas de bouteilles de champagne et s'en furent joyeusement, à bicyclette, «festoyer» avec… les geôliers teutons. Parvenus au seuil de la *kommandantur*, les fausses nonnes annoncèrent aux Allemands qu'elles venaient «exprimer leur gratitude aux soldats de la Wehrmacht et qu'elles le faisaient symboliquement et fièrement, au nom de TOUTE la France reconnaissante». Non contentes de distribuer leurs bouteilles aux soldats médusés par le geste, frisant libertinage et grivoiserie, les fausses jeunes femmes se proposèrent de trinquer avec les militaires. Il n'y avait pas de raison pour que les mâles boivent seuls! D'ailleurs, histoire de mieux titiller les militaires, Kubilius les gratifia d'un petit clin d'œil coquin en ajoutant, d'un air sous-entendu: «On a beau être des religieuses, on n'est pas moins des femmes pour autant!» Il n'en fallait pas plus pour que le groupe sabre le champagne avec les «*Ach! Mein Gott, cholies pétites so shönenen francözichen Schwestern*»! Une fois que ces guerriers teutoniques furent tous ronds comme des billes, les fausses novices s'emparèrent subrepticement de la clé des cellules et firent prendre la poudre d'escampette au prisonnier américain.

Voilà le type d'homme qu'était le père Kubilius.

Arrivé au Canada deux années avant nous, il a fondé l'église Notre-Dame Porte de l'Aurore, une paroisse pour immigrants d'origine lituanienne.

Nous sommes heureux et rassurés de le retrouver sur le quai de la gare de notre ville d'accueil où nous ne connaissons strictement personne. Il nous conduit aussitôt à l'appartement qu'il nous a loué pour trois mois et dont il s'est chargé d'acquitter le loyer.

— Après ça, vous serez sûrement capables de voler de vos propres ailes! nous dit-il d'un ton qui ne peut que nous donner de l'espoir.

Afin de mieux célébrer notre débarquement au Nouveau Monde — notre Big Bang à nous —, le père Kubilius nous invite au restaurant. Outre l'appellation de l'établissement, la gigantesque enseigne accrochée au-dessus de la porte d'entrée arbore les lettres «B.B.Q.»[1] dont la signification nous paraît totalement mystérieuse.

— Je ne vous dis pas la spécialité du restaurant, vous la découvrirez vous-mêmes! annonce notre hôte en poussant la porte.

À peine attablés, nous avons chacun droit à un grand verre d'eau rempli de glaçons. Voulant garder la surprise jusqu'au bout, notre hôte chuchote quelques mots à l'oreille du serveur qui disparaît aussitôt dans la cuisine. Un quart d'heure plus tard, l'homme revient à notre table en portant un grand plateau de bois sur lequel repose majestueusement un copieux morceau de viande que l'employé dépose délicatement devant moi avant de repartir à la cuisine. Je ne me souviens pas avoir vu un jour, sur notre table familiale, une portion de viande aussi imposante. Je crois tout d'abord que si le serveur a installé le plat devant moi, c'est purement par commodité, puisque ma chaise est la plus proche de la cuisine. Je repousse donc poliment le plateau au centre de la table afin que tout le monde puisse y puiser sa juste part. Je suis persuadé que le gigantesque steak est destiné aux cinq convives. Surprise! J'apprends avec stupéfaction que chacun de nous a droit à une portion identique qui dépasse largement ma faim. Après toutes ces années de disette, je viens de découvrir l'abondance. Je dévore le steak gargantuesque comme un morfal en jurant que jamais plus de ma vie je ne reviendrai aux maigres portions d'antan.

---

1. B.B.Q., BAR B-Q, BARBECUE: Ce mot (prononcé *barbiquiou*), serait d'origine anglo-américaine, emprunté à l'espagnol *barbacoa*, lui-même d'origine amérindienne. Selon *Larousse*, barbecue désigne «un appareil de cuisson à l'air libre fonctionnant au charbon de bois pour griller la viande ou le poisson». Mais, selon le clarinettiste de jazz Mezz « The Prezz » Mezrow, il s'agirait d'un nom mexicain. Le premier restaurant «Bar B-Q» à faire son apparition à New York fut, vers 1932, *Le Barbeque*, un estaminet tenu par un Mexicain basané, où l'on pouvait manger toutes sortes de grillades et où se réunissaient non seulement les gloires du jazz d'alors, mais également le Tout-Harlem.

Après ce somptueux festin, le père Kubilius nous fait remonter dans sa Plymouth noire et va nous déposer à notre nouvelle demeure. Le propriétaire de l'appartement, un modeste citoyen, a l'habitude de passer l'été dans sa petite maison de campagne. Le logement qu'il nous cède pour quatre-vingt-dix jours est entièrement meublé. J'ai l'impression d'emménager dans un château. En prime, nous avons droit à une salle de bain avec eau chaude à volonté. C'est Byzance! Voilà une bonne dizaine d'années que je n'ai pas connu ce luxe. À Paris, les latrines se trouvaient à l'étage. Quant à nos ablutions, nous devions nécessairement les accomplir au bain public. La maison que nous allons habiter durant le trimestre estival ne comporte pas encore de réfrigérateur et, à vrai dire, je ne connais l'existence de cet appareil que par ce que j'en ai lu dans les journaux. En revanche, la coquette cuisine est munie d'une glacière dans laquelle, tous les deux jours, nous déposons un grand bloc de glace livré par un marchand qui effectue la tournée du quartier dans une charrette tirée par un cheval. Luxe et romantisme!

Mes parents

Après deux jours de farniente dans ce lieu féerique, histoire de récupérer du voyage, nous nous lançons, mon père, mon frère et moi, en quête d'un emploi. C'est à moi que revient l'honneur de trouver le premier job. Il est à la mesure de mes « compétences » (!).

Ma mère, qui, en plus d'être une grande croyante, est un tantinet fétichiste, saute au plafond.

— Le Bon Dieu est avec toi, dit-elle en apprenant la bonne nouvelle. C'est l'évidence même : le bureau d'emploi où tu es convoqué se trouve rue Notre-Dame, au coin de la rue Saint-Laurent. De plus, le fonctionnaire que tu vas rencontrer se nomme… Sainte-Marie ! Je n'y vois que du bon !

Ayant scrupuleusement pris connaissance de mon maigre CV, qui fait état de mes cours (du soir) aux Beaux-Arts de Paris, de ma modeste expérience d'illustrateur de catalogues médicaux et des menus travaux d'affichiste auxquels je me suis adonné pendant mes études, l'aimable monsieur Sainte-Marie décrète que, vu mon talent (!), mon avenir se trouve désormais dans le métier d'étalagiste.

Après lui avoir ardemment serré la main et exprimé ma profonde gratitude, je quitte le sympathique homonyme de la mère de Dieu pour me rendre, toutes affaires cessantes, au magasin Woolwoorth où l'on m'attend. Le grand magasin se trouve sur la principale artère commerciale de Montréal, rue… Sainte-Catherine. On reste donc dans la sainteté. Je suis manifestement protégé par le Très-Haut.

Heureux de me voir arriver plus vite que prévu, le gérant de l'établissement me fait débuter sur-le-champ. Afin que les choses soient claires dès le départ, il m'informe que mes attributions seront de vingt-cinq dollars par semaine, que je n'aurai pas à travailler les week-ends et que ma responsabilité consistera à décorer les sept vitrines du magasin, à raison d'une par jour ! Je ne comprends pas immédiatement comment il peut s'attendre à ce que je change sept vitrines par semaine, alors que celle-ci ne comporte que cinq jours ouvrables. De peur de paraître insolent, je m'abstiens de lui en faire la remarque. Ce qui m'importe avant tout, c'est de palper les sous de mon tout premier salaire, dont je n'ai, soit dit en passant, jamais oublié la saveur à ce jour.

La première besogne qu'il me confie pour plonger dans mon nouveau métier semble lui donner beaucoup de soucis. Il s'agit de mettre en valeur un arrivage de chaudrons qu'il vient de réceptionner. Désireux d'impressionner mon employeur et n'écoutant que mon inspiration, j'entreprends doucettement une mise en scène des plus artistique en imitant un jeu des perspectives forcées que je me souviens avoir souvent admirées, à Paris, à la Samaritaine, au Printemps et aux Galeries Lafayette. Je ne suis pas en panne d'élan. Après avoir travaillé d'arrache-pied à mon ambitieuse création artistique une demi-journée durant, je reçois la visite du patron.

— Mais qu'est-ce que c'est que cette niaiserie ? demande-t-il, estomaqué. Il est midi et tu n'as encore rien mis dans la vitrine ?

Je tente de lui expliquer que les perspectives forcées, c'est… forcément un peu plus long, mais que… Il me coupe net et, me regardant droit dans les yeux, dit :

— Écoute, mon bonhomme, on a reçu deux mille casseroles au magasin. Il faut que je les vende ! Et pour les vendre, il faut que je les montre ! Je veux donc que tu m'en fourres mille dans la vitrine. Ça ne devrait pas te prendre une éternité ! Tu ferais mieux d'oublier tes fameuses forceptives percées. On n'est pas ici pour s'amuser !

Dans le commerce, c'est connu, c'est toujours le client qui a raison. Mais quand on est un employé, celui qui a raison, c'est le patron. Par conséquent, je fais ce qu'il me dit. La routine est simple. Le matin je vide, l'après-midi je remplis. À ras bord.

Un autre jour, alors que j'ai sorti tous les articles exposés dans une vitrine et que j'y suis remonté pour faire une dernière vérification des lieux, la fillette d'une cliente, qui passe par là, claque la petite porte derrière moi, m'y laissant prisonnier. J'apprends ce jour-là que le versant de la porte qui donne sur la vitrine n'est pas toujours pourvu de poignée. Pris au dépourvu et incapable de quitter ma geôle vitrée, je tente de faire des signes désespérés aux passants dans l'espoir de donner l'idée à quelqu'un de venir me libérer. C'est peine perdue. Ceux qui me voient m'agiter fébrilement derrière la vitre croient sans doute voir un brillant pantomime préparant son spectacle. En moins de temps qu'il n'en faut pour le dire, une armée de passants s'agglutine devant le magasin. Un spectacle gratuit n'est jamais à dédaigner. À mon grand embarras, je reconnais dans cette foule plusieurs visages de personnes qui ont fait la traversée de l'océan avec moi sur le *S.S. Nelly*. Quel embarras! N'ayant pas encore trouvé d'emploi, ils prennent leur temps, eux, pour visiter la ville. Mon lancinant martyr du clown enfermé dans sa cage de verre dure une bonne demi-heure au bout de laquelle je vois finalement mon patron se pointer. Visiblement courroucé, il ouvre la petite porte et me fait sortir de là. Il me regarde droit dans les yeux, à me faire péter la rétine, et, croquignolet, comme à son habitude, me dit:

— J'espère que tu n'avais pas encore l'idée de faire tes maudites forceptives percées!

Au bout d'un mois de travail, j'ai l'idée de m'enquérir auprès de mon boss des perspectives (pas forcées celles-là) d'avenir qu'offre mon emploi. Pour savoir, en somme, si mon futur a… de l'avenir chez Woolworth. Affable, il se veut rassurant.

— Il y a beaucoup d'avenir ici, me dit-il. Tu vois, moi qui te parle, je travaille ici depuis deux ans déjà et je gagne maintenant deux dollars par semaine de plus que toi!

Comme je suis impatient d'atteindre plus rapidement que mon brave supérieur une situation plus lucrative que la sienne, et que j'ai la conviction de posséder les capacités voulues pour parvenir à mes fins, je ne tarde pas à lui présenter respectueusement ma démission.

Entre-temps, mon frère s'est trouvé un emploi dans un laboratoire de photos et mon père, ingénieur radio de son métier, a été engagé chez Marconi.

Nous commençons à faire nos racines.

Ma mère, toujours soucieuse de ma santé, profitant de mes premières journées de chômage, entreprend de me faire suivre un régime grossissant. Au début de la guerre, alors que j'étais encore tout petit, elle m'obligeait à boire du jus de betterave. Dans ce temps-là, elle s'était persuadée que l'épais liquide rouge sang réussirait à me faire perdre ma pâleur maladive. Maintenant que je n'ai plus le teint du cierge, elle se découvre une nouvelle mission: celle de me faire gagner du poids. L'ordonnance du docteur maman est simple: il faut impérativement que, matin et soir, j'ingurgite un grand verre de crème fraîche, bien riche et bien épaisse, accompagné d'un copieux morceau bien sucré de gâteau aux fruits. Selon sa croyance, un jeune homme rachitique cherchant de l'emploi ne saurait inspirer que de la méfiance à ses éventuels patrons… Hélas, au grand désespoir de ma mère, la cure palliative, qui durera pourtant trois mois bien gras, ne me fera pas prendre un seul gramme.

En Lituanie, avant la guerre, mon père dirigeait la station de radio nationale. Il participa à de nombreuses conférences à travers le monde dans le cadre de ses fonctions. Ces réunions lui ont donné l'occasion de se tisser un large réseau d'amis. Une fois au Québec, il se souvient soudain avoir rencontré, à une conférence qui s'était tenue au Vatican, le dirigeant d'une station de radio de Montréal avec lequel il avait eu d'excellents rapports. Bien que de nombreuses années se soient écoulées depuis la rencontre des deux hommes à la radio du Saint-Siège, mon père — doué d'une fabuleuse mémoire — se rappelle le nom de son confrère canadien d'origine italienne. L'homme s'appelle Ferdinand Biondi et œuvre à CKAC.

— Ce poste de radio a été le premier au monde à diffuser en langue française[2], m'informa fièrement mon père.

De toute évidence, malgré le temps écoulé, monsieur Biondi ne l'a pas oublié, lui non plus. Grâce à son ami retrouvé, mon père apprend qu'une station de radio concurrente, CKVL, est à la recherche d'un « scripteur commercial ». Ayant toujours projeté de suivre les traces de mon père dans le domaine des communications, je me précipite donc à CKVL pour y postuler un emploi. Je n'ai cependant pas la moindre idée de ce que me réserve l'emploi en question. Le terme *commercial* me fait craindre, moi qui suis nul en calcul et allergique aux chiffres, qu'il puisse s'agir de comptabilité ou peut-être de vente. « Après tout, me dis-je, je découvrirai bien la nature du job le moment venu, lorsqu'on me fera passer un test d'admissibilité. »

L'épreuve que l'on me fait subir me procure tout l'éclairage voulu. L'emploi consiste à rédiger des réclames publicitaires. Après avoir pris connaissance de ma première petite rédaction, remplie de coquets superlatifs, mon examinateur, le réalisateur Jean Dumas, se montre très satisfait et me présente aussitôt à

---

2. La station de radio CKAC a vu le jour le 2 octobre 1922.

celui qui deviendra mon nouveau patron. Pas très grand, l'homme a un regard légèrement chafouin et l'allure sordide d'un marchand de soupe. Franchement caricatural, il ne parle peut-être pas très bien le français, mais sait rudement bien compter.

— Nous allons vous prendre à l'essai pour trois semaines, m'annonce-t-il. Si vous faites l'affaire, votre salaire sera dix-neuf dollars par semaine. Si on décide de vous garder, vous serez augmenté. Comptez sur moi! Maintenant, c'est à vous de faire vos preuves! Bon chance! Et merci encore d'avoir venu chez nous!

Tout compte fait, je gagnerai six dollars de moins par semaine que chez Woolworth, mais ne dit-on pas qu'il faut parfois savoir reculer pour mieux sauter? Aussi, je n'hésite pas à accepter les conditions qu'il me propose. Bien que ravi de pouvoir me lancer dans un domaine qui me séduit, je suis tout de même un tantinet inquiet, car mon nouveau boss s'appelle... Judah! Oui, Judah Tietolman.

Cette fois, on est à mille lieues des Sainte-Marie, Notre-Dame, Sainte-Catherine et compagnie... Informée de la situation, ma mère, toujours prompte à exercer sa croyance fétichiste, me rassure quand même!

— Tant qu'on reste dans les Évangiles, dit-elle, je n'y vois aucun mauvais présage! Ouf!

L'avenir se chargera de me prouver que Judah porte bien son nom. En effet, malgré les nombreux compliments que je reçois quotidiennement des entreprises au bénéfice desquelles je m'applique à rédiger les pubs les mieux torchées de la station, toutes les trois semaines, lorsque je me présente devant mon patron pour savoir si ma période de probation est enfin passée, celui-ci me fait infailliblement la même moue accompagnée de la même remarque.

— Il faut encore attendre un peu... On va voir... on va voir... Ne soyez donc pas si pressé, mon jeune ami! dit-il sans frime ni pathos.

Judah a ferré le poisson, et au prix que lui coûte son petit vertébré de la Baltique, il ne va tout de même pas s'en priver.

Il faut croire que je ne manque pas de patience, car la « petite » attente durera dix-huit interminables mois au bout desquels je finirai par avoir Judah à l'usure. Il m'accorde finalement la permanence et hausse mon salaire à trente-cinq dollars par semaine. Le pactole! Presque au même moment, regroupés au sein d'un nouveau syndicat, les employés de la station laissent planer le projet d'une grève générale. Une nouvelle échelle de salaires est soumise à Judah et à son frère Jack, un homme infiniment plus sympathique, qui est l'unique propriétaire de CKVL. Les revendications des employés étant largement justifiées, la direction, acculée au mur, est contrainte à ajuster les salaires et à verser aux syndiqués, en guise de compensation, une alléchante rétroactivité. Selon les prévisions des négociateurs syndicaux, je devrais toucher, moi aussi (compte tenu de mes dix-huit mois de patience), un appréciable petit pécule. La veille de la signature officielle de l'accord final avec les syndiqués, vu mon «immense talent»(!), la direction a la généreuse idée de me «monter en grade». En plus de me permettre de continuer à travailler à titre de rédacteur de pubs, Judah, excellent stratège, me fait prendre du galon. Il me promeut «réalisateur responsable des émissions du soir». Sa soudaine générosité me fait presque regretter de l'avoir mal jugé. Avec ce titre ronflant, j'aurais eu tort de me plaindre, d'autant qu'il n'est assujetti à aucune responsabilité supplémentaire. Mais cette belle promotion était cousue de fil blanc. Maintenant que je fais partie de la «direction», je suis automatiquement exclu du syndicat et je n'ai pas plus droit à l'augmentation qu'à la rétroactivité.

Le calcul de Judah était d'une subtilité éléphantesque!

C'était un bien étrange olibrius que ce Judah. Toujours intéressé à augmenter le chiffre d'affaires de la station, le petit Juju, par un jour pluvieux, invente, fabrique et met en vente des crucifix… lumineux! Le phosphore dont sont enduits ces objets de piété «nouvelle vague» leur permet de briller dans le noir sans que les dévots n'aient à les brancher à une prise de courant!

C'est aussi lui qui initie, dans l'hebdomadaire *Radiomonde* — propriété de la station de radio — la mode des bandes dessinées. Après les aventures désopilantes d'Oswald et celles de l'ingénue Zézette, il a l'idée saugrenue de passer à un sujet nettement plus austère: la vie de Jésus! Et, preuve que le ridicule ne tue pas, au bas de la dernière page de l'avant-dernier épisode, celui qui précède la crucifixion, il projette d'inscrire:

«Rendez-vous la semaine prochaine pour savoir si Jésus sera… crucifié!»

Palpitant, le suspense!

CKVL, qui était alors la station de radio la plus populaire, avait surtout bâti sa popularité grâce à une série d'émissions intitulée *La parade de la chansonnette française*, durant laquelle on diffusait, à longueur de journée, les enregistrements des chanteurs français de l'heure. Cette station était d'ailleurs la seule à diffuser des émissions vingt-quatre heures sur vingt-quatre. Propriétaire de la station de radio et de l'hebdomadaire *Radiomonde*, l'organisation des frères Tietolman, où se retrouvaient les plus grands noms de la colonie artistique montréalaise de l'époque, avait indiscutablement le vent dans les voiles. Malgré les petites mesquineries dont j'ai été l'objet au sein de cette organisation, je ne regrettais nullement d'en faire partie puisque CKVL était mon premier tremplin pour une carrière à bâtir et l'occasion rêvée de faire mes premières armes dans le journalisme. Je me suis donc hasardé à proposer à mes patrons de collaborer à leur publication en tenant une chronique d'humour intitulée *Alain Stanké et son radio-sourire*.

Heureux sans doute de pouvoir m'attacher plus solidement encore à son business, Judah accepta mon offre. Rétribution: dix dollars par chronique. Je pouvais désormais faire mes débuts dans un métier qui m'attirait plus que tout autre. Mon avenir s'améliorait de jour en jour.

Le succès inespéré que remporta ma chronique me fit entrevoir que je pourrais peut-être un jour collaborer aux journaux locaux plus importants et, pourquoi pas, à des publications d'outre frontière! De peur de paraître prétentieux, je gardai toutefois mes rêveries profondément enfouies dans mes pensées. Pour l'heure, il fallait continuer à vivre les pieds sur terre et à me consacrer en priorité à mes créations publicitaires.

Mon travail comme concepteur de pubs m'enseigna, mieux qu'aucune autre école n'aurait su le faire, la différence criante qui existe entre le français de France et celui que l'on emploie au

Canada. Cet apprentissage me fit vivre de mémorables situations souvent fortuites et parfois même embarrassantes.

Puisque, à mes yeux, le français employé du côté nord-américain de l'Atlantique ressemblait à s'y méprendre à celui de l'Hexagone, j'étais loin de me douter que, dans certains cas, il n'existait aucun rapport entre les mots dits et ce qu'ils étaient censés dire. Même vocabulaire, même syntaxe, certes, mais pas nécessairement le même sens. Tant s'en faut.

Ma première véritable prise de conscience de cette réalité langagière survint en 1952, une année où personne n'osait encore parler à la radio de révolution sexuelle.

Par un beau matin d'été, un des dirigeants du grand magasin Dupuis Frères, dont on m'avait chargé de rédiger les annonces publicitaires, me téléphone pour me prier de concocter un texte accrocheur annonçant une grande vente destinée aux adeptes du tricot… Ma création — qui, depuis ce mémorable jour, est passée à l'histoire — débute ainsi : « Incroyable, mais vrai ! Dupuis Frères vous offre aujourd'hui, et aujourd'hui seulement, une pelote[3] pour vingt-cinq cents ! Oui, j'ai bien dit une pelote pour seulement vingt-cinq cents ! »

Je n'oublierai jamais l'indignation de Claude Séguin, ce brave comédien qui ne prit pas la précaution de lire le petit texte avant de le livrer sur les ondes. Le tout, en direct et sans filet ! Lui non plus, il ne m'a pas oublié ! Après avoir lancé les deux premières phrases, incapable de poursuivre, il s'étouffa net. La « bonne nouvelle », même abrégée, nous attira un véritable déluge de protestations pendant qu'une foule hétéroclite, et très nombreuse (plus intéressée par la saveur polissonne de ma réclame que par le tricot), se ruait au magasin, juste pour voir…

Sur le plan lexical, personne n'avait rien à redire. L'annonce était claire et rédigée dans un bon français. Elle n'avait pas été créée par un quelconque libertin obsédé par la gaudriole ni par un génie de la publicité subliminale. Nenni ! Ce n'était qu'un quiproquo involontaire imputable à la méconnaissance d'un jeune rédacteur de la différence qui existe entre le français de France et le français parlé au Québec.

---

3. Pelote (prononcez « plotte ») : sexe de la femme ou femme facile

Des aventures du même acabit, il y en eut d'autres. Quantité d'autres! L'une d'entre elles survint le jour où l'envie me prit d'une glace à la vanille.

— Une glace, s'il vous plaît, commandai-je au vendeur du petit magasin du coin.

— Tu veux quoi au juste? me fit-il répéter en me tutoyant avec une sensible pointe de condescendance.

— Une glace!

— J'vends pas d'ça icitte…

Pourtant, ce n'était pas un mirage. J'avais bien vu, de mes yeux vu, des clients sortir de son échoppe en léchant un rafraîchissant cornet. Soudainement, je fus envahi par un doute. Se pourrait-il qu'il refuse de me servir à cause de mon accent? Avait-il compris que j'étais étranger? Avais-je affaire à un xénophobe? En ce cas, il valait mieux l'apprendre tout de suite. Prétendant que sa réplique avait traversé mon oreille et était ressortie par l'autre sans s'imprimer entre les deux, je suis retourné affronter le malveillant à son comptoir.

— Pardon, monsieur, il y a quelques minutes je suis venu ici pour vous demander une glace et vous m'avez répondu que vous n'en vendiez pas…

— Oui, et alors? J'en vends toujours pas!

— Et ces deux personnes qui viennent de sortir… vous leur avez vendu quoi, alors, si ce n'est pas de la glace?

— Ça? Ça, c'est pas d'la glace, ostie! C'est d'la crème à glace! Si tu parlais comme du monde, le monde y t'comprendrait, baquet!

Il n'avait pas entièrement tort. Si tout le monde parlait comme tout le monde, tout le monde se comprendrait.

Je n'étais pas au bout de mes angoisses. À une autre occasion, voulant m'offrir une petite confiserie, j'ai demandé à une jeune et jolie vendeuse transparente de pureté:

— Donnez-moi une sucette, s'il vous plaît.

À la place de la sucette, j'ai eu… une belle gifle! Je n'avais pourtant aucune arrière-pensée. Encore heureux qu'à cette époque personne ne parlait de harcèlement sexuel. Je me serais peut-être retrouvé devant un tribunal.

C'est qu'au pays du Québec, un *suçon* s'appelle une *sucette* et une *sucette* n'est qu'un *suçon*. L'aurais-je su que je n'aurais jamais risqué de me couvrir de ridicule en demandant une petite marque d'affection à une candide vendeuse qui aurait très bien pu faire mon bonheur en me vendant un innocent petit bonbon en sucre cuit aromatisé.

Pendant de longues semaines, je n'avais cessé d'admirer secrètement une voisine, une petite brune, jolie comme un cœur, sans jamais oser l'aborder. Un soir, esseulé, je suis allé demander à une de ses amies comment il me serait possible de la joindre.

— C'est qu'elle n'est pas là!
— Vous l'attendez bientôt?
— Ça m'étonnerait parce que, pour tout dire, elle est partie… *en famille*[4]!

J'avais du chagrin. Mais de l'imaginer loin, heureuse, aimée et entourée de sa famille me consolait. Son départ n'étant pas définitif, tout espoir était permis. Je l'ai revue quelques mois plus tard. Elle portait un joli poupon rose dans les bras. J'ai compris que désormais rien ne pourrait *empêcher la famille*[5] de mêler la famille… de langues.

Comme disait Homère, « Dis-moi quels mots sortent de l'enclos de tes dents, je te dirai qui tu es et l'état de la société dans laquelle tu vis! »

Lentement, je m'initiai donc aux joies insoupçonnées du français… universel. Jusque-là, je n'avais aperçu que la pointe de l'iceberg. La base de l'immense bloc de glace me réservait d'autres surprises comme celle, mémorable, qu'a vécue une amie française fraîchement débarquée.

— Depuis que nous sommes arrivés, dit-elle à sa voisine, nous souffrons beaucoup du froid. Je n'ai qu'une idée en tête: offrir une belle *canadienne bien fourrée*[6] à mon mari…

Va sans dire que l'importune confidence de la Française fit rougir son amie québécoise!

---

4. « Tombée enceinte »
5. « Limiter les naissances »
6. Au Québec, *fourrer* signifie baiser.

— Mon mari travaille à l'extérieur, poursuivit la Française. Moi, pendant ce temps, je reste à la maison pour prendre soin des deux *gosses*[7]... Les gosses, c'est ce qu'on a de plus précieux dans la vie, nous, les femmes! Je m'en occupe avec amour et beaucoup d'application. Pour rien au monde je ne voudrais confier cette tâche à une autre!

On devine l'embarras de la Québécoise qui a sûrement décelé une légère contradiction dans les propos de sa nouvelle amie. En effet, un peu plus tôt, elle offrait une Canadienne bien fourrée à son mari, et voilà que maintenant elle avouait vouloir être seule à prendre soin de ses gosses. Décidément, ces Françaises n'ont pas volé leur réputation... Pour rester dans le même registre, on peut conclure que ce n'est pas pour son intrigue, mais pour la délectable et abstruse clarté de son titre que, quelques années plus tard, le film français intitulé *Comment peut-on être père sans gosses* eut le succès qu'il a eu au pays du Québec.

Mon initiation s'accomplissait lentement, mais non sans joie.

Quelques mois après mon arrivée à Montréal, je me lie d'amitié avec un Français et un Québécois. L'ami québécois décide un jour de changer d'appartement. Nous lui proposons, le copain français et moi, de l'aider à déménager. À la fin de la journée, pendant que nous cherchons à entasser les dernières boîtes dans un camion rempli à ras bord, éreinté, le Québécois dit au Français:

— Irais-tu chercher *la balance*[8]?

Sans la moindre hésitation, l'autre se précipite dans la maison. Il revient cinq minutes plus tard, les mains vides et l'air désolé...

— Il ne reste plus rien dans l'appartement, dit-il, et je n'ai pas vu ta balance... J'ai eu beau la chercher partout, je ne la trouve pas, ta fichue balance!

Comme disait Lacan: «Rien n'est plus obscur que la notion de clarté.»

---

7. *Gosses*: testicules
8. *La balance*: le reste (anglicisme)

Ne pas reconnaître un mot parce qu'on ne l'a jamais entendu, passe encore, mais entendre un mot qui nous est familier et apprendre soudainement qu'il a un sens qu'on ne lui connaissait pas, c'est la cata! Tout ce qu'on peut dire, c'est que tant de possibilités, ça laisse une grande place à l'interprétation. Après tout, chacun a le droit de comprendre ce qu'il veut ou ce qu'il espère…

Voici donc une petite liste de termes qu'il m'a fallu apprendre en arrivant au Québec.

Les quelques exemples qui suivent sont, on le comprendra, destinés expressément aux lecteurs francophones (de France, de Belgique, de Suisse, d'Afrique, etc.) qui ne seraient pas familiers avec la différence qui existe entre le français parlé en France et celui employé au Québec.

Le lecteur non initié désireux d'en connaître davantage pourra trouver, en annexe à l'ouvrage, une liste complémentaire d'expressions usuelles au pays du Québec.

Pour dire que quelqu'un s'est enivré, on dira qu'*il a pris une brosse.*

Une veste : *un veston*

Un sac à main : *une bourse* ou *une sacoche*

Un chemisier : *une blouse*

Un pull, un tricot ou une petite laine : *un chandail*

Un fichu, un carré de soie ou un cache-nez : *un foulard*

Un soutien-gorge : *une brassière*

Une casserole : *un chaudron*

Des ustensiles : *des couverts*

Un séchoir : *une sécheuse*

Du pognon : *du foin, des bidous* ou *des piasses*

Un déodorant : *un désodorisant*

Une jeune femme : *une créature*

Une poupée : *une catin*

Une bière à la température de la pièce : *une bière tablette*

Une bière pression : *une bière en fût* ou *une draft*

Un fonctionnaire sur une voie de garage : *un tabletté*

Une boisson gazeuse : *une liqueur*

Un hot-dog : *un chien chaud, un roteux, un hot-dog*

Un klaxon : *un criard*

Conduire une auto : *chauffer un char*
Ça cogne : *ça fesse dans l'dash*
Faire connaître : *mettre su'a map*
La salle est pleine : *c'est noir de monde*
Il est ivre : *il est chaud* ou *il est paqueté*
Un alcool : *de la liqueur forte*
Faire face à une grosse difficulté : *frapper un nœud*
Se promener : *prendre une marche*
Une ordonnance : *une prescription*
Une cuisinière : *un poêle*
Des brûlements d'estomac : *des brûlures d'estomac*
Un feu rouge : *une lumière rouge*

Pendant qu'en France, on chauffe sa maison avec une chaudière, au Québec, on la chauffe avec une *fournaise* parce qu'ici, une *chaudière* est un seau.

Quand le Français fait bouillir son eau dans une bouilloire, le Québécois fait bouillir la sienne dans un *canard*.

En France, on vit en concubinage ; au Québec, on vit *accoté*.

Quand le Français en a ras-le-bol, le Québécois, lui, en a *plein son casque*.

Au Québec, on *malle* une lettre, on *pogne une grippe*, on est *fou comme un balai*.

Et plutôt que de dire : « Je suis allé au cinéma. Le film n'était pas mal du tout », on dira : *Je suis allé aux vues. Le film était pas pire pantoute !*

Libre à vous d'imaginer tous les quiproquos qui peuvent survenir par le simple fait qu'au Québec, le rez-de-chaussée désigne le *premier étage*. Parce que le deuxième, ici, correspond au premier, en France !

Et s'il arrive qu'au cours d'une réception, une femme dise galamment, d'un ton pénétré : « Je n'ai pas le plaisir de connaître ce monsieur. J'aimerais bien être introduite », il serait vain de s'offusquer, car tout ce qu'elle souhaite, c'est être… présentée.

Lorsqu'un visiteur français est invité à un buffet, il vaudrait mieux qu'il s'abstienne d'exprimer sa joie en s'esclaffant : « Qu'est-ce qu'on va se mettre ! » Il risquerait de faire rougir toutes les convives et d'accréditer du même souffle la légende qui prétend que les Français ne pensent qu'à… ce à quoi vous pensez.

Je n'oublierai jamais l'embarras dans lequel je me suis trouvé quelques jours à peine après mon arrivée au Québec, lorsque je vis arriver devant moi une femme très énervée qui m'a dit: « Monsieur, voulez-vous m'aider? Je suis toute écartée! »

Contrairement à ce que j'aurais pu comprendre, la brave dame était tout simplement... égarée et cherchait à retrouver son chemin!

Ah! si seulement on pouvait connaître toutes ces expressions porteuses de gabegie, on accepterait volontiers de suivre les conseils du proverbe soufi qui dit: « Si le mot que tu prononces n'est pas plus beau que le silence, ne le dis pas! »

Peu de temps après mon arrivée à Montréal, j'ai le plaisir d'accueillir un jour un journaliste parisien à qui je sers de guide touristique. Le brave homme veut tout découvrir, tout connaître du Nouveau Monde. Sur la liste des endroits majeurs (!) qu'il souhaite visiter se trouve une exposition de meubles. À chacun ses intérêts... Nous y allons donc. Un des exposants y exhibe, avec une fierté non dissimulée, un fauteuil nouveau genre muni d'un système de vibration dont la principale fonction est, dit sa publicité, de « détendre les hommes d'affaires accablés par le stress ». Le concepteur de la petite merveille garantit à ses clients une relaxation bienfaisante et presque instantanée. Baptisé congrûment « fauteuil branleur », le bijou oscille dans un léger mouvement de va-et-vient continu ayant pour but de procurer à son occupant, ruisselant de joie, une indescriptible sensation de fourmillement qui doit déboucher, en fin de course, sur un soulagement salutaire que, débordant d'enthousiasme, l'inventeur n'hésite pas à comparer au... nirvana!

Séduit par l'idée, mon confrère parisien se porte volontaire pour tenter l'expérience. Le plaisir qu'il en retire est incomparablement moins grand que celui du vendeur qui se voit déjà en première page des journaux parisiens. Le brave homme est prêt à tout pour nous séduire. Les essais terminés, il va jusqu'à nous reconduire personnellement à la sortie où, au moment de nous dire au revoir, il réussit à nous ébranler complètement:

— Heureux de vous avoir connus, dit-il. Si jamais vous voulez revenir vous faire *branler* à mes frais, ça me fera plaisir ! L'exposition va encore être ouverte pour une *secousse*[9]. Ici, on s'occupe bien de nos clients. Vous verrez qu'au Québec, on n'est pas des *branleux*[10] !

Avant de nous laisser filer, le bonimenteur, qui ne veut pas être oublié, nous remet sa carte de visite. Le siège social de son commerce de « sièges branleurs » est situé (coquin de hasard) en banlieue de Montréal, dans une ville qui porte le nom de Pointe-aux-Trembles, une localité où se trouve d'ailleurs le célèbre Sanctuaire de la… Réparation au Sacré-Cœur !

Et là, ce sont les mots, soudain, qui manquent…

Le brave Parisien, pour qui les mots qu'il entend changent de sens au moins autant que les sens changent de mots, n'est pas au bout de ses surprises. Lors de ce même voyage, il va faire des emplettes au magasin Eaton. Cette entreprise permet à ses clients de rapporter les articles dont ils ne sont pas entièrement satisfaits, à condition que le délai soit raisonnable et la marchandise, toujours en bon état. L'ami en question s'est acheté une casquette dont, trois jours plus tard, il n'arrive plus à supporter la couleur.

Je lui conseille de rapporter le couvre-chef et d'en réclamer le remboursement.

L'étonnante pratique de la reprise des marchandises, qui fait la réputation du célèbre magasin depuis des lustres, laisse mon ami sceptique.

— J'ai besoin de le voir pour y croire ! dit-il d'un air soupçonneux.

L'acheteur n'hésite pas plus longtemps et se rend au magasin avec sa casquette caca d'oie sous le bras.

— Voilà, dit-il à la vendeuse, j'ai acheté cette casquette chez vous il y a trois jours, mais elle ne me convient pas. J'aimerais me faire rembourser. Il paraît que c'est possible…

9. Un bon moment
10. Des lambins

— Aucun problème ! lui dit l'aimable vendeuse anglophone… légèrement bilingue. Est-ce que je pourrais voir votre *slip*[11] ?

— Vous voulez que je vous montre mon… ?

— Bien oui, si je ne vois pas votre *slip*, je ne peux pas vous rembourser… C'est normal, non ? *It's not me* qui fais les règlements ici, *sir* !

Le règlement est clair et… cruellement culotté.

Eût-il deviné que la demoiselle demandait simplement à voir sa preuve d'achat, le cher homme n'aurait jamais pensé avoir à exhiber en public ce que la malheureuse ne souhaitait même pas zieuter en privé…

La première fois qu'un Français est plongé, sans avertissement, dans un milieu québécois, et dans le joual[12] qu'on y parle, il peut ressentir la pénible impression d'avoir atteint une altitude où l'oxygène se fait rare. Un autre de mes amis, qui est venu me visiter, n'est pas près d'oublier, lui non plus, une halte hivernale forcée qu'il dut faire dans un garage à la suite d'une panne de moteur. Voulant être aimable avec un des rares touristes étrangers à échouer dans son échoppe, le mécanicien lui donne généreusement l'éclairage suivant sur les causes de ses ennuis mécaniques :

— T'es pogné icitte pour une bonne secousse, mon gars. Mon chum pis moé, on a ouvert le *hood* pis on a toute tchéqué ! Le trouble y vient d'la *fan* qu'est trop slack. À force de zigonner su'l'*starter*, t'as mis ta batterie à terre. C'est l'bout d'la marde ! M'as t'dire franchement, on va t'être forcés de changer l'*shaft* à c't'heure ! Pasqu'y est pété, lui itou. À part de t'ça, j'sais pas si t'as vu, mais y a pas une ostie d'goutte d'anti-*freeze* dans le maudit bazou. L'pas bon qui t'a loué c'te char-là, y t'a fourré dret là ! Avec le frette qu'on a, c'est pas ben *wise* de runner un char de même. J'dis pas, si c'était un char neu', mais on n'est pas su'a Côte d'Azur icitte. C'est vrai en

---

11. Coupon de caisse
12. Parler *joual* au Québec, c'est précisément dire *joual* au lieu de dire « cheval ». L'appellation s'applique à une forme d'expression particulière au pays du Québec. Elle a été lancée en 1959 par André Laurendeau et dénoncée avec vigueur par le frère Jean-Paul Desbiens, mieux connu sous le nom de Frère Untel.

crisse ! Ça gèle en tabaslak dans l'boutte icitte où c'qu'on reste nous autres. En té cas, pour être bad-lucké, on peut dire que t'es bad-lucké en sacrament, mon homme ! Si c'était rien que de moé, tandis que t'es t'icitte, j'f'rais faire un *check-up* complet, pis j'changerais les *spar-plugs* en siouplaît. C'est pas de mes mozusses d'affaires, mais c't'une vraie minoune que l'*rent-a-car* y t'a louée là. Y est toute fucké, c'char-là. Ç'a pas d'allure. Y ont même pas mis des tayeurs à neige. Ça doit skider en tabarnak su l'autoroute ? Des plans pour se r'trouver dans l'fossa ! Surtout qu'à c't'heure, à cause de leu maudites zéconomies à marde, pis à leu écologie, y z'épandent pu pantoute du *stuff* su l'asphalte durant la s'maine. Y z'en garochent rien qu'en fin de semaine, ces osties de calvaires ! Si c't'avec ça qui z'espèrent attirer l'tourisse, les épais, y s'content des pipes, les sacraments ! En té cas, moé, à ta place, j'y rapporterais le bazou vite faite, pis j'y ferais manger ses bas, à c't'ostie d'bouffon qui t'a fourré d'même !

La tirade échevelée laisse l'automobiliste pantois. Le pauvre n'a rien compris. Anesthésié par cette rhétorique démente, il fait néanmoins semblant qu'il a saisi, de peur que le mécano le larde de ses sarcasmes.

« La façon de parler en dit plus que ce qu'on dit. Le fond n'a aucune importance… essentielle », dirait Paul Valéry.

Quoi qu'il en soit, Georges Pompidou avait sûrement raison d'affirmer, pour sa part : « C'est à cause de notre langue que nous existons dans le monde autrement que comme un pays parmi les autres ! »

En toute honnêteté, il faut préciser que depuis un bon quart de siècle, la situation s'est grandement améliorée. Les Québécois, fiers de parler le français, ont fait d'énormes efforts pour le conserver et le purifier. Beaucoup de termes français justes, que l'on entendait rarement, ont fini par trouver leur place dans le quotidien du Québécois. Cet empressement a peut-être même été parfois poussé à l'extrême, comme dans le cas de la grande (et coûteuse) recherche qu'a entreprise en 1980 l'Office de la langue française, pour publier un lexique des névroses et psychoses, connues sous le nom de *phobies* qui, en réalité, relèvent d'une branche intéressant au premier abord la médecine et la…

psychiatrie. D'aucuns diraient que pareille recherche a une valeur incontestable, mais d'autres n'auraient pas tort de se demander en quoi elle fait avancer la cause de la langue française. Il ne me revient pas de juger l'extravagant effort fait par l'Office, mais je ne peux résister à la tentation de citer ses trouvailles. À vous maintenant d'utiliser les termes appropriés (sans rire), le moment venu, pour désigner les phobies…

La phobie des affaires : pragmophobie

De l'adultère : moëchophobie

De l'ail : scorodophobie

Des armes à feu : pyrobolosyphonophobie (Facile à mémoriser !)

De la bière : zythophobie

Des blondes (femmes !) : xanthotrichogynécophie (Ça se place bien dans une conversation : « Passez votre chemin, mademoiselle. Je suis xanthotrichogynécophobe ! »)

Des crachoirs : ptyalophobie

De la discrimination raciale : phylodiacriticophobie

De la fin du monde : holocatastrophobie

Des haricots : phasilophobie

Du mariage : gamétophobie

De la vue du nombril : omphaloscophobie

De la soupe aux pois : pisozomophobie (« Non, merci, je ne prendrai pas votre soupe du jour, je suis pisozomophobe ! »)

Allez, ne soyons pas dolophobes (hypocrites), et avouons, comme le dit Gilles Léveillé, qu'il « n'y a pas que les mots pour la compréhension, mais qu'un mot juste parfois peut tout changer » !

L orsque je suis arrivé au Québec, la vie n'était pas tout à fait ce qu'elle est devenue. Loin de là. Les femmes venaient tout juste d'avoir le droit de vote, mais, quand elles devaient subir une chirurgie, l'hôpital exigeait encore le consentement de… leur père ou de leur époux.

Les changements ne se firent pas attendre, en particulier du côté féministe. En effet, c'est au Québec que revient l'initiative (qui n'est pas nécessairement appréciée partout) de faire renaître un mouvement qui avait tenté, il y a un siècle ou deux, de corriger des années d'injustice par l'adoption d'un nouveau parler conjugué au féminin. Les instigatrices de la féminisation des mots ont aussitôt trouvé en Benoîte Groulx une grande supportrice.

Pourquoi ne dirait-on pas « factrice » ou « sculptrice » ? On dit bien « souveraine » et « châtelaine » ! En partant du même principe, ceux qui n'acceptent pas le mot doctoresse insistent maintenant pour que l'on dise « notairesse », « docteure », « doctrice », « professeure », « auteuse », « autrice », « auteure » ou « écrivaine ». Il faut croire qu'il n'y a rien de nouveau sous le soleil puisque, en 1726, dans une pièce de Mercure, il était déjà question d'une certaine « dame autrice ».

Plus ça change, plus c'est pareil, diront certains. Ils n'auraient sans doute pas tort. En effet, Rabelais n'avait-il pas utilisé « clergesse », « monagesse » et « abbegesse » ? Et ses confrères Villon, Chateaubriand et Flaubert n'ont-ils pas écrit : « femellitude », « humblesse », « angoisseuse », « bougresse », « singesse », « successrice », « peintresse », « athlétesse », « acteuse », « vainqueueresse » et « papesse » ?

Personne n'oserait nier le fait que le Québec n'a pas attendu les mouvements féministes ni les ordres d'aucune commission nationale pour démasculiniser certains mots dans leur usage quotidien. Aujourd'hui encore, on entend dire un peu partout : *une* avion, *une* autobus, *une* hôtel, *une* couple d'amis, *une* police, *une* hôpital, *une* belle été, *une* job, *une* sandwich, *une* ascenseur, *une* accident et *une* instant s'il vous plaît.

Cette lutte à la suprématie du genre masculin sur le genre humain est donc loin d'être terminée au Québec où on se donne toujours un mal de chien (de chienne ?) pour être le plus juste possible et pour satisfaire tout le monde.

L'exemple qui suit montre bien les difficultés auxquelles font face les réformateurs-trices.

À l'aéroport Pierre-Elliott-Trudeau, à Montréal, où les douaniers sont chargés d'inspecter les valises suspectes des passagers, on a fréquemment recours au flair d'une petite chienne blonde, sorte d'auxiliaire à quatre pattes de la police spécialement dressée pour ce genre de missions. En langue anglaise, la sympathique douanière qui a la charge de la bestiole, porte le titre de *dog-master*. En français on l'appelle — très injustement — *maître-chien*… injustement parce que, dans l'esprit de la réforme langagière, « maîtresse-chienne » serait plus approprié. Quoique…

Le problème ne laisse pas de répit. La sérieuse Université du Québec à Montréal (UQÀM) — soucieuse de ménager les susceptibilités — a affiché un jour un document rédigé en ces termes:

« L'étudiant(e) admis(e) à un programme de maîtrise doit s'être choisi(e) un(e) tuteur(trice) de recherche, et avoir obtenu l'accord de celui-ci (celle-ci) lorsqu'il (elle) s'inscrit pour la troisième fois au programme. »

Comme dirait Voltaire, « tous les genres sont bons, hors le genre ennuyeux » !

Pour en revenir au joual, il faut dire que pour plusieurs, comme pour l'auteur-compositeur et interprète Georges Dor, la langue parlée par beaucoup au Québec, aujourd'hui encore, fait honte. Ce dernier trouve que la langue habituelle de ses concitoyens, avachie dans sa prononciation et déstructurée dans sa syntaxe primaire, est « une langue qui n'est très souvent que patois grossier et vulgaire, mugissements, vagissements, approximation, bégaiement pour les uns, éructation pour les autres » !

D'autres pourtant, comme le populaire dramaturge québécois Michel Tremblay, pensent au contraire que « quelqu'un qui a honte du joual, c'est quelqu'un qui a honte de ses origines ». Il précise que nul n'a besoin de prendre la défense du joual, car il se défend parfaitement tout seul. « Ça ne sert à rien de se battre ainsi, dit-il. Laissons ses détracteurs pour ce qu'ils sont: des complexés, des snobs ou des colonisés culturels. Laissons-les brailler, leurs chialements n'empêcheront pas notre destin linguistique de s'accomplir. Le joual en tant que tel se porte à merveille ; il est plus vivace que jamais ! (…) C'est un devoir que d'écrire en joual tant qu'il restera un Québécois pour s'exprimer ainsi[13]. »

André Béliveau, journaliste à *La Presse*, en rajoute: « Les Français, c'est connu, parlent bien, mais ils ne disent jamais grand-chose. Alors que nous… nous, c'est du solide, du concret. Trois ou quatre mots bien sentis dans la bouche d'un Québécois, c'est d'une telle densité, d'une telle force… »

Bien que le joual ne soit pas une affaire d'église, le cardinal Paul-Émile Léger s'est quand même permis de dire, peu avant de mourir, que « le joual n'est pas un produit d'exportation » !

---

13. Michel Tremblay, dans Augustin Turenne. *Nous parlon (!) français*, Montréal, Éditions La Presse, 1973.

Dans leur lutte pour le bon parler français, les Québécois ont aussi fait une chasse sans merci aux mots anglais qui continuent à émailler joyeusement le parler des Français... de France.

Ici, on se plaît à dire « fin de semaine », plutôt que *week-end*, « magasinage » plutôt que *shopping*, « pharmacie » plutôt que droguerie et « centre d'achats » plutôt que *shopping center*. Et si par malheur quelqu'un au Québec disait : *best of, penalty, pin's, challenge, look, relooker, sponsor, sponsorisé* ou *non-stop*, on saurait sans le moindre doute qu'il est... Français, qu'il vient d'un pays où l'on parle couramment le franglais ou le *francicain*...

Comment ne pas penser à Alfred Gilder[14], qui dit : « Notre modestie légendaire fait perdurer l'illusion, couramment partagée, qu'il n'est de bon français que de France ! »

En comparant les Américains aux Anglais, George Bernard Shaw se plaisait à répéter que les États-Unis et la Grande-Bretagne étaient deux nations divisées par une langue commune. « Rien ne nous sépare d'eux, sauf la langue ! » disait-il.

Il arrive parfois aux Français comme aux Québécois d'être victimes de cette incompréhension. Tout Québécois ayant échangé avec des Français (la réciproque est aussi vraie) pourrait témoigner des innombrables malentendus que cette langue commune ne cesse d'occasionner aux malheureux cousins séparés par un océan de différences.

Le petit dialogue qui suit illustre à merveille la méprise qui peut surgir d'un échange anodin entre deux personnes :

La Québécoise : Comment va ton mari ?

La Française : Mon mari ? Ne m'en parle pas ! Il *s'est tiré*[15] !

La Québécoise : Ne me dis pas ! C'est vrai ? Il s'est tiré ?

La Française : Oui ! Et le pire, c'est qu'il s'est tiré avec un gros *pétard*[16] !

---

14. Alfred Gilder. *Et si l'on parlait le français*, Paris, Le cherche midi éditeur, 1993.

15. En France, « il s'est tiré » veut dire : il est parti, alors qu'au Québec, cela veut dire : il s'est tué avec une arme à feu.

16. Pour l'une, le pétard est une arme à feu, tandis que pour l'autre, c'est une jolie femme.

Tout récemment, il m'est arrivé de rencontrer sur la route des Cantons-de-l'Est deux (jolies) Françaises qui semblaient chercher leur chemin.

— Nous sommes perdues, m'ont-elles dit. Pourriez-vous nous dire comment trouver le GRAND BISOU ?

Ambiance !

Un bisou normal ne m'aurait pas dérangé outre mesure, mais un grand...

Ce qu'elles cherchaient en fait, ces ravissantes touristes, ce n'était que le jardin zoologique de Granby. Au Québec, la ville de Granby se prononce « granne-bi », quant à l'abréviation « zoo », si on tient à la prononcer à l'anglaise — comme en France —, on dira « zou »... Autrement dit, ce que les deux dames voulaient, c'était le chemin pour se rendre au Zoo de Granby... ou, si vous préférez, au *Granby... zoo* !

Quand j'ai fini par dénouer le mystère et leur indiquer le chemin à suivre, à défaut d'un grand, elles auraient pu au moins m'en donner un petit... bisou.

À mon arrivée au pays, il m'est apparu évident que si je voulais vivre au Québec et me faire comprendre adéquatement par ceux qui avaient eu l'obligeance de m'accueillir chez eux, et si je voulais les comprendre à mon tour, je devais m'initier aux particularités du français qu'on y employait. J'ai rapidement saisi qu'outre le fait que certains mots n'avaient pas le même sens, d'autres ressemblaient étrangement à ce train qui peut en cacher un autre... La tâche s'est légèrement compliquée lorsqu'il s'est agi d'apprendre aussi le joual. Ajoutez à cela le petit accent du pays, auquel votre oreille doit nécessairement s'adapter, et vous aurez le tableau précis des difficultés, des sous-entendus, des malentendus, des méprises, des confusions et des quiproquos qui guettent tout nouveau venu au pays.

Aujourd'hui encore, le français pratiqué au Québec demeure savoureux et archaïque, comme il l'était en France au XVIIe siècle. Aussi, n'est-il pas rare d'entendre *moé, toé, frette, drette*... Pour tout dire, ce n'est pas autre chose que la langue que parlait le *roé* lui-même !

La plus grande difficulté, pour un nouvel arrivant, reste sans aucun doute cette fameuse initiation au joual. Dix ans après mon débarquement au Québec, en devenant éditeur, je me suis dépêché de mettre sur le marché le premier *Petit dictionnaire du joual au français*[17], jamais publié auparavant. Cette publication fut suivie par le savoureux *Dictionnaire des injures québécoises*[18] et le *Petit guide du parler québécois*[19]. Mais n'anticipons pas…

Pour ce qui touche l'accent québécois, souvent raillé sans retenue par certains Français, il m'arrive de leur citer Jacques Sternberg, qui dit : « L'accent n'a jamais tué aucune vérité. De même que le bel accent français, tellement élégant, n'a jamais valorisé aucune connerie ! »

Ainsi, lorsque je rencontre quelqu'un qui se moque d'un accent, quel qu'il soit, il m'arrive de l'interrompre pour lui servir ce touchant poème de Miguel Zamucol :

« Lorsque loin du pays le cœur gros on s'enfuit
L'accent, mais c'est un peu le pays qui vous suit.
Mon accent, il faut l'écouter à genoux !
C'est un peu cet accent, invisible bagage,
Le parler de chez soi qu'on emporte en voyage.
Avoir l'accent enfin, c'est chaque fois qu'on cause
Parler de son pays, en parlant d'autre chose.
Ne pas avoir d'accent, pour nous c'est d'en avoir ! »

Je ne résiste pas à la tentation d'ouvrir une parenthèse et raconter ici la scène qu'il m'a été donné de vivre en France, alors que, quelques années après mon installation à Montréal, j'ai eu l'occasion d'accompagner un ami québécois en visite à Paris pour la première fois.

Mon ami, qui était un fin gourmet, n'avait qu'une hâte, faire sa première expérience de gastronome (au diable l'avarice !) dans un célèbre trois étoiles parisien.

17. Augustin Turenne. *Petit dictionnaire du joual au français*, Montréal, Les Éditions de l'Homme, 1962.
18. Yvon Dulude et Jean-Claude Trait. *Dictionnaire des injures québécoises*, Montréal, Les éditions internationales Alain Stanké, 1996.
19. Mario Bélanger. *Petit guide du parler québécois*, Montréal, Les éditions internationales Alain Stanké, 1997.

Au maître d'hôtel, venu l'accueillir à la porte, à midi précis, il annonce solennellement :

— C'est pour dîner !

— Dîner à cette heure-ci ? Vous n'y pensez pas ! dit l'homme, ulcéré.

La réplique fait penser au client que les Français ne mangent probablement pas aux mêmes heures que les gens vivant en Amérique. Il décide donc de se renseigner.

— Et… à quelle heure servez-vous le dîner ici ?

— À partir de 19 heures, monsieur. Monsieur voudrait peut-être faire une réservation ?

— Et… maintenant vous servez quoi ?

— Le déjeuner, monsieur !

Le déjeuner, à midi ? Ils doivent se lever tard, les Parisiens, conclut le visiteur.

Ce n'est que plus tard qu'il apprendra que tout cela n'est en fait qu'une question de terminologie. Quand le Québécois prend son déjeuner, le Français, lui, attaque le petit-déjeuner ; quand le premier dîne, l'autre déjeune et, quand celui-ci soupe, celui-là dîne. Du coup, pour éviter tout malentendu et simplifier son séjour en France, le visiteur se résout finalement à dire, trois fois par jour : « Je voudrais… manger. »

Mais mon ami n'est pas au bout de ses peines. Son initiation se poursuit aux Galeries Lafayette où la confusion atteint son comble lorsqu'il veut acheter un soutien-gorge pour sa femme, restée à Montréal.

Après avoir demandé où il peut trouver des « brassières », il atterrit au rayon… des enfants.

— Mais ce que je cherche, ce n'est pas pour un enfant, c'est pour ma femme !

— Oui, mais elle va faire quoi, votre femme, avec une brassière ? Monsieur cherche peut-être une brassière de sauvetage ?

Il y a des circonstances dans la vie où, même en parlant de soutien-gorge, on voudrait tout laisser… tomber. Incommensurablement confus, rougissant un brin, il explique à la vendeuse, lui, un homme, quel usage les Québécoises font de ce sous-vêtement féminin.

— Ah bon… je comprends ! Ce que monsieur veut, en fin de compte, c'est un soutien-gorge ! lui dit-elle en pouffant de rire.

Rideau!

Avant de se décourager totalement, ce grand admirateur de la gastronomie française décide de visiter le rayon des articles ménagers afin d'y découvrir les instruments culinaires des cordons-bleus de France. Là encore, j'ai le privilège de l'accompagner personnellement dans cette aventure qui reste inoubliable.

Au Bazar de l'Hôtel de Ville, où je le conduis, il se met à rechercher frénétiquement les cuisinières. Il faut préciser ici qu'au Québec, les cuisinières s'appellent *poêles*. Ne parvenant pas à trouver ce qu'il cherche, impatient, mon ami s'approche d'une vendeuse et, en prenant sa voix la plus douce, lui demande:

— Pardon, mademoiselle, j'aimerais beaucoup voir vos... poêles, s'il vous plaît.

L'employée est stupéfaite. Elle n'a jamais subi un affront pareil de toute sa carrière de vendeuse. Elle hausse les épaules avec mépris et rétorque aussitôt:

— Foutez-moi la paix! Grossier personnage! Maniaque, va! Vous n'avez pas honte?

Mon ami avait entendu dire, par de mauvaises langues, que les Parisiennes étaient parfois facilement irritables, mais à ce point, il ne l'aurait jamais cru. Après tout, il ne lui demande pas la lune, il veut juste voir ses... poêles.

Comme tout le monde est dans le flou, toujours poli (la politesse n'a-t-elle pas le pouvoir de calmer l'irritabilité de l'ennemi?), il tient à s'expliquer:

— Vous allez me trouver un peu curieux sans doute, mais...

En matière de communication, surtout en France où les gens sont expressifs, les mimiques ajoutent à la compréhension. Du coup, la vendeuse le coupe net, fronce les sourcils, fait une vilaine grimace et s'apprête à le gifler.

— Ça suffit! Si vous continuez, j'appelle un agent! Déguerpissez!

— C'est que JE SUIS TOURISTE! ajoute-t-il dans une ultime précision.

— Ah! bon. Et on se pense drôle avec ça?

—… alors, j'aurais voulu voir les poêles que les Français utilisent pour faire leur cuisine…

Plutôt poilant !

Dans l'avion qui nous ramène au Canada, il a cette réflexion que je n'ai jamais oubliée : « Une chance qu'au Québec on parle la même langue qu'en France ! C'est d'ailleurs pour cela que je ne vais jamais à New York. J'aurais peur de ne pas pouvoir me faire comprendre. Je ne parle pas anglais ! »

Habituellement il faut, dit-on, un certain temps d'adaptation pour savoir l'effet qu'un pays a sur vous. Je peux certifier pour ma part que mon amour pour le Québec et ses gens fut instantané. J'y vis depuis plus d'un demi-siècle maintenant et mon profond attachement ne s'est jamais démenti depuis le jour de mon arrivée. D'aucuns disent que je suis le parfait exemple d'une intégration réussie. Pour ma part, je préfère croire plutôt que je me suis bien « acclimaté ».

Lorsqu'on fait face à une nouvelle vie, que l'on est plongé dans un nouvel environnement, on peut prendre l'attitude du réfractaire, du rebelle, du dissident, se mettre en marge ou, au contraire, profiter de l'occasion qui nous est offerte pour accueillir l'esprit ouvert, tout ce qui se présente à nous. Certains appellent cela le « processus d'intégration ». C'est l'opération par laquelle une personne ou un groupe s'insère à une collectivité. L'intégration n'exige aucunement d'un immigrant une renonciation totale à son identité d'origine, à sa culture, à ses croyances ou à sa langue.

Pour ma part, je préfère me comparer à une plante qui a été déracinée, puis transplantée dans un sol qui n'est pas son sol naturel, dans un environnement qui n'est pas le sien, dans un climat étranger. Si la plante ne se dessèche pas, si elle ne meurt pas, si elle survit et qu'elle parvient à poursuivre sainement sa croissance, le terme qu'emploient les botanistes pour décrire son succès, c'est « acclimatation ». Je considère donc que je ne me suis pas bien intégré, mais plutôt bien acclimaté au Québec ! À mes yeux, une acclimatation réussie implique nécessairement une certaine douceur, des soins particuliers, une bienveillance, une attention spéciale, du doigté… et, pour les humains comme pour les plantes, une bonne dose d'amour !

Cela dit, au cours de mon acclimatation, il m'a quand même fallu être vigilant, car il m'est arrivé de faire face à certains obstacles, à des écueils et des tracas de toute sorte. Durant ce processus, aucune épreuve ne m'a été épargnée. Un peu d'indifférence, parfois de la moquerie ou de la critique, un soupçon de racisme, et, quelquefois même, du rejet… Apprendre que l'on n'est pas désiré n'est rien. C'est apprendre que l'on est de trop qui est difficile. De tout cela je ne retiens rien de déprimant, car j'ai compris depuis longtemps qu'on est toujours le juif, le nègre ou l'arabe du raciste que l'on croise sur sa route.

Créer de nouvelles racines dans un pays dont on est amoureux n'est pas une tâche bien compliquée. J'appréciais tous les jours la simplicité des gens d'ici. Ils étaient curieux, attentifs et voulaient tout savoir sur mes origines et surtout connaître la raison pour laquelle j'avais choisi leur pays.

La grande paix et l'honnêteté qui régnaient au Québec m'ont tout de suite permis de m'y sentir en sécurité. Dans les vieux pays d'où je viens, la méfiance était courante. Là-bas, il était recommandé de toujours porter une carte d'identité sur soi. Ici, ce genre de carte, personne n'en avait. Si par malheur on était interpellé par la police, il suffisait de décliner son nom et on vous croyait sur parole ! Jusqu'à tout récemment, au Québec, le permis de conduire ne portait pas la photo du conducteur, et un simple acte de baptême suffisait aux Québécois pour traverser la frontière américaine, située à une heure de Montréal !

L'image qui illustrait le mieux cette éblouissante confiance (malheureusement évaporée depuis cette belle époque…) était celle de la rue Sainte-Catherine, une des principales artères de la ville où circulent tous les jours des milliers de passants. Les petits magasins qui vendaient les quotidiens francophones d'antan, le *Montréal Matin*, *Le Devoir* et *La Presse*, ainsi que les journaux en langue anglaise, *The Gazette* et *Montreal Star*, avaient l'habitude d'installer les piles de journaux sur le trottoir, à la porte de leur commerce. Tout à côté de ces pyramides de papier était placé un tabouret sur lequel trônait une soucoupe où les acheteurs déposaient fidèlement leur pièce de cinq cents. À mesure que les piles de journaux diminuaient, la pile de pièces de monnaie augmentait, mais jamais au grand jamais n'a-t-on vu quelqu'un partir avec le butin. Hélas, aujourd'hui ce n'est plus comme avant. Les temps ont changé ! J'ai le regret de penser que si quelqu'un s'avisait d'employer la même méthode pour vendre ses gazettes, il risquerait aujourd'hui de voir s'envoler sa marchandise en un tour de main, disparaître jusqu'à la soucoupe (même vide) et peut-être aussi le tabouret.

Lors de mon débarquement, la ville de Montréal était étincelante de propreté, et les gens portaient des vêtements colorés et immaculés. Le rythme de vie était paisible et rassurant. Je ne me souviens pas d'avoir assisté une seule fois à une quelconque altercation. J'étais étonné de voir à quel point des automobilistes impliqués dans un accrochage pouvaient avoir un comportement civilisé et respectueux, et rester étonnamment calmes devant leurs pare-chocs démolis.

Ce qui me frappait aussi, c'était l'absence de personnes âgées dans les rues de la ville. À Paris, j'étais habitué à la présence de vieilles personnes faisant la queue chez le boulanger ou l'épicier, et peiné de les voir porter laborieusement leurs lourds cabas. Ici, au contraire, tout semblait avoir été prévu pour leur faciliter la vie. Elles n'avaient qu'à passer leur commande au téléphone et l'épicier venait la livrer gratuitement (!) à leur domicile…

En parlant de téléphone, j'ai noté qu'il n'y avait pas de lettre Q sur le cadran des appareils. Il n'y en a toujours pas ! On prétend que cette absence serait due aux pressions du clergé qui s'offusquait d'entendre les abonnés du téléphone prononcer cette lettre trop allusive, une lettre que les religieuses conseillaient aux élèves de prononcer « queue » plutôt que « cul ».

Une logique confondante !

À l'époque, les agences de rencontre étaient rares et suspectes. Cela donna l'idée à la compagnie d'autobus Provincial Transport d'organiser, tous les vendredis, à la tombée de la nuit, une excursion d'un genre singulier appelée *Nowhere* (nulle part). Les passagers du bus — majoritairement des célibataires

— ignoraient tout de la destination jusqu'au moment de l'arrêt du véhicule devant un établissement où ils pouvaient espérer faire plus ample connaissance les uns avec les autres et danser avec le passager ou la passagère de leur choix jusqu'à l'heure du départ, ou encore, s'il y avait affinités, s'ouvrir à toutes les sonneries du cœur et aux égarements amoureux. Les mauvaises langues racontent que parfois l'autobus retournait à la gare avec plusieurs couples en moins, mais... on n'a jamais entendu personne porter plainte.

Bien sûr, c'est avec plaisir que je découvrais aussi, pour la première fois, les fameuses pharmacies qu'a si bien chantées Charles Trenet, où l'on trouvait généralement de tout et, accessoirement, des médicaments, notamment la Pharmacie Montréal, un océan de chaleur dont la porte restait ouverte été comme hiver.

Le Nouveau Monde avait tant de choses neuves et fascinantes à me révéler, y compris celles qu'offrait la nature. À l'évidence, l'érable fait partie de ces trouvailles qui m'ont fourni de profonds étonnements. Outre le fait que cet arbre soit utilisé dans l'industrie du meuble et du bâtiment, il orne majestueusement les automnes et les printemps. Aux premiers jours d'octobre, le Québec tout entier se décore de couleurs d'une gaieté et d'un éclat féerique. Les tons nuancés des feuilles jaunes, orange et rouge écarlate de l'érable sont d'une luminosité qui rappelle celle des feux d'artifice. Un autre miracle de la nature se produit au premier dégel du printemps, alors que la sève abondante de l'arbre se remet à circuler dans tous ses membres. Le soleil fortifié darde ses rayons sur les troncs dont la sève, gelée depuis novembre, se liquéfie pour préparer le reverdissement du printemps. C'est alors le *temps des sucres*, le moment d'*entailler*, c'est-à-dire de percer au vilebrequin chaque tronc pour y placer des chalumeaux de métal par où la sève s'écoulera goutte à goutte dans des seaux d'aluminium. Ainsi recueilli, le précieux liquide se transforme, en peu de temps, en un produit qui fait la joie des gourmets. Dans un coin de la forêt se dresse la *cabane à sucre* où l'eau d'érable filtrée, nettoyée de ses impuretés, est soumise à une évaporation rapide. Pendant ce processus, la cabane est inondée du parfum de l'érable.

En s'épaississant, le liquide prend une couleur dorée et devient, comme par magie, du *sirop d'érable*! La *tire,* que l'on étend en de minces plaques sur la neige, se déguste sur-le-champ. L'érable sert aussi à confectionner du sucre d'érable, que l'on déguste en cubes ou que l'on verse dans des moules pour lui donner la forme de figurines humaines ou animales qui font le ravissement des enfants. La fête aux sucres est une tradition qui n'a jamais perdu de sa popularité. Chaque année, de nombreux amateurs s'agglutinent dans les cabanes à sucre pour chanter, pour danser et surtout pour faire honneur à la gastronomie québécoise en dégustant une multitude de plats préparés à base de sirop d'érable.

Toutes ces découvertes typiques du pays me ravissaient. Peu de temps après mon arrivée, je me suis mis à aimer le Québec de façon charnelle.

J'aimais ses lacs, ses forêts, ses saisons et la grande simplicité de ses gens rayonnants de liberté. Je me sentais si bien dans ma nouvelle patrie d'adoption que, six mois après mon propre débarquement, je n'ai pas hésité à y faire immigrer mes deux meilleurs amis parisiens, deux joyeux compagnons d'école, Marcel Couvignou et Jean-Louis Morgan.

Jean-Louis Morgan et Marcel Couvignou. Plus d'un demi siècle de complicité.

Il me semblait que mon père nous avait pourtant bien prévenus que le pays était catholique. Je fus néanmoins des plus surpris de voir à quel point l'influence de l'Église y était présente. À la Fête-Dieu, dans les années 1950, on n'hésitait pas à fermer complètement les rues afin que la procession puisse y déambuler dans le plus grand faste. Une des stations de radio les plus populaires présentait chaque soir une émission intitulée *Le chapelet en famille*, mettant en vedette le cardinal Paul-Émile Léger lui-même, qui se proclamait humblement «prince de l'Église»! Avec de si puissants atouts, les cotes d'écoute frisaient des sommets.

Une autre émission, au contenu des plus surprenants pour un nouvel arrivant, faisait concurrence au cardinal. Diffusée immédiatement après *Le chapelet en famille* et animée par le «nécrologue des ondes »(!) Camille Leduc, elle s'appelait *Les événements sociaux*. Sa mission était d'annoncer sobrement tous les décès survenus la veille. À mon arrivée à Montréal, l'émission célébrait déjà sa dix-septième année d'existence. Soixante-six mille personnes l'écoutaient avec recueillement tous les jours! Elle vécut sur les ondes de CKAC pendant trente-cinq longues années durant lesquelles son animateur annonça les mauvaises nouvelles d'une voix dolente, résignée, melliflue, onctueuse, bref, *condoléançante*, à plus de trois cent mille familles du Québec!

J'étais surpris de constater également à quel point le vocabulaire liturgique, bien présent dans le quotidien, était partie prenante au lexique québécois. Quiconque cherchait le moindrement à mettre de l'intensité ou de l'émotion dans ses propos pouvait s'en servir avec beaucoup d'efficacité. C'est ainsi que l'on entendait (et qu'on entend toujours) dire: *Hostie* qu'il fait froid; c'est une *crisse* de belle femme; il s'est fait *câlisser* dehors par son boss; c'est un *tabarnak* de malade; c'est un *baptême* de cave; c'est un *ciboire* de beau char, etc.

Lorsqu'on désire paraître légèrement moins renégat, on remodèle quelque peu les mots de l'Église et, du coup, on ne peut plus vous traiter de blasphémateur. Ainsi, au lieu de dire «un *baptême* de beau chapeau», on dira «un *batèche* de beau chapeau» ou «un *cimonaque* de beau char». Revu et corrigé de la sorte, le vocabulaire ecclésiastique a donné ces néologismes qui ne manquent pas de saveur: *câlique, cibole, christi, ostination, tabarnouche, tabaslak, viarge, sacramento, sacrifice* ou *cimonaque*.

Quant à la toponymie québécoise, elle a puisé généreusement son inspiration, elle aussi, du côté de l'Église ainsi qu'auprès d'hommes et de femmes qui ont mené une vie exemplaire et en tous points conforme aux lois de la morale et de la religion. Ce qui a donné naissance à des villes et villages comme Sainte-Catherine, Saint-Georges, Sainte-Marguerite, certes, mais aussi, Saint-Tite, Saint-Anaclet, Saint-Herménégilde et Sainte-Apolline (sans oublier Saint-Ours!), tous des saints inspirés sûrement par la piété, mais dont on aurait peine à connaître les raisons qui les ont élevés à la sanctification. Quantité de localités portent toujours des noms bibliques qu'une piété abusive a élevés sur les autels : Saint-Nil, Saint-Moïse et Saint-Noël. Sur les noms de quelque deux mille villes et villages, près de sept cents ont été tirés, sûrement sans trop de souffrance, du martyrologe. Les toponymes de certains petits villages sanctifiés ont été tellement allongés qu'il a fallu parfois se résigner à les raccourcir. Quelques exemples : Sacré-Cœur-de-Jésus de Crabtree Mills, Notre-Dame-Auxiliaire-de-Buckland, La-Présentation-de-la-Très Sainte-Vierge-Marie-de-Jacques-Cartier ou Cœur-Très-Pur-de-la-Bienheureuse-Vierge-Marie de Plaisance et Saint-Stanislas de Rivière des Envies.

Authentique!

Pour terminer cette nomenclature, je m'en voudrais de ne pas relever le nom de cette ville sise sur le bord de la rivière Saguenay, en aval de Chicoutimi, qui, lorsque je suis arrivé au Québec, portait le nom affriolant de La Descente des Femmes. Le curé du village, qui ne le trouvait pas assez religieux, le fit changer pour un nom plus fleuri, c'est-à-dire Sainte-Rose-du-Nord.

Comme on peut le constater, ce ne sont pas les occasions d'étonnement qui ont manqué au nouveau venu que j'étais.

L'habitude de noter qu'une société est à responsabilité limitée et de faire suivre (comme le font les Américains) la désignation d'un commerce par le terme « limitée » crée parfois des situations surprenantes. C'est le cas de cet entrepreneur qui, au nom prometteur de Construction Encore, a ajouté témérairement… *limitée*.

Et que dire alors des raisons sociales de certaines entreprises telles que : Condotel, Edu-con International, Aérocon, Lavacon, Télécon, Conrail, Cono Construction, Consec, Modicon ou, plus fort encore : Les Érecteurs canadiens, (une compagnie spécialisée dans les boyaux) et Érecteur international (qui a bâti sa réputation sur la « livraison dans les délais prévus »). Pour compléter la liste, j'ajouterai aussi le Centre du beigne (c'est-à-dire le trou ?), le Centre du pneu (c'est-à-dire sa vacuité), le Centre du sein (parle-t-on du mamelon ?), le Centre du poulet cuit (seul le centre aurait subi la cuisson ?), et La boucherie du Sacré-Cœur (de Jésus, bien entendu !). Désopilant !

Certes, on pourra toujours dire que j'ai l'esprit légèrement biscornu, mais puisqu'on en est au chapitre de la frivolité, comment pourrais-je résister à parler du système métrique qui n'a jamais réussi à s'implanter totalement au Québec ? En effet, il arrive assez fréquemment qu'aujourd'hui encore, au lieu de litres, on persiste à parler de gallons, et que, plutôt que de parler de kilomètres, on continue à parler de milles. Les vieilles habitudes ne se perdent pas aisément. Les pouces et les pieds sont aussi répandus que les verges. Et c'est souvent là que les chemins de la francophonie… divergent ! Une verge (0,91 mètre) équivaut à trois pieds. Conclure de ce fait qu'un Québécois qui prend son pied ne prend qu'un tiers de verge serait totalement faux dans la pratique, même si, mathématiquement, le résultat du calcul reste indiscutable.

Pour en finir avec les pouces, les pieds et les verges, il faut noter que c'est à Ottawa, au sénat du Canada, qu'œuvre toujours le haut fonctionnaire du gouvernement appelé officiellement *gentilhomme huissier de la verge noire*[20]. Le poste du brave homme (tout comme pour la prêtrise) n'est pas accessible à ces dames (selon la tradition parlementaire, vieille de 600 ans). Sa noble fonction consiste à ouvrir le pas aux membres de l'auguste assemblée quand celle-ci se réunit. Sa tâche se résume plus précisément à accompagner cérémonieusement le président du sénat, de son bureau à la Chambre où se déroulent les travaux durant lesquels l'officier reste confortablement assis, avec son imposant accessoire déposé respectueusement à ses côtés. Son instrument, de couleur noire, est colossal. Il n'a rien à voir, on s'en doute, avec l'organe de copulation. Il s'agit plutôt d'une sombre crosse ornée d'une

---

20. En anglais : *Gentleman Usher of the Black Rod*. Pour couper court à la rigolade, en français, on a récemment modifié ce titre, le remplaçant par *huissier du bâton noir*.

petite couronne royale et qui, contrairement au bâton pastoral des évêques, n'est pas recourbée en volute et, tout comme celui des ecclésiastiques, ne sert strictement à rien d'autre qu'à parader. Ce qui, pourrait-on dire, donne à cet homme, un air légèrement… « évêché ».

Retour à la case d'arrivée à Montréal… La nécessité de concentrer les efforts de toute la famille à trouver notre subsistance me fait repousser la poursuite de mes études à plus tard, et peut-être même à jamais. Notre père, qui souhaite voir ses fils bardés de diplômes, trouve une solution intermédiaire en nous suggérant de travailler le jour et de suivre des cours à l'université le soir. « Plus on apprend de choses, mieux on se débrouille dans la vie ! » avait-il coutume de dire.

Comme ses deux fils ont une certaine facilité pour les langues étrangères, il leur suggère de se diriger vers le domaine de la traduction. Comble de bonheur, au même moment, à l'Université de Montréal, un éminent linguiste français, le professeur Jean-Paul Vinay, vient de fonder une chaire de phonétique et est sur le point d'inaugurer le premier « cours d'interprétation au microphone ». Pleins d'enthousiasme, nous nous y inscrivons. Voyant l'importance que prend l'Organisation des Nations Unies, notre père nous imagine déjà œuvrant avec succès au sein de cet organisme. Le premier groupe d'étudiants est réduit, mais l'apport de mon frère et moi est notable, puisque nous manions tous deux sans problème le français, l'anglais, le russe, le lituanien, le polonais et l'allemand.

À la série de cours de traduction et d'interprétation au microphone, j'ajoute, par pur plaisir, un cours de littérature française. Pas question pour moi de me complaire dans l'oisiveté. Toutes mes journées sont prises par le travail, et mes soirées, par les études. Il ne me reste que le samedi de libre. Je le meuble en m'inscrivant à un autre cours, pour le moins hétéroclite, sur la civilisation balte, qu'un professeur lituanien venu d'Ottawa s'évertuera à donner à son unique étudiant (c'est-à-dire moi !) jusqu'à ce que ce dernier, qui a réellement été son dernier, décide de déserter ses exposés soporifiques au bout de quelques semaines de bâillements prolongés.

La vie est belle. Elle est généreuse et remplie d'espoir. Pourtant, dix mois après notre installation à Montréal, mon père devient soudainement soucieux. Sa vue l'inquiète. Son champ de vision semble se rétrécir. Il va donc consulter. Le médecin détecte un problème hypophysaire. Selon les dires du spécialiste, la situation paraît sans gravité. Afin de régler la difficulté, il lui recommande une chirurgie qui, annonce-t-il en se voulant rassurant, sera « réellement mineure » ! Quelques jours plus tard, confiant, mon père entre à l'hôpital. Nous sommes à quatre jours de Pâques. L'intervention devant être anodine, tout le monde est convaincu qu'il sera de retour à la maison pour les fêtes. Le médecin nous explique que le travail chirurgical se fera par le biais du canal nasal avec, précise-t-il, des instruments qui ressemblent à des « aiguilles à tricoter »… Pas de quoi paniquer.

La veille de son opération, prévue pour le Vendredi saint, je vais rendre visite à mon père à l'hôpital. Comme il se sent enrhumé, au moment de nous séparer, par précaution, il préfère que l'on ne s'embrasse pas. Il ne veut pas me transmettre son virus… Le lendemain, un peu avant midi, nous nous rendons à l'hôpital dans l'espoir d'assister à son réveil. Il nous faut attendre plusieurs heures avant de le voir revenir dans sa chambre, toujours endormi, la tête enveloppée d'un épais bandage. Son chirurgien arrive alors à son chevet au pas de course. Affolés, nous cherchons le moindre signe susceptible de nous rassurer. Rien de ce que je vois ne parvient à calmer ma frayeur. Bien au contraire. Mon regard se pose subitement sur les mains du chirurgien. Elles tremblent. Que peut bien signifier ce tremblotement ? Visiblement préoccupé, l'homme refuse de nous parler et insiste pour que nous allions patienter dans le corridor…

Nous sommes terrifiés, paralysés par l'inquiétude. Au bout d'un moment, j'aperçois un prêtre au fond du couloir. Il marche d'un pas alerte en poussant un petit chariot chargé d'instruments consacrés aux derniers sacrements. En le voyant arriver, j'ai une pensée attendrie pour le patient auprès duquel il se prépare à officier. Lorsque je le vois entrer dans la chambre de mon père, la peur me tétanise. Reprenant mes sens, je donne le bras à ma mère et, en compagnie de mon frère, nous entrons en trombe dans la chambre où l'homme d'Église commence à procéder aux onctions accompagnées d'invocations.

— Attendez, attendez, qu'est-ce que vous faites?! crions-nous en chœur. C'est une erreur… Vous vous trompez de chambre!

Hélas, il ne se trompe pas. L'état critique dans lequel se trouve mon père, confirmé par l'arrivée du prêtre, justifie les pires craintes. L'insoutenable rituel de l'ecclésiastique administrant les derniers sacrements à mon père me fait prendre la fuite. Effrayé, je cours me réfugier dans les toilettes. Je ne vois plus rien. Tout devient noir. Un bourdonnement intolérable envahit mes oreilles. Je crois perdre la raison. Je ressens la même impression de terreur et de bouleversement que j'ai déjà ressentie une fois, pendant la guerre, en Allemagne, le jour où une bombe a détruit la maison dans le sous-sol de laquelle je m'étais réfugié. Perdu dans les gravats, j'étais convaincu que je n'en sortirais pas vivant. «Inutile de prier, il n'y a plus d'abonné au numéro que vous avez composé. Désormais vous êtes seul au monde. Personne ne viendra plus à votre secours. Inutile d'espérer. Terminus. On descend. Le moment de ma mort par suffocation est arrivé.»

Coincé dans les sordides latrines de l'hôpital, je vis l'horreur en invoquant désespérément l'aide de Dieu. Je prie pour qu'il redonne la vie à mon père, ou qu'il me permette de le suivre dans sa mort. À quoi bon continuer à vivre, si je perds l'être le plus extraordinaire, le plus précieux, le plus cher de ma vie?

Je retrouve ma mère et mon frère près du lit de mon père. Il respire encore. Il n'a pas ouvert les yeux depuis qu'il a été ramené dans sa chambre. Il n'a pas dit un seul mot non plus. Nous essayons de lui parler, mais il ne réagit plus. Son visage reste impassible. Je prends sa main dans la mienne et lui demande à l'oreille s'il souffre. En guise de réponse, il serre ma main par deux fois. Il entend et il comprend…

Au bout d'une bonne heure, on nous conseille de quitter la chambre afin de le laisser récupérer «en paix»… Nous le laissons seul entre les mains des soignants et rentrons à la maison, totalement défaits, pour prendre un peu de repos. Une heure plus tard, le téléphone sonne. Une voix lugubre nous annonce que mon père vient de mourir…

À l'hôpital, où nous arrivons à la course, un infirmier nous informe qu'il n'a pas été opéré avec des « aiguilles à tricoter », tel qu'annoncé. On a plutôt pratiqué une magistrale trépanation parce qu'en cours d'opération, on lui aurait découvert une tumeur au cerveau. Par la suite, on nous a tricoté toutes sortes d'autres raisons pour expliquer cette mort soudaine, mais nous n'avons jamais pu connaître la vérité. Cause officielle du décès : hémorragie post opératoire. Après quoi, comme on dit habituellement sur les lieux d'une catastrophe : « Circulez, y a rien à voir ! »

Le dossier était clos !

La première grande douleur de ma vie est donc arrivée ce Vendredi saint. Avec la mort de mon père, le soleil s'est éteint. Il n'avait que quarante-sept ans. Je souffre de n'avoir pas pu échanger avec lui un dernier baiser. Je souffre du trou béant, du vide immense, de sa douloureuse absence depuis ce jour-là. Au fond, je crois que je n'ai jamais pu accepter sa mort. Pour moi, il reste toujours vivant. Mon père était inaltérablement généreux et incorrigiblement blagueur. Il a réussi à traverser la vie (souvent difficile) la joie au cœur. À l'arrivée des bolcheviks en Lituanie, il a perdu toutes ses économies. Lorsque, des années plus tard, il nous arrivait d'évoquer cette tragédie, philosophe, il disait : « Bon, maintenant c'est prouvé que nous ne serons pas les plus riches du cimetière, et alors ? » Il était convaincu que toute perte contenait en elle la promesse d'un regain. Il était unique. Il avait un sens profond de la tolérance. Toujours d'une exquise politesse. Jamais agressif. Il était la tolérance même. Il était tout pour moi. C'était mon Dieu. Il m'a tout appris. Le courage, la confiance, la tolérance et aussi la compassion, « qui donne un immense plaisir », disait-il. Il m'a également appris à garder les yeux toujours ouverts sur le monde plutôt que sur moi. « Où que tu sois, demande-toi toujours : Et les autres ? Efforce-toi de comprendre les différences ! »

Il nous répétait sans cesse, à mon frère et à moi, que nous ne devions pas nous attendre à une vie heureuse si on ne se donnait pas la peine de choisir un travail que l'on pourrait accomplir dans la joie. Il me fit aussi un cadeau magnifique en m'apprenant à croire en mes propres forces… « Dis-toi que si tu veux, tu peux ! » répétait-il souvent. Et, finalement, ce judicieux conseil dont j'ai fait la règle de ma vie : « Émerveille-toi ! Tâche de tout faire avec plaisir sinon ne le fais pas ! »

Il ne cessait pas de m'encourager à ouvrir les yeux sur tout. « Tout ce que tu regardes réellement attentivement peut devenir une aventure ! Pourquoi t'en priver ? » disait-il.

Pendant dix-sept ans, il m'a tenu sous le charme de son intelligence pure, claire et lumineuse. Rien ni personne n'a jamais pu entamer son ardent amour de la vie, sa gaieté, son imagination, sa confiance en l'avenir. J'ai toujours faim de lui. Je lui dois tout ce que j'ai acquis de plus précieux. En le perdant, je suis devenu sans assise. Il était toute ma sécurité. En mourant, il l'a emportée.

Deux jours après sa mort, à la grande messe du dimanche de Pâques, le sermon de l'ami Kubilius fut entièrement consacré à la mémoire de l'auteur de ma vie, que le prêtre qualifia de « saint homme, apôtre de la tolérance, ayant consacré son existence tout entière aux plus démunis ». Le père Kubilius avait pour lui, comme tous les membres de la communauté lituanienne, un grand respect et une admiration sans bornes.

Le lundi de Pâques, je retourne à l'hôpital de Verdun afin de récupérer les effets personnels de mon père : un livre, quelques feuilles de papier, un stylo, un petit livre de prières qu'il avait rapporté de Jérusalem, une brosse à dents, un rasoir et son pyjama encore imprégné de son odeur…

Sur le chemin du retour, je croise le chirurgien. Ses mains sont encore tremblotantes.

Nervosité ou Parkinson ? L'homme ne se donne même pas la peine de me présenter ses condoléances. Il a un sujet d'une ampleur plus urgente à partager avec moi. Jamais de ma vie je n'oublierai les propos qu'il me tient ce matin-là tant ils me meurtrissent.

— La moitié des frais de l'opération de votre père seront payés par son assurance. Il restera cependant une dette de sept cents dollars, dit-il d'une voix de comptable. Voulez-vous me dire comment vous entendez me payer?

Je reste un long moment sans pouvoir lui dire un mot. Comme il fronce les sourcils et commence à manifester de l'impatience, je finis par lui dire:

— Je ne sais pas, docteur, je ne sais pas... On n'a pas cette somme... on n'a pas d'argent... On vient tout juste d'arriver au pays. Faudra peut-être attendre un peu...

Mes propos n'émeuvent pas l'insigne disciple d'Esculape qui en remet:

— Une dette est une dette, dit-il froidement. J'ai fait mon travail. Il faut me payer. Si vous ne pouvez pas me donner toute la somme tout de suite, je suis prêt à patienter. On peut faire un arrangement. Un dollar par jour, ça vous conviendrait?

Accommodant, il est prêt à attendre deux ans, à raison d'un dollar par jour...

Je suis sans voix, totalement abattu. Une sueur froide m'inonde.

C'est à l'enterrement que je raconte au père Kubilius mon ineffaçable rencontre avec le chirurgien. Il promet de prendre personnellement l'affaire en main. Depuis ce moment, je n'ai plus jamais entendu parler de l'artiste du bistouri, de ses aiguilles à tricoter... ni de la dette.

De retour du cimetière, une tâche urgente m'attend. Je dois rédiger ma chronique... humoristique (!) pour *Radiomonde*. On a beau être tombé très bas, on ne rit pas avec les heures de tombée! Si je ne livre pas mon texte à temps, Judah n'acceptera jamais d'émettre mon chèque de dix dollars, et avec le départ de mon père, ce petit surplus devient crucial pour notre survie. Rien ne sert de pleurer, ce qu'il faut, c'est survivre! Je m'agrippe à la vie.

Le lendemain de l'enterrement, accompagné de ma mère, je me rends à la Banque d'Épargne de la Cité et du District de Montréal où mon père avait ouvert un compte. Son petit carnet de banque en main, j'explique de mon mieux au guichetier, avec mes yeux encore tout rouges, la raison de notre visite. L'homme à la nuque raide, qui parle le fonctionnaire couramment, s'en tient au règlement :

— Je veux bien croire que votre père est décédé, j'en suis désolé, mais il m'est quand même impossible de vous donner la somme qui se trouve dans son compte sans avoir vu son testament qui certifie que vous êtes son héritier ! C'est le règlement !

Ma mère aime la vie, qui ne l'a pourtant pas épargnée, mais en pareilles circonstances, sa patience a tout de même de chétives limites. Refusant tout dialogue, fulminante, elle se contente de lâcher la plus grosse invective de son répertoire d'affronts :

— Pfouy, dit-elle en hochant la tête, c'est un bolchevik !

Ne saisissant pas tout à fait la profondeur du commentaire, le caissier n'en devine pas moins l'insulte qui s'y cache. Craignant le pire, monsieur Le-règlement-c'est-le-règlement va demander secours auprès d'un de ses confrères affalé sur le comptoir de la deuxième caisse. Celui-ci confirme le règlement de la banque en nous indiquant que nous avons tort de nous fâcher puisque ce n'est ni lui ni son collègue qui sont responsables de la loi.

— Si vous n'êtes pas contents, plaignez-vous à la direction ! nous conseille l'employé modèle avant de tourner les talons.

Le bureau du gérant se trouve à l'extrémité du comptoir. L'homme qui l'occupe accepte aimablement de nous recevoir pour nous redire ce que nous venons d'entendre. Le grand patron des lieux se nomme monsieur Roland Cusson. Il a un beau regard enjoué et ressemble à s'y méprendre à Glenn Ford, la vedette de Hollywood. Tout sourire, il me demande de résumer brièvement ce qui a amené notre famille à s'installer au Québec. Il écoute le récit avec beaucoup de compassion, pose de nombreuses questions, puis tranche net :

— Je prends sur moi la responsabilité de faire une exception dans votre cas, dit-il, d'autant que, d'après ce que je constate, le montant en litige est loin d'être exorbitant. Il ne s'agit que de… trente dollars !

C'est précisément la même somme que mon père avait apportée avec lui à notre départ d'Europe.

Le geste, « illégal », du banquier a de quoi me réconcilier avec le genre humain. Je n'ai jamais pu l'oublier. Je n'ai peut-être pas la bosse des mathématiques, mais j'ai toujours eu celle de la gratitude. Dans les jours qui suivent, je vais donc ouvrir mon propre compte (mon tout premier) dans son établissement afin d'y déposer mes épargnes à venir.

Beaucoup plus tard, lorsque je devins journaliste à temps plein, j'ai écrit un article parlant des problèmes que le fait d'être le sosie d'une grande vedette américaine avait occasionnés à ce monsieur Cusson. Au fil des années, notre relation s'était muée en une amitié qui fut chaleureuse et bienfaisante. Je n'ai changé de banque que quinze années plus tard, lorsque mon premier ami banquier est décédé.

Ma mère s'est éteinte en 2005, quarante-trois ans après mon père. Aujourd'hui encore, je ne cesse pas d'être affamé de l'amour de mes deux parents. La déchirure de leur départ m'a donné une notion d'urgence de vivre et d'aimer. Ce que j'aimais en eux, c'est l'amour qu'ils avaient l'un pour l'autre. Deux véritables tourtereaux. Ils s'aimaient éperdument et ils nous aimaient, mon frère et moi. Tous deux étaient très complémentaires. Mon père, un pince-sans-rire d'apparence sévère, adorait jouer des tours. Lors de ses voyages à l'étranger (qui étaient fréquents), il ne manquait jamais de visiter les échoppes spécialisées dans les farces et attrapes afin d'y découvrir ce qui se faisait de plus irrésistible en cette matière. Malgré ce côté potache, il incarnait sagesse, sévérité, persévérance, rigueur, patience et autorité.

Ma mère, elle, était tout son contraire. Soupe au lait, elle détestait s'attarder sur les côtés négatifs de l'existence, préférant le déni. Pour simplifier les choses, elle tournait les coins ronds et cachait rarement sa joie de vivre. Elle aimait rire et bien manger. À ceux qui lui faisaient remarquer qu'elle devrait se méfier de l'embonpoint, elle répondait avec nonchalance :

— Ce n'est pas grave si je grossis. Le jour de mon enterrement, ce n'est pas moi qui porterai le cercueil.

Pour elle, tout était prétexte à la fête. Excellente cuisinière, elle s'amusait aussi à confectionner des liqueurs à haute teneur en alcool dont elle abreuvait généreusement tout visiteur qui se présentait chez nous. Les livreurs, facteurs, laitiers ou employés chargés de relever le compteur de gaz ou d'électricité savaient qu'ils ne pourraient pas quitter notre demeure sans lever le coude… Dans le domaine de l'alcool, mon père, quant à lui, ne se permettait rien d'autre qu'un simple verre de vin aux repas. Il fuyait les cocktails et tous les autres événements où l'on devait toujours avoir un verre à la main. Lorsqu'on voulait lui servir à boire, afin qu'il puisse faire comme les autres, sa réponse était toute prête :

— Je suis comme les animaux, disait-il, je ne bois que si j'ai soif !

Ma mère, qui rayonnait de joie de vivre, avait le rire facile, inextinguible et incontrôlable. Fine observatrice, elle ne ratait aucune occasion de caricaturer les gens ou les situations. On aurait dit que, plus la situation était austère ou dramatique, plus elle était prête à éclater de rire. Si, à la messe, ou, ce qui est encore pire, lors de funérailles, il m'arrivait par malheur de croiser son regard, elle pouffait immédiatement de rire. Et lorsqu'elle ne parvenait plus à se maîtriser (particulièrement durant les cérémonies religieuses), elle laissait échapper un fracassant éclat de rire en faisant mine de tousser, de se racler la gorge, d'éternuer ou de se moucher très bruyamment. Virtuose, elle l'était ! Parfois elle parvenait à camoufler le son, mais pas l'image. Dans ce cas, on pouvait voir tout son corps, secoué par un rire intérieur, tressaillir dans le silence et, en conséquence, tout le banc d'église sur lequel elle avait pris place se mettre gaillardement à sautiller en cadence.

L'exemple le plus frappant pouvant illustrer la complicité qui existait entre mon père et ma mère, je l'ai vécu à Paris.

Ce jour-là, ma mère est arrivée à la maison, pliée en quatre. Une voisine un peu farfelue venait de lui révéler le « secret d'une bonne santé », qu'un guérisseur lui avait appris. TOUTES (!) nos maladies, lui avait fait croire le charlatan, résultaient de nos… flatulences.

— C'est normal que nous ayons des gaz, expliqua la dame à ma mère. Ce qui ne l'est pas, c'est de les retenir !

D'après l'olibrius, la santé devait impérativement primer sur la bienséance. En d'autres termes, si l'on souhaite rester en bonne santé, peu importe l'endroit où l'on se trouve, on doit écouter l'appel de la nature et laisser toujours échapper, sans la moindre pudeur, toute émanation qui se présente, qu'elle soit bruyante ou nauséabonde. Si celle-ci est retenue, elle empoisonnera à coup sûr l'organisme et créera toutes sortes de maladies. La théorie du futur prix Nobel, qui relevait de la pure fadaise, avait réussi à convaincre la voisine.

Devant pareille découverte scientifique d'avant-garde, comment croyez-vous que mes parents ont réagi? Complices, ils ont aussitôt organisé un grand souper en l'honneur de la voisine (qui avait eu la générosité de partager avec eux un secret aussi crucial), auquel ils invitèrent également trois amis, qu'ils ont, bien entendu, évité de mettre «au parfum» de la surprise qui les attendait.

Au menu, ce soir-là, outre le bortsch, il y avait de la viande avec du chou... Beaucoup, beaucoup de chou, car on prête à cette plante vivace des vertus flatulentes...

C'est au café que la voisine pétomane émit sa première exhalaison. Une véritable déflagration... Quand elle lâcha sans aucune retenue sa seconde pétarade, un des invités ne résista pas à la tentation et salua le fracassant solo en s'écriant:

— Et de deux! Vive l'artillerie française!

Le rire donnait du piquant à mes parents. L'hilarité était pour eux une façon de façonner leur amour et de célébrer la vie.

C'est d'eux que j'ai appris ce que je devais savoir sur les vertus insoupçonnées du rire. Le rire bienfaisant, le rire libérateur, le rire désinfectant et même le rire comme arme de défense ou de vengeance.

Un jour, alors que nous croupissions dans un camp de concentration, ma mère, qui n'arrivait plus à supporter la méchanceté de nos geôliers, décida de jouer un vilain tour au garde en chef du sinistre établissement. Un camp de concentration n'est pas le lieu idéal pour pratiquer la facétie. Et pourtant!

De temps à autre, il arrivait au garde-chiourme en chef de faire des visites-surprises, histoire de s'assurer que dans «son» camp, on respectait les règles de la... propreté (!). Ce jour-là, ma mère, qui était préposée au ménage des lieux, utilisa l'humour comme instrument de vengeance. Pendant que le grand manitou inspectait le bâtiment, elle entreprit soudainement le lavage des marches extérieures. Elles étaient en ciment! Pour commencer, elle les a savonnées. Plus copieusement qu'à l'habitude. Par la suite, elle a beaucoup traînassé avant d'entreprendre la seconde étape, celle du rinçage. Pour tout dire, elle a attendu juste assez longtemps pour que le sinistre gardien amorce sa sortie, qu'il place son pied sur la première marche, et le voilà qui exécute un vol plané jusqu'à la dernière. Une glissade olympique. Bonjour bobos, foulures et contusions. Inutile de préciser qu'il ne s'est pas trouvé de volontaire pour l'aider à se relever. L'entorse la plus douloureuse dont l'homme a dû souffrir à la suite de sa chute lui est sûrement venue de l'offense faite à sa… dignité.

Tous ces mémorables incidents créés par mes parents (parfois même au péril de leur vie, comme dans le cas des marches savonnées) m'ont servi d'exemple. Ils m'ont appris l'incontestable puissance de l'humour et son utilité insoupçonnée face à l'accablante monotonie de l'existence.

Comment s'étonner qu'une fois devenu adulte, un des enfants de ce joyeux couple ait fait carrière dans l'humour?

Un mot encore sur ma mère. Cette femme qui a beaucoup souffert, qui a connu la déportation, la famine et des drames sans nombre était une mère-placébo. Pour faire face à une situation intolérable, plutôt que de sombrer dans l'angoisse ou la déprime, elle faisait appel à la pensée magique ou à l'aide du Bon Dieu qui, dans son cas, relevait plutôt du fétichisme.

— Tout ira bien, vous verrez! Allez, souriez! Ayez confiance! Je le sais, le ciel est avec nous!

Lorsqu'il m'arrivait parfois de vivre une expérience douloureuse ou d'être malade, elle avait une panoplie de remèdes pour me cuirasser ou me guérir. Pour commencer, elle me prenait dans ses bras, caressait ma tête et, en me regardant droit dans les yeux — qu'elle ouvrait tout grands pour la circonstance —, elle disait:

— Tu ne vois pas que le soleil arrive? Alors, embrasse vite maman et tu vas voir!

Pour compléter la thérapie elle se lançait dans la cuisine — sa pharmacie préférée — pour me faire une soupe au lait, des crêpes aux pommes de terre submergées de crème sure ou un gâteau au fromage dont elle seule possédait la recette guérisseuse. Et si par malheur ce régime miracle ne parvenait pas à m'extirper du tunnel, elle sortait son jeu de cartes pour y lire, comme par hasard, que des nouvelles… optimistes.

Le matin de sa mort, elle a dit à ceux qui l'entouraient, avec beaucoup de force et de détermination :

— Maintenant, je veux rentrer chez moi !

Puis elle est tombée dans le coma. Réunis autour de son lit, nous nous sommes tous remémoré les plus beaux moments que nous avions partagés avec elle. Pour l'occasion, nous avons fait livrer du poulet Kentucky (le mets préféré de sa fin de vie) que nous avons mangé en espérant que l'odeur de la grasse friture parvienne à adoucir son départ. D'après l'expérience des gardes-malades, si elle tardait à nous quitter, c'est qu'elle attendait une « permission ». Nous avions tous accepté son départ, à l'exception de mon frère qui refusait obstinément la réalité. Lorsque, à la fin de la soirée, nous lui avons demandé de s'approcher de notre mère pour lui dire clairement qu'il était d'accord, lui aussi, elle n'a pas tardé à rendre l'âme.

Ce n'est pas grave si je grossis, disait ma mère. Le jour de mon enterrement, ce n'est pas moi qui porterai le cercueil !

Dans le dessein d'élargir son empire, Jack Tietolman fonde, en 1953, un nouvel hebdomadaire d'intérêt général qu'il baptise du nom de *Samedi-Dimanche*. Annoncé à grand renfort de publicité sur les ondes de sa radio, tout comme *Radiomonde*, *Samedi-Dimanche* ne tarde pas à prendre son envol et entreprend vaillamment de concurrencer les trois tabloïds déjà sur le marché : *Le Photo Journal*, *Le Petit Journal* et *La Patrie*. À ma plus grande joie, on me propose d'y collaborer. Lorsque Judah prend conscience que sa jeune recrue commence à prendre de l'espace sur ses ondes et un peu de poids dans les pages de ses journaux, il commence à me montrer un peu plus de considération. Il pousse même sa magnanimité jusqu'à me gratifier d'une augmentation. Mon salaire de rédacteur publicitaire grimpe soudainement en flèche pour atteindre cinquante dollars par semaine, auxquels viennent s'ajouter les piges provenant de ma collaboration journalistique. Des confrères proches du patron, et donc bien informés, me font savoir que la soudaine générosité de la direction n'est motivée en réalité que par sa crainte de voir son écrivaillon lui échapper pour aller exercer son métier chez les concurrents.

Les patrons ont sûrement lu dans mes pensées. Je caresse effectivement l'idée d'abandonner la pub, les maigrelettes piges et ma petite vie de plante en pot dans la serre des Tietolman pour me lancer dans le vrai journalisme pratiqué au *Petit Journal*, dont le contenu offert aux lecteurs est d'une qualité nettement supérieure à celle des gazettes de mes patrons. Sans perdre de temps, je vais frapper à la porte de cet hebdomadaire qui jouit d'une grande réputation au Québec. La chance me met aussitôt sur le chemin de Jean-Charles Harvey, directeur des publications, l'être qui va me permettre de découvrir mon vrai métier : le journalisme.

L'homme aux cheveux grisonnants est journaliste, essayiste et écrivain. Sa notoriété lui est venue à la suite de la publication d'un roman, intitulé *Les demi-civilisés*. Ce livre-clé de la littérature, qui dénonce l'emprise cléricale sur la société québécoise, a provoqué un immense scandale au pays, et son illustre auteur fut même condamné par l'évêque de Québec.

Mon entretien avec monsieur Harvey est bref, engageant et plein de promesses pour l'avenir. Dès notre première rencontre, il se dit prêt à me donner la chance de débuter au journal à titre de pigiste.

— Si tout se passe bien, me promet-il, il n'est pas impossible que je vous engage en permanence comme reporter !

Il n'en faut pas plus pour me donner des ailes. Trois jours plus tard, je lui livre mon premier papier qui, Dieu merci, est accepté d'emblée et inséré aussitôt dans le journal. Le sort en est jeté. Je deviens un « vrai » journaliste ! Ma joie est à son comble. Je n'ai qu'un regret : l'absence de mon père, qui aurait été fier de son fils. Histoire de marquer l'événement par un geste symbolique, je ne résiste pas à la tentation de déposer la coupure de mon premier article sur sa tombe...

Après deux mois de piges, le remarquable passeur d'idées qu'était Jean-Charles Harvey me propose d'entrer au sein de la rédaction des deux hebdos qu'il dirige : *Le Petit Journal* et *Le Photo Journal*. Salaire de départ : soixante-cinq dollars par semaine.

Lorsque j'annonce ma décision de quitter CKVL, très contrarié, Jack Tietolman me demande sans gêne de lui révéler le salaire que m'offre son concurrent.

— Pour débuter, on m'a proposé soixante-cinq dollars par semaine.

— Je vous offre soixante-dix dollars, dit-il en bombant le torse, assuré de me faire succomber par la surenchère.

Je ne sais pas d'où m'est venue l'audace de lui rétorquer d'un ton qui ne m'était pourtant pas habituel :

— Merci, monsieur. Malheureusement, je ne vois comment je pourrais continuer à travailler pour vous puisque, pas plus tard qu'hier, je valais cinquante dollars et qu'aujourd'hui, soudainement, j'en vaux soixante-dix...

Notre union était consommée. Nous nous sommes séparés sans jamais nous revoir. En revanche, malgré leurs petites mesquineries, je suis toujours resté reconnaissant aux frères Tietolman de m'avoir donné la chance d'entrer dans le monde de mes rêves, celui de la communication.

Non, je n'aurai pas à attendre trop longtemps pour faire mes premiers pas dans le « grand journalisme ». Je suis à peine arrivé au *Petit Journal* que Jean-Charles Harvey a déjà concocté une première mission pour moi. Il me fait venir à son bureau pour me présenter à un homme démesurément grand, sec et mal rasé, qui dit se nommer Sydney Short.

— Sydney Short n'est pas son vrai nom, me dit mon nouveau patron d'un ton pénétré. C'est un nom d'emprunt. Nous n'avons pas besoin de savoir son vrai nom, car depuis de nombreuses années, Sydney fait partie de la pègre montréalaise. Il a vécu jusqu'ici une vie fascinante et accepte de nous la raconter moyennant un paiement de cinq cents dollars. Je te le confie. Prends le temps nécessaire pour recueillir tous les détails de son parcours. Nous en tirerons une série d'articles exclusifs.

Débutant sa confession, comme on dit, en bord de divan, Sydney me confie avoir tenté de fuir le milieu à plusieurs reprises, mais sans succès, car il est sérieusement « accro » à la drogue. Et, comme les fonctions qu'il occupe toujours dans le monde interlope lui permettent de se procurer plus aisément que d'autres l'héroïne dont il a besoin quotidiennement pour sa survie, ses dés sont pipés. Il est clair que les révélations qu'il se propose de nous faire ne manqueront pas d'intérêt pour les lecteurs auxquels on a rarement parlé des dessous du monde interlope. Ma rencontre avec cet homme plein de contradictions m'inspire soudain une meilleure idée. Pourquoi, me dis-je, ne m'introduirait-il pas clandestinement dans son étrange univers ? Si jamais je pouvais y vivre moi-même quelque temps, je pourrais alors tirer de cette expérience une série d'articles infiniment plus alléchants. Je vois d'ailleurs un autre avantage à ce scénario. Si je parviens à atteindre mon but avec succès (sans y laisser ma peau), je vais assurément attirer l'attention sur mon exploit, et, en conséquence, sur ma petite personne qui cherche désormais toutes les occasions (je l'avoue sans honte) de se démarquer de ses confrères et de se faire une place de choix dans le monde journalistique. À première vue, Sydney n'est pas réfractaire à mon plan. Et pour cause. Il y voit une excellente raison pour... majorer son tarif.

En m'accompagnant au bureau de mon patron, il tient tout de même à me mettre en garde contre les risques, pour moi comme pour lui, que comporte le nouveau projet.

— Si on découvre la vérité, je suis un homme fini ! On me retrouvera dans le fleuve Saint-Laurent. C'est garanti ! Et il n'est pas dit que tu ne me suivras pas ! me confie-t-il.

Bien que séduit par l'audace de sa jeune recrue qui revendique un regard que les autres journalistes ne semblent pas posséder, Jean-Charles tente fortement de me dissuader :

— C'est pure folie ! dit-il. Je veux bien croire que l'aventure puisse te tenter, mais te rends-tu compte du danger que tu cours ? La pègre, c'est un champ de mines ! Tu pourrais facilement y laisser ta peau ! Est-ce que ça vaut réellement la peine d'aller jusque-là ? Tu es encore jeune. Tu as toute la vie devant toi, et le journal a besoin de toi… vivant !

Je ne sais plus très bien comment je m'y suis pris pour lui faire admettre l'idée. Tout ce dont je me rappelle, c'est qu'il a fini par céder. Quant à Sydney, ce n'est pas avec l'assurance de gagner cinq cents dollars qu'il est reparti, mais bien avec le triple du montant qu'il avait espéré au départ.

Le succès que j'obtiens avec cette dangereuse expérience, inhabituelle dans les annales du journal, est au-delà de mes espérances. Les risques que j'ai pris m'ont donné le goût de toujours travailler dans l'euphorie, le pied sur l'accélérateur. Je crois même remarquer que certains de mes collègues sont envieux du plaisir que j'y prends.

Le fait de m'être glissé un certain temps dans la peau d'un personnage imaginaire (un voleur de bracelets-montres !) me donne l'idée de me lancer, quelques mois plus tard, dans une forme de journalisme qui m'allume de plus en plus, « le reportage vécu » ou « l'imposture journalistique », tellement plus vivant et attirant que l'interview habituelle, pantouflarde, routinière, fondée simplement sur des questions et des réponses. Je crois avoir découvert dans cette forme d'enquêtes une façon plus originale, plus vivante et plus crédible de renseigner le lecteur. Le fait d'emprunter la peau de quelqu'un d'autre, en usurpant son identité, me permettra de vivre, selon moi, beaucoup plus près de sa réalité.

La publication de la série d'articles tirés de ma rencontre avec Sydney, intitulée *J'ai passé un mois chez les damnés* (repris plus tard sous la forme d'un livre[21]), a pour conséquence une augmentation considérable du tirage de l'hebdomadaire, à

_____

21. Alain Stanké (préface de Jean-Charles Harvey). *Un mois chez les damnés*, Montréal, Le Petit Journal, 1953.

laquelle s'ajoute, comme « dommage collatéral » à la pègre, l'arrestation d'une douzaine de criminels notoires. Ajoutez à cela une notoriété instantanée pour le jeune journaliste qui, « au péril de sa vie » (!), a réussi, sous le nom d'emprunt de Léo Leblanc, à infiltrer l'inaccessible univers du crime afin de raconter à ses lecteurs l'hallucinant quotidien des drogués, tel que vu pour la première fois directement de l'intérieur.

À la suite de l'édifiante réussite de son poulain, qu'il couronne d'éloges, Jean-Charles Harvey, qui est un homme d'une densité humaine rarissime, décide de devenir mon mentor et de me transmettre généreusement son savoir. Il s'investit dans cette tâche sans jamais compter son temps. Je lui en serai éternellement reconnaissant. En sentant se poser sur moi son affectueux regard paternel, j'ai l'impression que désormais, partout où j'irai dans le métier, la chance sera à mes côtés. Avec une tendresse bouleversante, mon nouveau père spirituel me fait sentir toute la joie que l'on peut éprouver à faire partie de son journal, où l'honneur de chaque journaliste était celui de tous. Pour continuer à progresser dans le métier, il me conseille de me plonger dans la lecture des œuvres de Voltaire et de celles de Guy de Maupassant. Selon lui, ces grands écrivains ont une plume admirable et sont, sans conteste, des modèles pour quiconque espère réussir à rédiger des reportages baignés d'humanisme, que les journalistes américains appellent alors *human interest*.

— Souviens-toi toujours de ne faire que ce que l'on te demande de faire, me dit-il. Appelle un chat, un chat. Sois simple, direct. Fais des phrases incisives et courtes. Rappelle-toi aussi ce que disait Boileau : « Qui ne sut se borner, ne sut jamais écrire ! » N'allonge jamais la sauce pour rien. Contente-toi de mettre le couvert, d'ouvrir l'appétit. Oublie les messages. N'analyse pas. Ne commente pas. Ne juge surtout pas. RACONTE !

Je suis trop bien parti pour ne pas suivre mon élan. Je ne refuse aucun modèle. Attiré comme une mouche par le miel, je cours à la source bouillante de l'événement. Je flambe, pour mon métier de reporter, d'un amour de pyromane. Je l'aime comme s'il avait été défendu. Il n'est pas fait pour que j'en vive avec parcimonie. Le surmenage fait désormais partie de mon hygiène. Je traite, en chasseur solitaire, avec le même enthousiasme, de sujets d'une infinie variété. Osés, choquants, révélateurs, insolites, hétéroclites. Primeurs et reportages exclusifs deviennent peu à peu, pour le boulimique de bizarreries que je suis, mon véritable fonds de commerce, et ils contribuent à faire mon bonheur.

La machine à écrire électrique n'a pas encore été inventée, et le son que produisent dans la salle de rédaction les Remington et Underwood me donne l'impression de vivre dans un immense champ de bataille où les mitrailleuses crépitent sans interruption.

À cette époque bénie, nous n'avons pas non plus accès aux appareils sophistiqués des météorologues, mais la direction du journal ne se décourage pas pour autant. Ne reculant devant aucun sacrifice, dans un petit coin de la première page du journal, elle prend le risque (!) de présenter chaque semaine les prévisions météorologiques pour le week-end. Ces prévisions — totalement inventées — sont erronées une fois sur deux, mais il semble bien que les lecteurs ne nous en aient pas tenu rigueur, car les météorologues de l'époque n'avaient pas les outils qu'ils possèdent aujourd'hui. De toute façon je n'ai jamais entendu personne protester… Sauf une fois !

La délicate tâche de prédire le temps était généralement confiée au rédacteur en chef, monsieur Fernand Denis, un homme doté d'un extraordinaire sens de l'humour. Il est vrai que pour accomplir sa délicate mission, il ne fallait surtout pas en manquer. Lorsque venait le temps pour lui de livrer ses prédictions, il s'avançait cérémonieusement au centre de la salle de rédaction, ouvrait lentement la fenêtre et, sous le regard de toute notre équipe, mettait son index dans sa bouche, qu'il plongeait ensuite dehors durant une bonne minute. À ce moment exceptionnel, qui prenait toujours les allures de l'offertoire à la messe, les machines à écrire cessaient leur vacarme. Un silence religieux s'installait dans la salle. Nous étions tous suspendus à ses lèvres. Lorsqu'il se sentait prêt, Fernand Denis s'éloignait lentement de la fenêtre, les yeux fermés, pour bien nous montrer sans doute qu'il était en transe ou en lien avec l'au-delà. Après avoir fait une courte pause, il nous livrait son précieux verdict. Un spectacle hebdomadaire unique qu'on ne ratait sous aucun prétexte.

Je me souviens que ce jour-là, il décrète qu'il fera beau et chaud. Et c'est précisément ces mots qui sont imprimés en page frontispice du journal. L'ennui, c'est que ce week-end-là, il a fait froid et il a plu durant les deux jours. Le lundi matin suivant le déluge, une lectrice visiblement grognonne demande à parler au « responsable des prévisions météorologiques ». Je me trouve justement dans son bureau.

— Vous avez dit qu'il allait faire beau et chaud, lui dit-elle ; or, il a fait froid et il a plu toute la journée. À cause de vous, nous avons raté notre pique-nique ! On s'est fait mouiller !

— Oui, lui répond le plus sérieusement du monde le grand météorologue, je ne le nie pas ! Je l'avoue : on a bien dit qu'il allait faire beau et chaud, mais… on n'a jamais dit OÙ !

Avec les Doukhobors — les « lutteurs de l'esprit » —, dont le voyage au Canada fut payé en grande partie par Léon Tolstoï.

Ces moments de récréation, propres à la vie d'une salle de rédaction, sont restés gravés dans la jungle de mes souvenirs au même titre que les grands reportages qui continuent à hanter ma mémoire. Je repense, entre autres, au reportage que j'ai fait après avoir visité la dernière léproserie du Canada. Je n'oublie pas non plus mon séjour chez les Fils de la Liberté, en Colombie-Britannique, au sein d'une communauté de Doukhobors ; ou les retrouvailles d'une fille de vingt-deux ans avec sa mère qui l'avait abandonnée à sa naissance et qu'un de mes articles avait permis de réunir ; ma rencontre avec plusieurs condamnés à mort (à l'époque, la peine de mort n'avait pas encore été abolie) ; et les conversations inoubliables avec une multitude de célébrités dont j'ai toujours cherché à connaître l'envers de la vie publique. À tous ces souvenirs, il faut ajouter aussi un long chapelet de premiers ministres qu'il m'a été donné de côtoyer[22].

Les deux seuls chefs du gouvernement provincial que j'ai approchés en dehors du cadre officiel de mon métier, dans le but avoué de leur demander une faveur (pour d'autres), furent l'ineffable Maurice Duplessis et, quelques années plus tard, son successeur Jean-Jacques Bertrand.

Ma rencontre avec Duplessis, cet homme tout-puissant et fort détesté, m'a permis d'apprécier la manière putride dont les gens de son parti, l'Union nationale, traitaient les médias.

Mon initiation à l'exécrable pratique de la corruption politique débuta le jour où j'eus à couvrir un événement insignifiant et sans aucun intérêt pour notre hebdomadaire. Il s'agissait de la banale inauguration d'un petit pont sans importance, couronnée par une cérémonie d'une criante platitude qui, en réalité, n'aurait dû trouver écho que dans une gazette régionale.

— J'ai promis aux gens du gouvernement — qui ont beaucoup insisté — que nous déléguerions un représentant de notre hebdo pour couvrir l'événement. Il faut donc que tu y ailles…, me dit Pierre Gascon, mon chef des nouvelles. Si tu ne trouves rien qui puisse nous intéresser, ne fais rien. Pas de problème ! Mais il faut absolument que tu sois présent sur les lieux !

Le pauvre, qui a dû être sérieusement bassiné par les gens en place et par le propriétaire de notre journal, le colonel Roger Maillet, grand ami de Duplessis, ne peut probablement pas faire autrement que de m'assigner à cette insignifiante tâche.

Pour l'occasion, les grosses huiles du parti au pouvoir ont convié les représentants des médias dans un chic restaurant sis non loin du nouveau pont. Un repas copieusement arrosé des

---

22. Antonio Barrette, Paul Sauvé, Daniel Johnson, Jean Lesage, Lucien Bouchard, Bernard Landry, Jean Charest, René Lévesque, Lester B. Pearson, John Diefenbaker, Pierre-Elliott Trudeau, Joe Clark et Brian Mulroney

meilleurs vins nous attend. À la fin des agapes, on nous prie d'aller serrer la main du responsable des relations de presse qui doit nous remettre, sur place, les documents d'information dont nous allons avoir besoin pour « bien faire notre travail ».

Je me place en ligne, comme tout le monde, et j'attends. Lorsque mon tour arrive, le responsable en question (ministre du gouvernement) me tend la main, me complimente brièvement sur mon travail au *Petit Journal* (la flatterie ne peut pas nuire !) et me remet deux enveloppes. L'une contient un communiqué de presse laudatif sur l'événement, et l'autre, plus petite, que j'ouvre par curiosité devant le digne représentant de l'Union nationale, un billet neuf de vingt dollars. Voyant mon étonnement, l'homme m'interpelle cavalièrement, en me tutoyant comme si nous n'en étions plus à notre première inauguration de ponts :

— C'est pour couvrir tes frais, mon bonhomme !

— Mais c'est que je suis salarié, monsieur ! Je suis payé par mon journal pour faire ce que je fais…

Ma réponse semble l'offusquer. Il hausse les épaules, me reprend l'enveloppe des mains et, irrité, l'engouffre dans ma poche en ajoutant :

— Tu apprendras, mon jeune, que dans ce métier-là, quand on te donne un cadeau, tu le prends et… tu fermes ta gueule. Et, si tu tiens absolument à dire quelque chose, tu dis merci !

Je ne veux pas créer de malaise. Je lui dis simplement :

— Je ne comprends pas !

Et sur ces mots, je quitte rapidement les lieux, en gardant l'enveloppe dont le contenu représente un pont… d'or. J'ai l'impression d'être dans un film.

Comme l'inauguration du pont, sa bénédiction et les discours-fleuves qui ont suivi n'avaient pas le moindre intérêt pour mon journal, je n'ai, bien entendu, rien écrit sur l'affligeante activité. Le lendemain, mon patron, à qui je raconte l'incident des vingt dollars, m'apprend que cette coutume est bien établie dans la profession et que, chaque fois qu'on est conviés à couvrir une conférence de presse, et particulièrement une de celles qui servent la propagande officielle du gouvernement, il y a toujours sur les lieux un responsable plein de sollicitude appelé l'« homme aux enveloppes ». Sa charge est de distribuer des petits cadeaux permettant aux journalistes d'arrondir leurs fins de mois. Autrement dit, pour les avoir dans la poche... on remplit leurs poches. Il faudra attendre la fin des années 1950 pour que la syndicalisation du monde des communications permette enfin aux gens de presse d'accéder à de meilleurs salaires et fasse disparaître de manière définitive les magnanimes petits bonshommes et la déplorable habitude des enveloppes corruptrices.

Voici maintenant comment je me retrouvai à jouer un rôle d'intermédiaire. Quelque temps après l'impérissable incident du pont, un fidèle lecteur du journal, monsieur Gérard Cazes, vint me présenter une requête inattendue. À mes yeux, sa démarche confirmait que le métier de journaliste permettait à ceux qui l'exerçaient d'approcher aisément les personnalités les plus en vue de notre société. Le jeune homme me demandait de devenir son intermédiaire auprès du premier ministre Duplessis à qui il souhaitait remettre, en mains propres, des documents confidentiels d'une très grande importance.

À cette époque, Gérard Cazes et son compagnon Marcel Grondin étudiaient le génie minier. Engagés par la compagnie torontoise Kennco Exploration Ltd., une filiale de Kennecott Copper Corporation de New York, les deux amis prospectaient dans la région du lac Allard, située quarante-trois kilomètres au nord de Havre-Saint-Pierre. Au bout de six semaines d'intenses explorations, ils ont eu la chance inespérée de réaliser la plus importante trouvaille jamais faite au Canada, après celle de l'or. Ils ont découvert du titane ! Comme une tonne de minerai de titane pouvait alors valoir entre deux et cinq dollars, suivant la richesse de sa composition, la découverte de la mine par les deux jeunes prospecteurs (devenue depuis lors la deuxième plus importante mine de titane au monde) était évaluée, en 1954, à plus de cinq cents millions de dollars ! Cette estimation sommaire fut reconnue par Ottawa, par Québec et par la Titanium Corporation qui n'a pas tardé à y investir trente millions de dollars pour l'exploitation du minerai.

Dans le domaine de l'industrie minière, la coutume et la loi commandent qu'une certaine partie des revenus engendrés par l'exploitation d'une mine soit inéluctablement accordée aux découvreurs de la mine.

Après avoir fait tous les calculs, Cazes et Grondin sont arrivés à la conclusion que si on ne leur accordait qu'un simple petit sou par tonne, ils seraient en droit de recevoir un million deux cent mille dollars. Le calcul ne représentait que le cinq centième de la valeur de la mine qui, rappelons-le, n'en était qu'au début de son exploitation.

Après avoir chaleureusement félicité les jeunes gens pour leur mirobolante trouvaille, on leur fit rencontrer les haut gradés des compagnies qui, pour pouvoir démarrer prestement l'extraction dans la légalité, durent signer avec eux un contrat préalable contenant la formule consacrée «pour un dollar et autres considérations, nous, soussignés, acceptons de vendre…» sans laquelle aucun document n'aurait été valide. Au moment de payer le dollar symbolique, les dirigeants fouillèrent dans leurs poches sans parvenir à y trouver un sou vaillant. La scène était cocasse. Tout le monde éclata de rire en promettant bien sûr de ne pas oublier de régler la petite dette… Présage?

Malheureusement, dans toute cette merveilleuse histoire, il y avait un os! Le problème, c'est que, par la suite, les deux découvreurs furent cavalièrement écartés du dossier et complètement ignorés par tous les intéressés. Les démarches sans fin qu'ils ont entreprises pour obtenir leur dû sont restées vaines.

Au bout de sept années d'attente, découragés, messieurs Cazes et Grondin sont donc convaincus que seul le premier ministre du Québec peut prendre les choses en main et voir à ce que justice soit faite. Ils souhaitent que j'intervienne personnellement à l'empyrée où siège le géant du pouvoir qu'est Maurice Duplessis et que je lui remette un dossier détaillé faisant état de la situation et démontrant l'injustice dont ils sont victimes.

Plutôt que de me rendre au parlement pour frapper à la porte du premier ministre, je crois qu'il me sera plus facile de le rencontrer fortuitement lors d'une manifestation officielle. Par bonheur, au même moment, Duplessis s'apprête à inaugurer en grande pompe, sur les rives du fleuve Saint-Laurent, l'installation par Hydro-Québec du plus long câble électrique sous-marin au monde. Comme de bien entendu, le gouvernement tient à ce que l'événement soit largement publicisé. Et tout le monde sait alors que les responsables du service de presse, chargés de diffuser l'information entourant l'inauguration, feront tout en leur pouvoir pour attirer les médias du Québec dans le petit village perdu des Boules. Je leur fais connaître aussitôt mon intention de couvrir l'événement. Prétexte !

Le départ est donné. Sept luxueuses limousines sont mises à la disposition des quatorze journalistes de la région de Montréal invités à couvrir la cérémonie officielle. Le long périple doit se terminer, un jour avant l'inauguration, dans la ville de Rimouski où des chambres nous sont réservées (gratuitement). Première étape : la ville de Québec. Restaurant quatre étoiles, vin à volonté. Bien sûr, histoire de respecter la tradition, le tout est aux frais de la princesse.

À l'hôtel, que nous atteignons en fin de journée, un dîner d'apparat nous attend. Avant de nous attabler, on nous prie de nous mettre en rang d'oignon pour l'assignation des chambres et la remise des clés. Mon compagnon de route, un vieux journaliste du quotidien *La Presse,* est le premier à recevoir sa clé des mains du petit ministre, le même qui m'avait affablement offert vingt dollars lors de la minable et non moins mémorable inauguration du pont. En regardant par-dessus l'épaule de mon confrère (il n'est pas très grand), je le vois empocher une clé qu'accompagne une enveloppe blanche, dont l'épaisseur m'impressionne. Mon ami l'ouvre devant le généreux donateur, compte les billets — deux cent cinquante dollars ! —, remercie ardemment le petit monsieur chauve et se retire hâtivement. Mon tour arrive. Le cauteleux olibrius me remet la clé de ma chambre, me toise avec dédain et dit :

— Si je ne me trompe pas, tu n'as rien écrit sur l'inauguration du pont ? Alors, aujourd'hui, tu n'as pas d'enveloppe ! Tu as juste la clé. Tant pis pour toé, mon petit bonhomme ! Bonne nuit quand même !

L'ineffable fanfaron aux enveloppes n'a sûrement rien compris lorsqu'il a ouvert mon journal quelques jours plus tard. Ayant trouvé matière à parler de l'événement, je lui ai quand même consacré une page entière… Celle-là ne lui aura rien coûté !

C'est précisément à cette occasion que je prends conscience, plus que jamais, que l'ignoble pratique de l'« homme aux enveloppes », destinée à acheter les journalistes sous-rétribués, doit cesser. De retour à Montréal, je m'associerai aussitôt à une poignée de confrères qui partagent mes convictions, afin de créer le premier syndicat des journalistes au Québec et de réussir à éliminer de façon définitive l'abjecte pratique des pots-de-vin.

Revenons à ma mission spéciale auprès du premier ministre.

Ce soir-là, j'ai la chance de dîner à la même table que lui. L'homme à la tête (caricaturale) de l'insidieux « régime Duplessis », copieusement critiqué, est reconnu pour avoir beaucoup d'esprit et la répartie facile. Il ne tarde pas à m'en donner la preuve. En constatant qu'il se sert de toutes petites portions de nourriture, je me permets de lui demander, très poliment, s'il suit un régime. Duplessis répond du tac au tac:

— Oui, je suis au régime… Le régime Duplessis!

L'atmosphère s'étant détendue, j'en profite pour lui glisser le volumineux dossier des découvreurs de la mine de titane. J'ai l'impression que Maurice Duplessis accueille ma requête avec beaucoup d'intérêt.

— Je m'en occupe personnellement! C'est promis! me dit-il en engouffrant le document dans sa poche.

Quelques jours plus tard, il s'empresse d'adresser une lettre personnelle aux deux prospecteurs, leur promettant « d'examiner leur problème sous tous ses angles, de concert avec le ministère des Mines et ses officiers ».

En lisant la missive, leur joie est à son comble. Hélas, elle sera de courte durée, car ils n'entendront jamais plus parler de leur découverte, de Duplessis ni de l'argent qui leur revient pourtant de droit.

La seconde expérience d'entremetteur que j'ai eue auprès d'un premier ministre fut beaucoup moins chevaleresque. Seule la finalité comique de la démarche m'empêche de la remiser de manière définitive dans les oubliettes de ma mémoire.

Un ami, qui cherchait à élargir son champ d'activités et, par conséquent, à augmenter substantiellement son pécule, me pria un jour, avec beaucoup d'insistance, d'intervenir auprès du premier ministre Jean-Jacques Bertrand (dont il savait que j'avais l'oreille) afin que l'homme tout-puissant donne un « petit coup de pouce » pour l'obtention d'un permis d'exploiter une taverne. La licence en question était très courue et, de ce fait, extrêmement difficile à obtenir pour quiconque n'avait pas ses entrées au gouvernement, toujours aussi corrompu.

Je ne voulais rien entendre de la requête du futur tavernier, mais celui-ci me moulina avec une telle insistance que j'ai fini par craquer et aller, à reculons, rencontrer JJB. Le premier ministre me reçut avec beaucoup de bienveillance et eut même la délicatesse ou l'imprudence) de me déculpabiliser en me déclarant :

— Vous avez bien fait de me présenter votre requête ! Il n'y a pas de honte à cela puisque, comme je vous l'ai déjà dit, je ne pourrai rien vous refuser !

Dans le fond, comme il était un habile politicien, il savait parfaitement naviguer pour mettre un journaliste dans sa poche.

Quinze jours plus tard, un haut gradé de la Commission des liqueurs du Québec, (organisme gouvernemental qui avait pour mandat d'attribuer des permis pour la vente d'alcool) me convoqua à son bureau pour me remettre glorieusement MON permis pour exploiter une taverne. Je dis bien « mon » permis, car, plutôt que de porter le nom du copain pour lequel je m'étais honteusement compromis, le document avait été officiellement émis à mon nom personnel. Catastrophe ! En constatant l'erreur, j'ai aussitôt protesté et demandé qu'elle soit corrigée. Il n'en était pas question ! Offusqué, le fonctionnaire me fit remarquer que la licence n'aurait jamais été délivrée, n'eût été mon ingérence.

— Vous n'y pensez pas ! Monsieur le premier ministre ne serait jamais intervenu personnellement s'il avait su que…

Tout ce qu'il me restait à faire, c'était de rouler le rutilant certificat et de disparaître. C'est ainsi que, par un coup du destin, j'ai été officiellement tavernier durant trois longs mois, le temps que les corrections appropriées finissent par être apportées au document. Pour tout dire, pendant toute cette période, j'ai pris grand soin de m'assurer que jamais personne ne découvre que le « grand, le remarquable, le talentueux et intègre journaliste » (!) avait dérivé à ce point de sa noble vocation.

Quant à mon ami, le nouveau tavernier, cinq ans plus tard, il roulait sur l'or. Le comble de toute cette lamentable histoire, c'est qu'il ne lui est jamais venu l'idée de m'offrir le moindre verre de bière !

Après avoir patiemment jaugé mes capacités, Jean-Charles Harvey, mon précieux mentor, décide de m'associer à Arthur Prévost, un journaliste de vingt ans mon aîné. La curiosité d'Arthur, sa vivacité et son grand attachement à la langue française lui font jouer les protées. L'homme saute sans difficulté du reportage à la critique culinaire, des chiens écrasés à l'horoscope, de la chronique de voyages aux grandes interviews, rédigeant ses papiers dans une langue colorée, truffée d'aphorismes et émaillée, dès que l'occasion le lui permet, de savoureux calembours dont il se délecte sans répit. Arthur se plaît à répéter qu'il est un « descendant du premier couple blanc indigène ». C'est à deux que nous découvrons la singularité des êtres. À deux que nous relevons le bizarre et le pittoresque. Chasseurs insatiables de l'insolite, nous passons le plus clair de notre temps dans un état constant d'émerveillement. Cette soif d'aller à la découverte des êtres donnera un sens à ma vie.

Souverainiste convaincu, mon copain mène une lutte sans pitié contre ceux qui refusent de parler le français au Québec. Un anglophone qui a le malheur de lui dire : « *Sorry, I don't speak French !* » a aussitôt droit à une réplique laconique qui le cloue sur place :

— *Don't be sorry, LEARN IT*[23]*!*, lui lance mon comparse.

Son inlassable combat ne s'arrête pas là. Au restaurant, s'il est servi en anglais, à la place du pourboire, Arthur laisse une petite note au serveur unilingue sur laquelle on peut lire (uniquement en anglais, cette fois) : « Par respect pour vous, je ne vous laisse pas de pourboire, car les seuls billets que je possède sont… bilingues. J'aurais peur que les mots français qui s'y trouvent vous offensent ! »

En raison de nos affinités, notre patron décide de faire de nous son tandem de choc, auquel il n'hésite pas à confier les

---

23. « Ne soyez pas désolé, APPRENEZ-LE ! »

tâches les plus redoutables qui soient. Lorsqu'il juge que le tirage du journal a trop fondu dans une région donnée, il nous expédie sur le terrain afin que nous y dénichions des sujets susceptibles de captiver l'intérêt des lecteurs en fuite. En cela, nous sommes encouragés par la réflexion de La Rochefoucauld qui croyait, lui aussi, que « la plupart des hommes ont, comme les plantes, des propriétés cachées que le hasard fait découvrir ».

Partageant d'identiques gourmandises, nous partons toujours en mission avec empressement et enthousiasme. Aucun défi ne nous effraie. Nous savons conjuguer le verbe *oser* comme personne. Ponctuels et pleins d'embûches, ces mandats nous permettent de parcourir le pays dans tous les sens et d'en rapporter des reportages qui, en plus de réjouir nos patrons, font de leur publication (grâce à un tirage qui dépasse les trois cent mille exemplaires) le journal le plus lu au Québec dans les années 1960.

Comme Arthur n'a ni femme ni enfant, son unique famille est le journalisme.

— Moi qui suis célibataire, je peux m'occuper de tout, disait-il, mais... de rien d'autre ! Pas étonnant qu'en 2004, avant de mourir à l'âge de quatre-vingt-quatorze ans, il ait légué une fraction de ses économies (cinquante mille dollars) à la Fédération professionnelle des journalistes du Québec afin qu'elle crée une bourse destinée au perfectionnement de jeunes journalistes.

En compagnie de mon coéquipier, je suis devenu un passeur, une courroie de transmission. Ce que je découvrais, je le redistribuais aussitôt à mes lecteurs.

Gilbert Cesbron a dit un jour qu'il existe deux sortes de journalistes : « Ceux qui s'intéressent à ce qui intéresse le public, et ceux qui intéressent le public à ce qui les intéresse ! » Nous faisions nettement partie du deuxième groupe.

Suivre son penchant naturel, voilà le secret. À mesure que je pratiquais mon métier, mon goût s'affina. J'allais tout naturellement à la fascinante découverte non pas tant de célébrités que d'inconnus qui auraient, selon moi, mérité de devenir célèbres. Il me semblait clairement que ce que les personnes connues avaient à communiquer, elles l'avaient déjà exprimé dans leurs œuvres. En revanche, l'œuvre des inconnus était toute contenue dans leur vie et elle restait à découvrir. Les destins exceptionnels des célébrités ne se mesurent-ils pas habituellement au nombre de lignes que leur consacrent les dictionnaires, à la quantité de médailles qu'ils arborent sur le revers de leur veston ou à la collection de diplômes qui ornent les murs de leur bureau? Dans le cas des inconnus, c'est différent. Ils survivent à travers les enfants qu'ils ont conçus, la maison qu'ils ont construite à la sueur de leur front, les arbres qu'ils ont plantés de leurs mains ou les expériences particulières qu'ils ont vécues. La rencontre de ces hommes et de ces femmes qui me paraissaient avoir un ciel d'avance sur les autres m'a pétri et souvent marqué, au point qu'à leur contact j'ai modifié mon propre parcours.

Mon premier contact avec l'un d'eux, qui se nomme Pierre Dudan, remonte à l'année 1950, alors que je n'avais pas encore quitté Paris. La rencontre qui me revient en mémoire fut très brève, mais particulièrement significative. Ce soir-là, Pierre Dudan était l'invité vedette d'une émission de radio enregistrée devant public et diffusée directement depuis les Champs-Élysées. Le grand salon, faisant office de studio pour l'occasion, était situé au second étage de l'immeuble. Pour y accéder, on avait le choix entre emprunter un majestueux escalier ou prendre un minuscule ascenseur où patientait Pierre Dudan. Je fus le deuxième passager à prendre place dans l'étroite cabine. Juste avant la fermeture de la porte arriva un couple. La capacité de l'ascenseur étant limitée à trois personnes, il y en avait une de trop. Toute grande vedette qu'il était, Dudan quitta l'ascenseur le plus galamment du monde et emprunta l'escalier. Son geste pourrait paraître d'une grande banalité, mais je ne l'ai jamais oublié. Je l'ai reçu comme une précieuse leçon d'humilité.

J'ai revu Dudan quelques années plus tard à Montréal où il avait également immigré. La vie a permis que je devienne son ami. Nos retrouvailles dans le Nouveau Monde lui ont d'ailleurs inspiré une chanson très touchante qu'il a intitulée *L'ami retrouvé*. Pierre était un être sensible, inspiré et d'une grande générosité. Il m'a fait un grand bonheur en me confiant la publication de trois de ses ouvrages[24]. Dans l'un d'eux se niche d'ailleurs cette pensée qui, en plus de m'accompagner dans la vie, me rappelle sans cesse le jour béni où je l'ai croisé pour la première fois : « Il n'est jamais trop tard pour apprendre ne serait-ce que l'humilité ! »

Si toutes ces personnes ne s'étaient pas trouvées sur mon chemin, je ne serais assurément pas le même aujourd'hui. Magnifié par mes découvertes roboratives, je me suis cru chargé de la mission d'un passeur émerveillé. Une sorte de pyromane de l'âme, impatient d'allumer mes lecteurs en leur faisant découvrir, à leur tour, des êtres qui m'ont semblé être d'éternité et qui, souvent, leur ressemblaient.

De cet avantage-là je ne me suis jamais lassé ni rassasié. Et, comme chemin faisant je servais avantageusement les intérêts de mes employeurs, ils ont fini par m'élever à des degrés successifs de prestige. Des abîmes du néant de l'immigration, en attendant d'autres sommets, on me hissa au grade de grand reporter, qu'on appelait *star reporter* dans la presse anglophone. Mon accession au gratin (l'orgueil est un excellent moteur de motivation) m'a insufflé un dynamisme renouvelé. La responsabilité de dénicher chaque semaine un reportage digne de faire la une du journal n'était pas au-dessus de mes forces. Bien au contraire. Toutes mes missions furent très belles et enthousiasmantes, à l'exception d'une seule dont j'ai tout de même tiré une précieuse leçon.

La troublante révélation est survenue le jour où mes patrons m'ont confié la couverture d'une retentissante enquête criminelle.

L'histoire concernait Wilbert Coffin, un prospecteur soupçonné d'avoir tué trois chasseurs américains dans une forêt gaspésienne. On m'envoya enquêter sur les traces du suspect qui ne tarda pas à être formellement accusé de meurtre. Pour moi, comme pour beaucoup, cette accusation paraissait injustifiée. Elle semblait n'avoir, pour unique but, que l'apaisement de la peur entretenue par les touristes américains

24. Pierre Dudan. *Les cent pas dans ma tête*, Montréal, Les Éditions de l'Homme, 1969. Pierre Dudan. *La terre a une taille de guêpe*, Montréal, Les Presses Libres, 1970. Pierre Dudan. *Ariâme, plage nue*, Montréal, Les Presses Libres, 1971.

qui, tant qu'on n'avait pas trouvé de responsable, craignaient de venir chasser au Québec.

« Il n'y a pas d'erreur judiciaire innocente, dit Me Jacques Vergès qui est loin d'être un novice en la matière. L'erreur résulte d'une hâte irresponsable à boucler l'instruction, quand ce n'est pas de la soumission à des pressions de la rue ou des puissants. Tout crime appelle un châtiment, et d'autant plus s'il est affreux. Le peuple l'exige. L'erreur judiciaire lui offre, à défaut du criminel, un coupable d'occasion pour étancher sa soif de sang, et cela au moindre coût social. Tant pis pour la morale ! »

Beaucoup pensent aujourd'hui que Coffin était innocent.

Quoi qu'il en soit, à la suite d'un long procès doublé d'une enquête royale, l'accusé — qui n'a pas cessé de clamer son innocence — a fini par être déclaré coupable sur des preuves circonstancielles et condamné à être pendu ! Sa compagne, qui avait eu un enfant avec lui, n'a pas souhaité être présente au tribunal lors du prononcé de la sentence. Ce jour-là, mes patrons eurent la brillante (!) idée de m'envoyer faire les cent pas devant la porte de la maison de la malheureuse, un petit transistor collé à l'oreille, en attendant que le juge fasse connaître sa décision. Dans la course aux primeurs, je devais impérativement être le premier à recueillir ses impressions !

Lorsque j'ai entendu à la radio que Coffin venait d'être condamné à « être pendu jusqu'à ce que mort s'ensuive », j'ai compté jusqu'à dix, et j'ai gravi les marches du petit immeuble pour aller à la rencontre de la future veuve. Jamais de ma vie je n'oublierai la scène qui suivit le moment où j'ai tiré la sonnette. J'ai entendu le déclic de la clé dans la serrure, puis j'ai vu apparaître devant moi une grande dame toute paisible. Après l'avoir saluée, je me suis présenté. Ensuite, sans perdre un instant, je lui ai expliqué la raison de ma venue. Je lui ai dit que j'avais été envoyé pour recueillir ses... *impressions* !

— Mes impressions sur quoi ? me demanda-t-elle complaisamment.

— Eh bien... sur la sentence qui vient tout juste d'être prononcée.

— Je m'excuse, dit-elle toujours aussi affable, mais je n'ai pas encore entendu la décision... Quelle est-elle ? Vous seriez bien gentil de me le dire...

À ce moment précis, je crois que si j'avais pu le faire, je me serais sauvé à toutes jambes. Malheureusement, il était trop tard. Le mal était fait. Il fallait aller jusqu'au bout de cette stupide maladresse.

— Voilà… Eh bien… voilà… comment dire? Le juge, euh… oui, le juge a… il a… il vient juste de… de condamner monsieur Coffin… (Je me souviens avoir beaucoup appuyé sur le mot *monsieur*.) Il l'a condamné à… à… à… être PENDU!

Je vis alors des larmes naître au bord de ses longs cils. Je les ai regardées rouler sur ses joues avec le sentiment déprimant de ne rien pouvoir faire pour rattraper ma gaucherie. Je ne savais pas si je devais me sauver ou la prendre dans mes bras. Je suis resté là, planté devant elle, à portée de gifle. Elle aurait dû me frapper. Je l'aurais mérité. J'ai attendu bêtement, puis, devant son incommensurable chagrin, j'ai fini par craquer moi aussi et… je me suis mis à pleurer.

L'insoutenable douleur de cette femme m'avait terrassé. La honte que j'ai ressentie ce jour-là m'a guéri à tout jamais de l'envie de faire partie de la bande de vautours que sont parfois mes confrères qui, préoccupés par le *scoop*, ignorent trop souvent les souffrances de l'être humain.

Vautour, je l'ai été une fois. Ignominieusement. Ça m'a suffi.

J'ai remarqué que mon destin s'est souvent révélé de manière inattendue en plaçant sur mon chemin des gens que, quelque temps plus tard, pour des raisons qui restent obscures, il s'est amusé à me faire rencontrer de nouveau. Le croisement de nos routes tenait assurément d'une sorte de palingénésie. La répétition inexpliquée de la rencontre des mêmes personnes me laissait une étrange impression de déjà-vu qui ne manquait jamais de m'interroger.

Un phénomène de ce genre est survenu lorsque, dans mon entourage, les gens se sont mis à me demander de plus en plus fréquemment:

— Qu'est-ce qui est arrivé à tes doigts? Pourquoi ont-ils cette forme?

Certains se sont même permis de faire circuler la rumeur voulant que, lors de mon internement dans les camps de concentration, j'aie été torturé à l'aide d'aiguilles enfoncées sous mes ongles. Il faut dire que mes doigts sont élargis au niveau de la phalangette. Les médecins désignent cette particularité par l'expression *doigts hippocratiques*. Selon toute vraisemblance, Hippocrate aurait découvert que les personnes présentant cette caractéristique étaient susceptibles, plus que d'autres, de souffrir d'affections broncho-pulmonaires ou de cardiopathies cyanogènes, qu'on désigne sous le nom de *maladies bleues*, souvent liées à une malformation congénitale du cœur.

Voulant en avoir le cœur (!) net, je décidai un jour d'examiner plus à fond le problème en allant passer des examens à l'Institut de cardiologie de Montréal, où j'eus le plaisir de faire la connaissance du fondateur de l'établissement, l'éminent cardiologue, le Dr Paul David. Après avoir subi une série de tests, qui ont duré près d'une semaine, le spécialiste me fit savoir qu'il n'avait rien découvert d'anormal. Afin d'être totalement rassuré sur l'état de ma santé, il me conseilla de m'adresser au neurochirurgien de réputation internationale, le Dr W. Penfield, car il se pourrait, m'a-t-on dit, que le phénomène soit causé par la conséquence d'un mauvais fonctionnement de l'hypophyse. Le Dr Penfield est un pionnier dans le domaine de la neurologie. Une semaine plus tard, après m'avoir examiné de fond en comble, le célèbre spécialiste me rassura à son tour.

— Vos doigts n'ont rien d'inquiétant. Selon moi, c'est très simple : vous avez des yeux bleus, des cheveux blonds et… des doigts en forme de baguettes de tambour. Dites-vous que c'est simplement une de vos caractéristiques, voilà tout…

Peu de temps après ma rencontre avec le cardiologue Paul David, avec qui j'avais beaucoup sympathisé, le hasard ou la fatalité ont fait que celui-ci me proposa d'assister, à titre de journaliste, à la toute première opération à cœur ouvert jamais effectuée au Canada. Une faveur exceptionnelle qui m'a donné la chance de vivre un moment d'une grande intensité dont je tirai un reportage exclusif pour mon journal.

Quant au Dr Penfield, là encore, il semble que la synchronicité, le destin ou la palingénésie aient joué un rôle pour le moins surprenant. En effet, plusieurs années après ma rencontre avec le neurologue, alors que j'étais devenu éditeur, c'est à moi qu'il a eu la délicatesse de confier la publication de ses mémoires[25]...

Quant à mes doigts, disons que, par la suite, histoire d'éviter d'attirer l'attention sur eux, et décourager ainsi les curieux de me poser la sempiternelle question : « Qu'est-ce qui vous est arrivé aux doigts ? », j'ai pris la banale habitude de les dissimuler aux regards en plaçant mes mains dans mes poches, en les cachant sous la table ou en les glissant nonchalamment sous mes aisselles. Cette attitude des bras croisés a d'ailleurs fini par créer quelques malentendus, car, je l'ai appris plus tard, la posture faisait croire (faussement) aux francs-maçons que je faisais partie de leur organisation occulte. C'est par ce signe, semble-t-il, que les frères francs-maçons se reconnaissent entre eux...

Pour en finir avec l'histoire des doigts hippocratiques, j'avoue que c'est au Dr Han Suyin, célèbre auteur dont j'ai édité les livres au Canada, que revient probablement le mérite d'avoir su éclaircir le mystère.

Dès notre première rencontre, en voyant mes doigts, mon amie Suyin m'a dit qu'en Chine, d'où elle est originaire, les gens aux doigts identiques aux miens étaient légion. Selon elle, la raison en était toute simple : tous ceux qui présentaient cette particularité avaient souffert, au moment de leur croissance, de... malnutrition. C.Q.F.D.

Han Suyin

25. Dr Wilder Penfield. *Mémoires*, Montréal, Les éditions internationales Alain Stanké, 1978.

Un beau jour, quatre ans précisément après mon arrivée au Québec, j'ai enfin senti que je n'étais plus un « importé ». Cette preuve convaincante m'en fut donnée par une consœur du *Petit Journal* lors d'un dîner dansant du Press Club de Montréal.

Au cours d'un slow langoureux, alors que nos joues se touchaient pudiquement, la charmante Élise me fit ce reproche (compliment) qui me laissa perplexe :

— Je te trouve bien sympathique, et c'est justement parce que je t'aime bien que je vais me permettre de te faire une petite remarque. Voilà : sois donc toi-même, ne te force pas à imiter… l'accent français !

Sans le savoir, Élise venait de me faire le plus beau des cadeaux. Elle ne me prenait pas pour un importé. Pour elle, j'étais un « Québécois de souche »… qui, pour se valoriser, tentait de parler à la française !

Victoire !

Un an plus tard, je recevais un autre cadeau : la citoyenneté canadienne. On n'imagine pas ce que signifie, pour un apatride, le mot *citoyenneté* en charge de valorisation, de gratitude, d'amour et d'espoir. Je crois que seuls les sans-papiers peuvent comprendre la reconnaissance que confère à un individu cet acte officiel dont nous fait don notre pays d'accueil. Le jour où je suis devenu Canadien, je me suis cru le plus riche, le plus fort et le plus heureux des hommes.

Après avoir quitté mon pays, j'étais devenu un vulgaire étranger, un individu sans patrie, sans port d'attache officiel, sans papiers, sans racines. Après la guerre, en quittant l'Allemagne, la France avait gratifié les membres de notre famille d'une carte d'identité réservée aux « apatrides ». Le document de couleur verte — dont je ne me suis jamais départi — a des allures d'accordéon.

Sur la page principale, où sont inscrits mon nom et ma date de naissance, à l'article *signes particuliers*, le fonctionnaire, un vigilant et fin physionomiste, avait noté : « menton légèrement en galoche » ! J'ai mis des années à me débarrasser du complexe… S'il l'avait écrit, c'est que c'était vrai…

Le plus étrange (encore cette synchronicité) est que, plusieurs années plus tard, désireuses de rajeunir le texte du serment d'office utilisé lors de l'attribution de la citoyenneté canadienne, les autorités du gouvernement fédéral m'ont fait l'honneur de m'inviter à faire partie d'un comité spécial chargé de réécrire ce serment d'office auquel sont soumis les néo-Canadiens. Le groupe était composé d'une poignée de journalistes et d'auteurs les plus en vue du pays (dont Arlette Cousture). J'étais le seul du groupe à être né hors du pays. Réunis à Vancouver, nous avons planché jour et nuit pour produire un texte dans lequel on ne souhaitait plus retrouver les mots « Reine » et « Dieu ». Approuvé en première instance, le serment eut à affronter, par la suite, l'esprit des religieux et celui des loyaux royalistes du pays qui se sont vigoureusement opposés à son adoption. Résultat : aujourd'hui encore, toute personne prenant la citoyenneté canadienne est toujours invitée à jurer fidélité à Sa Majesté la reine… et à demander que, dans sa solennelle démarche, Dieu lui vienne toujours en aide.

Parmi les multiples rencontres que j'ai eu le privilège de vivre, certaines m'ont paru plus exceptionnelles que d'autres. C'est le cas notamment pour Fidel Castro.

Fidel Castro (le vrai !) à Montréal en 1959

Après la Révolution cubaine, lorsque Fidel prit le pouvoir, accompagné de quelques amis montréalais aux idées aussi biscornues que les miennes, je me suis rendu à La Havane pour rencontrer *El Commandante* en personne et lui faire une offre que beaucoup trouvaient totalement saugrenue. Nous nous promettions de faire une collecte de jouets à Montréal pour les parachuter du haut des airs sur la capitale cubaine, afin de procurer un peu de joie aux petits enfants démunis que le régime de Batista n'avait pas gâtés. En entendant notre proposition, Castro fut à la fois estomaqué et ravi. Séduit par l'idée et voulant y donner suite sur-le-champ, il commanda aussitôt que l'on procède à la confection de centaines de petits parachutes pour que le projet puisse se réaliser dans les meilleurs délais. Quelques jours plus tard, il changea d'idée. Il acceptait toujours le cadeau que nous voulions faire aux enfants, mais préférait désormais se rendre au Québec afin de recueillir les dons personnellement. Quelques semaines après, accompagné d'un groupe de *barbudos*, Fidel débarquait triomphalement à Montréal où il séjourna durant trois glorieuses et mémorables journées, pour en repartir avec une cargaison de vingt mille jouets.

Un peu avant l'arrivée de l'illustre visiteur à Montréal, en avril 1959, j'eus l'idée farfelue de me déguiser en rebelle cubain — barbe fleurie et gros cigare compris —, histoire de découvrir le genre d'accueil que Fidel pouvait s'attendre à recevoir en arrivant à Montréal. La plupart des gens n'avaient pas retenu la date précise de l'arrivée de Castro sur le sol québécois. De ce fait, lorsqu'ils m'ont vu déambuler dans les rues, accompagné de mon photographe, ils n'avaient aucune raison de croire qu'il s'agissait d'un simulateur. Partout où je suis passé, je fus accueilli par des acclamations. Les Montréalais m'ont reçu unanimement en criant « Bravo Fidel ! » Les plus vaillants se sont littéralement jetés sur moi pour me serrer la main. (Je me suis refusé à signer des autographes !) Croyant voir le vrai Castro, il s'est trouvé des femmes pour oser lui faire la bise. Ma fausse barbe était tellement bien collée qu'elles ne se sont jamais douté de rien.

Au cours de mon instructive promenade, un généreux admirateur de Fidel s'est même proposé d'aller m'acheter deux cigares qu'il n'a jamais voulu me faire payer. Mon « exploit » fit la manchette du *Petit Journal*. Lorsque Fidel est arrivé à Montréal, je me suis fait un plaisir de lui montrer les photos témoins

Fidel Castro (le faux !). Mon plus beau rôle de… composition.

de ma prouesse. Devant son sosie québécois, le père de la Révolution cubaine n'a pas caché sa surprise. Quelques années plus tard, les photos de cette mémorable mise en scène ont trouvé place dans les pages d'un ouvrage de Carmen Langlois[26].

26. Carmen Langlois. *Souriez, vous êtes aux Insolences d'une caméra*, Montréal, Les éditions internationales Alain Stanké et Entreprises Radio-Canada, 1980.

Mais la plus grande surprise découlant de cette expérience, je l'ai vécue quarante ans plus tard (!) lors d'un voyage que je fis à Cuba.

J'avais choisi le Club Med de Varadero pour y passer quinze jours de vacances. En lecteur impénitent que je suis, j'avais engouffré dans mes valises une vingtaine de livres parmi lesquels j'eus l'imprudente idée de glisser l'ouvrage de Carmen Langlois où figuraient les images de mon inoubliable imitation de Castro. Les touristes qui ont l'habitude de visiter Cuba savent que les livres qui entrent dans ce pays sont infailliblement examinés par les inspecteurs des douanes chargés de faire la chasse aux éventuelles publications subversives susceptibles de nuire au régime castriste.

À ma descente de l'avion, lorsque les officiers constatent l'imposante cargaison de livres que je transporte, ils m'invitent aimablement à les suivre dans une petite pièce où une poignée d'hommes en uniforme procèdent discrètement à la fouille minutieuse de mes bagages. Un examen de routine sans grande efficacité, puisque personne du groupe ne connaît le français. Ils ne savent peut-être pas lire, mais comme une image vaut mille mots, lorsqu'ils tombent par pur hasard sur l'unique ouvrage illustré que j'ai en ma possession, et lorsqu'ils y découvrent les photos du faux *El commandante*, ils ne tardent pas à soupçonner qu'il s'agit là d'une flagrante parodie. Alerte ! Personne ne bouge ! Danger ! Restons calmes ! Pas moins de douze inspecteurs et inspectrices se relaient alors pour me faire « avouer » mon crime manifeste de lèse-majesté. J'ai beau répéter que rien ne prouve que l'homme déguisé en Castro soit moi (par bonheur, les photos n'ont pas de légende), rien n'y fait. Au bout de deux interminables heures d'interrogatoire, qui se déroule de façon courtoise et civilisée, à l'abri des regards, on fait comprendre au suspect que je suis que si je veux passer des vacances en toute quiétude (!), je dois impérativement signer un document dans lequel je déclare solennellement m'être déguisé pour incarner Fidel ! Le déroulement des événements à venir m'est expliqué par le plus haut gradé de l'équipe :

— Ne craignez rien, me dit-il, il ne va rien vous arriver de fâcheux ! Nous allons simplement saisir provisoirement l'ouvrage, présumé délictueux, pour lequel nous vous donnerons un reçu officiel. Nous le ferons suivre ensuite à La Havane où il sera examiné par les autorités compétentes en la matière. Une personne connaissant le français aura la tâche de le lire attentivement et de déterminer s'il s'agit d'un livre subversif ou non. Dans le pire des cas, votre livre sera saisi et détruit. Dans le meilleur des cas, si on trouve qu'il ne comporte rien de répréhensible, vous présenterez votre reçu à l'officier des douanes le jour de votre départ et le livre vous sera rendu. En attendant, BONNES VACANCES, *amigo* !

Bonnes vacances ! Bonjour l'ambiance ! Je passe des jours et des nuits à imaginer toutes sortes de scénarios plus affolants les uns que les autres. Je me souviens même m'être réveillé une nuit, en sursaut, avec une vision cauchemardesque : je me voyais travaillant sous un soleil de plomb dans un champ de canne à sucre...

Quand arrive enfin le jour de mon départ, deux options s'offrent à moi. Dans le premier cas, je présente mon petit reçu avec mon passeport. Dans le deuxième, j'oublie (distraitement) d'exhiber le récépissé et, avec l'aide de Dieu, j'évite le pire : les geôles cubaines et... le travail forcé dans cette terrifiante plantation de canne à sucre. La deuxième solution me paraît être la plus sage, mais je me ravise quand même à la toute dernière minute et j'affronte l'officier chargé de tamponner mon passeport. En feignant l'oubli, ne vais-je pas empirer mon cas et, du coup, rallonger ma peine dans les funestes champs de canne à sucre que j'ai déjà eu l'occasion de visiter par une nuit de cauchemar ?

Prêt à braver le danger devant la petite guérite, j'exhibe mon document accompagné de mon passeport canadien qui a bonne presse à Cuba. Le moment n'est franchement plus à l'esbroufe. L'homme en uniforme lit le papier, fronce les sourcils, puis me lance un regard torve qui n'augure rien de bon. Je m'efforce de ne pas laisser paraître mon anxiété. Après m'avoir sommé d'attendre patiemment devant lui, l'officier décroche le téléphone et murmure quelques mots inaudibles dans le cornet. Je l'entends épeler péniblement mon nom et mon prénom. Mon nom officiel comporte vingt-quatre lettres au total ! L'exercice prend une éternité. Finalement, après avoir raccroché, il me dit :

— *Momentito!*

La garde à vue commence. Une sueur froide m'inonde. Va-t-on venir me passer les menottes ? Aurai-je le droit de téléphoner à mon ambassade ? Soudain, je vois arriver un colosse à l'aspect plus rébarbatif que les autres. Il me salue brièvement et m'invite à le suivre. Témoins de ce que je crois être mon « arrestation », les vacanciers rencontrés lors de mon séjour au Club me regardent partir, convaincus que je me suis rendu coupable d'un acte répréhensible. Mon garde et moi traversons une série de corridors sans fin. Soudain, l'officier s'immobilise devant une porte sur laquelle je lis un écriteau qui me laisse perplexe : *V.I.P. Lounge.* Mon accompagnateur, devenu subitement plus souriant, m'ouvre la porte, me prie d'entrer et de prendre place dans un fauteuil. Je n'ose pas le questionner. Je suis complètement confus. Continuant à sourire il me dit :

— Dans quelques instants, nous allons vous rendre votre livre. Comme vous le savez, il a été à La Havane. Vous allez sans doute être agréablement surpris d'apprendre qu'il a même été montré au *El Commandante* lui-même ! En voyant les photos, Fidel Castro s'est rappelé de vous. C'est ce qui explique ma présence ici, car il m'a chargé de vous transmettre personnellement ses amitiés, de vous assurer qu'il n'a jamais oublié ce que vous avez fait dans le passé et… de vous offrir, pour l'occasion, avant votre départ, le *drink* d'amitié de votre choix !

Comme il n'est que huit heures du matin, j'opte pour un petit café. Le verre d'alcool — Cuba libre —, je me l'offrirai plus tard, dans l'avion, pour célébrer ma… libération !

Quelques mois plus tard, je publiais un livre[27] présentant deux interviews exclusives de Fidel Castro réalisées par le journaliste Arturo Alape et Fred Betto, un théologien brésilien de la Libération. Cet ouvrage a été préfacé par Gabriel Garcia Márquez, le célèbre prix Nobel que j'ai eu le plaisir de rencontrer à La Havane lors de ma visite au père du Che, Ernesto Guevara Lynch[28], dont j'ai aussi eu le plaisir de publier les mémoires.

---

27. Fidel Castro. *Mes années de jeunesse*, Montréal, Les éditions internationales Alain Stanké, 2003.
28. Ernesto Guevara Lynch. *Che Guevara, mon fils*, Les éditions internationales Alain Stanké, Montréal, 1985.

Voilà que cette expérience avec Castro ramène maintenant à ma mémoire un événement d'un ordre différent, mais où, une fois de plus, le temps est au centre de l'action. Cette impressionnante expérience s'est déroulée, elle aussi, dans le cadre de mes impostures journalistiques.

Un jour, voulant pénétrer le monde abyssal des itinérants, je me suis déguisé en clochard. Vêtu de haillons, mal rasé, ébouriffé et l'air hirsute, je me suis faufilé dans les rangs d'un groupe d'hommes hébergés dans un centre municipal d'accueil réservé aux S.D.F. J'étais fin prêt à vivre une immersion totale.

Dans cet endroit sordide, qui porte le nom de refuge Meurling, tous les pensionnaires de passage se ressemblent. Ils sont tristes, éteints, affligés, dépenaillés. Tous pareils, sauf un. En le regardant de plus près, j'ai la curieuse impression que l'homme en question s'est trompé de place. Intrigué par sa stature racée, qui contraste nettement avec celle de ses compagnons d'infortune, je prends le risque de m'asseoir sur la même banquette que lui. Absorbé dans ses pensées, l'inconnu m'ignore. Désireux d'établir à tout prix un contact avec lui, je l'aborde avec la plus grande circonspection. Une pensée obsédante me trotte dans la tête : « Quand on fait un geste, d'autres font un pas. »

— Bonjour ! lui dis-je.

Mon salut reste sans réponse. Chez les sans-abri, c'est bien connu, on ne s'attarde pas aux civilités. Après un bref moment, je répète ma tentative en lui posant une question d'une inoffensive banalité. L'homme demeure muet. Dans sa grande détresse, il a su conserver sa prestance et une remarquable trace de dignité. De mon côté, je joue les minables. Après quelques minutes, je me hasarde à rompre le silence en lui faisant une remarque sans grande signification. Elle n'a pas plus d'effet. L'homme demeure muré dans son mutisme. Soudain, sans que je sache pourquoi, il craque :

— J'ai un problème d'alcool ! lance-t-il.

Sa confidence me touche. Je lui réplique :

— Je ne comprends pas que vous soyez ici. Ce n'est pas votre place. Vous me semblez différent des autres ! Si vous avez un problème d'alcool et si vous désirez vous en débarrasser, adressez-vous plutôt aux Alcooliques Anonymes. Ils vont vous aider. Mais de grâce, ne perdez pas votre temps ici !

(Non, mais de quoi je me mêle ?)

L'homme se redresse et me toise d'un regard suspicieux qui, à la limite, me paraît menaçant. Je crois même qu'il va me frapper. Devant son aigre réaction, je n'attends pas mon reste. Je quitte les lieux précipitamment pour revenir au journal afin d'écrire mon expérience.

Trente ans plus tard — oui, exactement trente ans plus tard ! —, ma secrétaire m'annonce qu'un inconnu insiste pour me parler.

— Le monsieur prétend, dit-elle avec une légère trace d'ironie dans la voix, qu'il a déjà été itinérant ! Il paraîtrait même que vous l'auriez connu dans votre passé…

Intrigué, je décroche le téléphone. Au bout du fil, une voix de basse me dit :

— Je suis désolé de vous déranger… surtout après tant d'années. J'aurais dû vous téléphoner il y a… TRENTE ANS ! Je vous prie de m'excuser…

— J'avoue que je ne comprends pas très bien où vous voulez en venir.

— C'est tellement loin… Vous ne vous souvenez sans doute pas d'avoir écrit un jour un reportage sur le refuge Meurling. Vous rappelleriez-vous, par hasard, avoir rencontré là-bas un clochard à qui vous avez dit : « Que faites-vous là ? Ce n'est pas votre place ici ! Vous êtes différent des autres ! »

Aussi étrange que cela puisse paraître, je me souviens alors parfaitement de la scène comme si elle s'était déroulée la veille.

— Eh bien ! ce clochard d'il y a trente ans, c'est moi, monsieur ! Je me nomme Raymond Dansereau et je tiens à vous remercier pour le bon conseil que vous m'avez donné à l'époque. Je suis passablement gêné de ne pas l'avoir fait plus tôt, mais je n'ai pas oublié, c'est l'essentiel, n'est-ce pas ? Si vous vouliez accepter de me rencontrer pour que je vous raconte le chemin que j'ai parcouru depuis le Refuge, j'en serais ravi.

Nous nous rencontrons le lendemain. Évidemment, je ne reconnais pas l'homme que j'ai abordé plus d'un quart de siècle auparavant. Ses vêtements n'ont rien à voir avec ceux qu'il portait à l'époque. Son regard est illuminé d'une infinie bonté. Il est grand, mince, imposant, rieur et élégamment vêtu. De surcroît, il conduit une automobile de grand luxe. En un mot, en plus d'être bien dans sa peau, il respire le succès. Il affirme m'avoir retrouvé grâce à mon article du *Petit Journal*. Du même souffle, il me confie qu'à l'époque, il avait bel et bien eu l'intention de me flanquer un coup de poing sur le nez. Le conseil que je lui avais donné l'avait carrément insulté, car au moment de notre rencontre au Refuge, il émergeait tout juste d'une tentative de suicide et continuait à se sentir au bout du rouleau. La révolte que j'avais provoquée en lui dura trois jours, au bout desquels l'idée de la désintoxication a fini par faire son chemin. Il quitta l'abri et alla demander assistance aux AA. Le travail de désintoxication n'a pas été facile, mais il a quand même fini par remonter la pente et retrouver sa dignité d'homme. Sa cure lui donna la force nécessaire pour tout recommencer à zéro. Regonflé à bloc, il reprit ses études, retrouva un emploi et, onze années plus tard, réussit à rembourser toutes les dettes qu'il avait contractées auprès de ses amis.

— À partir de ce moment-là, me dit-il fièrement, j'ai pu marcher la tête haute !

Mon nouvel ami fait, depuis de nombreuses années, un travail aux allures d'un apostolat. Il s'occupe des alcooliques, des drogués, des suicidaires, des S.D.F. et des gens aux prises avec la souffrance. Raymond Dansereau a bâti une entreprise très florissante qui emploie quatre psychologues et une poignée d'assistants. Plusieurs grandes sociétés font constamment appel à ses services.

— Quand on a tout perdu, me dit-il ce jour-là, on comprend sans doute mieux ceux qui souffrent…

Cette émouvante rencontre m'a fait comprendre à quel point les mots ont une force imprévisible. Ils peuvent dévaster, détruire, certes, mais ils peuvent aussi soigner des maux et transformer le cours d'une vie…

S'il m'a été donné de vivre cette belle expérience, c'est peut-être parce que, tout jeune, j'ai hérité d'un petit don pour me mettre à la place des autres ?

Si je n'avais pas choisi d'être journaliste, je serais sans doute mort d'ennui. Le métier qui était le mien m'a mis un feu d'artifice dans l'âme en me donnant d'innombrables chances de découvrir quantité de personnes aux vies fascinantes que je n'aurais jamais pu connaître autrement. Des occasions uniques qui ne se répètent pas. À travers leur apparente disparité, ces rencontres furent pour moi déterminantes. Elles m'ont lié aux autres et ont peaufiné ma vie. La beauté des humains, leurs travers, leurs bizarreries, leur saveur, leur originalité justifiaient et récompensaient mon insatiable chasse pour aller à leur découverte.

En fouillant dans mon coffre à souvenirs parmi toutes les personnes que j'ai eu la chance de croiser sur ma route, il m'arrive fréquemment de repenser au « Roi de l'air », Boris Sergievsky. Un pilote d'essai aux dix-huit décorations, qui détient le plus grand nombre de records battus dans l'histoire de l'aviation. J'ai eu le bonheur de rencontrer cet aviateur émérite aux États-Unis pour le compte du *Petit Journal*. Pour tout dire, c'est lui qui fit naître en moi ma passion de l'aviation et me donna l'envie d'apprendre à piloter.

Le commandant Sergievsky eut son premier avion en 1919. La même année, la Fédération aéronautique internationale lui décernait sa première décoration pour le transport de la plus grande charge (7 533 kg) avec un avion volant à 2 000 mètres d'altitude. Quelques années plus tard, en pilotant l'explorateur Martin Johnson, il réussit un autre exploit : le transport, en avion, du premier éléphant ! Un peu plus tard encore, il abattait quatre records mondiaux de vitesse et d'altitude avec nul autre que Charles Lindbergh, l'aviateur qui, le premier, a réussi la traversée de l'Atlantique sans escale. Durant la Deuxième Guerre mondiale, sa réputation n'étant pas passée inaperçue, Sergievsky fut engagé par le gouvernement américain qui, reconnaissant sa grande compétence, lui attribua le titre de général. La mission de l'étonnant pilote consistait à se rendre au front, en Allemagne, afin de scruter à la loupe les usines et les aéroports, sitôt envahis par les troupes américaines, dans le but de découvrir chez l'ennemi le moindre nouvel engin dont l'existence aurait pu être inconnue des alliés.

De toutes les expériences qu'il a vécues et qu'il a eu la générosité de me raconter, ma mémoire en a enregistré une particulièrement cauchemardesque, que je n'ai jamais oubliée.

L'époustouflante aventure a eu lieu au moment où la guerre tirait à sa fin. Le brave homme se tenait prêt à aller inspecter un aéroport que l'armée américaine s'apprêtait à envahir à 14 heures précises. Selon les renseignements que l'on possédait, les bâtiments de l'aviation allemande auraient pu abriter plusieurs types de nouvelles armes encore jamais utilisées.

Le général avertit donc ses deux assistants qu'ils doivent l'aider à atteindre l'aéroport cinq minutes après son invasion par les troupes américaines, soit à 14 h 05 précises. On ajuste les montres, comme dans les meilleurs films, et la vigie commence. Au loin, le feu crépite. Mitraillettes, grenades, fusées, canons, explosions et fumée. Vers 13 h 30, le bruit cesse. On entend une clameur bizarre, puis le silence envahit toute la région des hostilités.

Il apparaît clairement à tous que les combats viennent de prendre fin. À 13 h 45, comme prévu, le général saute dans la jeep avec ses deux compagnons. Direction : l'aéroport ennemi. Malheureusement, l'armée américaine, elle, n'est pas au rendez-vous. Un empêchement imprévu a modifié les plans sans que l'on puisse en informer le général Sergievsky. Du coup, les trois hommes, en uniforme et sans armes (!), se retrouvent à l'entrée de la piste d'atterrissage, face à face avec trois sentinelles allemandes armées, elles, jusqu'aux dents. On n'a jamais su qui, du trio allemand ou du trio américain, fut le plus surpris. L'important pour Sergievsky et ses hommes est surtout de ne pas perdre contenance. Devant une scène aussi invraisemblable, les gardes allemands sont totalement médusés. Sans perdre son sang-froid (qui devait être bouillant), le général leur demande, d'un ton péremptoire, de lui indiquer le chemin de la *kommandantur*. Les soldats allemands, complètement abasourdis, lui indiquent une baraque à l'extrémité de la piste d'atterrissage.

— Elle était située juste assez loin pour qu'on puisse réciter une petite prière…, m'a raconté le général.

Toujours très calmes (en apparence), les trois compagnons démarrent en trombe vers le QG ennemi. Dans le fond d'eux-mêmes, ils sont persuadés que leur dernière heure est arrivée.

Devant la façade de la baraque, ils sont accueillis par un groupe de haut gradés de la *Luftwaffe* qui sont tous armés. Menaçant, le commandant, qui se tient à l'avant-scène, porte pour sa part un sabre à la main. Il s'avance, d'un air décidé, le glaive pointé en direction des Américains. Dans leur tête, ceux-ci finissent tout juste de réciter leur dernière prière.

Soudain, surprise! Il y a un brusque revirement de situation. L'officier allemand fait un salut militaire, retourne le sabre, le tend au général américain et dit:

— Nous nous rendons. Nous sommes à vos ordres. Dites-nous ce que nous devons faire...

Très sûr de lui, Sergievsky ordonne alors au commandant de désarmer ses hommes, de placer fusils, grenades, revolvers, sabres et mitraillettes au pied des marches et d'attendre les ordres qui suivront sous peu et... peut-être même plus tôt (!).

Puis, sans attendre son reste, il saute dans la jeep que le chauffeur lance comme une fusée. Direction: l'état-major américain, où on l'informe qu'il y a eu un «fâcheux contretemps».

Cette mésaventure, qui aurait pu tourner en un tragique carnage du trio, a permis aux Américains de capturer deux cents prisonniers sans qu'une seule cartouche soit tirée! Un «acte rare et remarquable de... bravoure», pour lequel on a offert une décoration au général Sergievsky. Trouvant l'hommage immérité, il la refusa!

C'est précisément de cet homme et de cette expérience que j'ai appris à ne jamais accepter de congratulations ou d'honneurs immérités.

C'est le général Sergievsky qui m'a présenté à son ami Igor Sikorsky, l'inventeur de l'hélicoptère. Lorsque j'ai rencontré «monsieur Hélicoptère», à Stratford, au Connecticut, celui-ci avait soixante-douze ans. Plus actif qu'un jeune homme, il dirigeait la plus importante usine d'hélicos au monde, où travaillaient cinq mille employés. Malgré qu'elle se soit produite il y a bientôt cinquante ans, de cette rencontre-là, je n'ai strictement rien oublié. Tout d'abord, j'ai été extrêmement touché et honoré qu'un homme d'une telle importance daigne accorder de son précieux temps à un modeste journaliste de vingt-cinq ans. Bien que Sikorsky fût un homme connu à travers le monde, il avait toujours l'air de s'excuser de sa notoriété, comme si elle était le produit d'une imposture.

Lors de notre rencontre, qui s'est déroulée dans la plus gigantesque héligare du monde, Sikorsky venait de mettre au point son premier hélicoptère-grue. Un immense engin dont il me fit faire l'essai avec le même enthousiasme que si j'avais été un acheteur potentiel muni d'un carnet de commandes. Je peux même affirmer, à ma grande honte, qu'à la fin de la journée, Sikorsky m'avait posé plus de questions que je ne lui en avais posées. C'était un homme d'une dévorante et insatiable curiosité.

Lors de l'entretien, il me raconta, avec une modestie surprenante, comment est né le tout premier hélicoptère.

J'ai gardé religieusement la transcription de ses confidences (avec son autographe !) dans le plus précieux des dossiers de mes archives. Les voici :

« À onze ans, j'avais lu et relu Jules Verne. Si vous vous en souvenez, il parlait déjà d'une sorte d'hélicoptère. Cette idée me trotta dans la tête. Je me suis mis au travail, persuadé qu'il y avait un moyen de faire tenir dans l'air cette sorte d'appareil. Il faut que je vous dise aussi qu'en même temps j'ai beaucoup observé... les libellules ! Au fond, voyez-vous, JE N'AI RIEN INVENTÉ du tout ! Les libellules et Jules Verne y avaient pensé avant moi ! Quelques années plus tard, j'ai réussi à construire ma petite libellule mécanique qui s'élevait au-dessus du sol, puis se tenait un bref moment stationnaire dans l'air. Il ne restait plus qu'à perfectionner le modèle... J'ai réussi à mettre au point mon premier hélicoptère d'une manière définitive à l'âge de vingt ans. »

Deux ans plus tard, à Kiev, le jeune Sikorsky battait le record du monde grâce à un petit avion de sa conception construit avec l'aide de quelques copains de l'Institut polytechnique...

Il m'arrive d'essayer d'imaginer aujourd'hui ce qu'auraient pu être les guerres du Vietnam, de l'Irak et les combats en Afghanistan, n'eût été l'invention de Sikorsky. C'est à son contact que j'ai compris l'impact qu'une seule personne pouvait avoir sur le monde.

Sikorsky et moi avions visiblement la même idole : Jules Verne. Ce brillant auteur a atterri dans ma vie par un heureux hasard le jour où, à l'école Saint-Pierre de Montrouge, à Paris, j'ai eu l'honneur de recevoir en récompense — pour marquer mon deuxième prix de français — un exemplaire relié de *De la Terre à la Lune*. Mon tout premier livre. Je l'ai lu « cul sec », et je l'ai relu tant de fois que j'ai fini par le savoir pratiquement par cœur. On comprendra pourquoi Jules est devenu et demeuré mon auteur favori. Je connais son œuvre par cœur et je l'aime. Jules (j'aime l'appeler ainsi) est l'homme qui a réellement changé le cours de ma vie. C'est un peu à cause de lui que je suis devenu journaliste, et puis éditeur par la suite. C'est lui, indiscutablement, qui m'a donné le goût de parcourir le monde et d'être toujours à la quête des gens inspirants, de l'insolite, de l'étrange, de l'étonnant, de l'inexplicable, de l'inusité, de l'hétéroclite. Une inlassable recherche qui m'a permis d'échapper avec succès à la monotonie de l'existence et de vivre sans cesse dans une posture d'émerveillement.

Le jour où je suis devenu éditeur au Canada, je me suis souvenu avoir lu un livre passionnant de Jules, appelé *Famille-sans-nom*, dont l'intrigue se déroule au Québec à l'époque de la Rébellion. Il y est question de Papineau et des patriotes. J'ai cherché à me procurer cet ouvrage au Québec, mais, à ma grande déception, il était alors introuvable. Après avoir constaté avec étonnement que peu de gens connaissaient le livre, j'ai décidé de le faire connaître. Faire connaître le travail de Jules ! Noble mission s'il en est une !

Après une longue recherche, j'ai fini par découvrir deux spécialistes de Jules Verne (ou du moins qui se proclamaient comme tels). Ils m'ont raconté, avec moult détails, le séjour que l'écrivain fit au Canada, qui — m'ont-ils confirmé avec fierté — était « le plus long voyage qu'il ait jamais entrepris à l'étranger » (!). Pour appuyer leur assertion, ils m'ont affirmé que cette tournée canadienne avait permis à l'auteur de rapporter suffisamment de documentation pour écrire plusieurs ouvrages dont l'action se déroulait au Canada. C'est ainsi que, de retour en France, Jules commit *Vingt mille lieues sous les mers* et entreprit de rédiger *Le pays des fourrures*, *Une ville flottante* et *Famille-sans-nom*.

À cette époque, j'avais commencé à collaborer timidement à plusieurs journaux ; j'en ai donc profité pour écrire un article, long de trois pages, dans le quotidien *La Presse*[29] pour parler du voyage de Jules Verne au Québec. J'étais fier de mon coup. Je m'en souviens parfaitement. En revanche, j'ai bientôt changé mon fusil d'épaule et souhaité, plutôt, que les lecteurs l'oublient. Si je l'avais publié la veille, qui était un premier avril, j'aurais pu dire au moins que c'était une farce… car, comme on le verra, il n'y avait réellement pas de quoi pavoiser.

Quelques années plus tard, après avoir fondé les Éditions internationales Alain Stanké, j'ai mis sur pied une collection au format de poche appelée Québec 10/10, qui (admiration pour Jules oblige !) fut inaugurée par la publication de *Famille-sans-nom*, titre tout désigné pour marquer l'événement. Le second ouvrage de Jules à enrichir la collection fut *Au pays des fourrures*.

À propos d'écrivain d'anticipation, j'aimerais souligner en passant qu'un jour, j'ai rencontré, à New York, Isaac Asimov, le célèbre auteur de science-fiction, dont j'ai d'ailleurs publié un des plus importants ouvrages[30]. Au fil de nos échanges, Asimov m'a confirmé que c'était Jules Verne qui lui avait donné l'envie d'écrire des livres d'anticipation.

Ma curiosité et mon attachement à Jules Verne ne cessaient de croître. Dans le but d'en connaître plus long sur lui, je me suis rendu à Paris pour adhérer à la Société Jules Verne, un organisme qui regroupe des « verniens » décidés à réhabiliter la réputation de l'auteur qui, comme on sait, n'a jamais été considéré comme un « littéraire ». La Société lutte très fort pour que Jules Verne ne soit plus considéré seulement comme un vulgarisateur, un écrivain d'anticipation ou un auteur pour la jeunesse, mais comme un véritable écrivain, poète et homme de théâtre, digne d'entrer dans le panthéon des lettres. Du même coup, je me suis lié d'amitié avec son président et fondateur, le Dr Olivier Dumas.

Une fois bien introduit dans ce groupe, j'ai demandé à la Société de m'aider à retrouver dans ses archives des informations

29. *La Presse*, 2 avril 1966.

30. Isaac Asimov. *Mutations : 71 fenêtres sur l'avenir*, Montréal, Les éditions internationales Alain Stanké, 1982.

pertinentes relatives aux voyages de Jules au Canada et, en particulier, à son ou ses séjours au Québec.

Quel choc! Le Dr Dumas m'apprit que Jules n'était JAMAIS VENU au Canada! Vous avez bien lu: JAMAIS! Tout au plus, un jour, alors qu'il était aux États-Unis, il traversa la frontière durant DEUX PETITES HEURES pour aller s'asseoir devant les chutes du Niagara... Un point c'est tout!

Mon article était écrit de bonne foi, mais il avait aidé à perpétuer une légende totalement erronée. *Mea culpa.*

Pour tout dire, Jules, l'universel, n'était pas un homme qui voyageait, mais un homme qui avait d'excellents... documentalistes. Petite précision: il adorait cependant voguer, avec ses bateaux, en Méditerranée, et aussi au large de l'Irlande et du Danemark.

Comme il le dit lui-même: «Je lis beaucoup, tout ce que je trouve, et je me documente. Bien avant d'être romancier, j'ai toujours pris de nombreuses notes en lisant les livres, les journaux, les magazines ou les revues scientifiques. Ces notes sont toutes classées selon le sujet auquel elles se rapportent et c'est à peine si j'ai besoin de vous dire à quel point cette documentation a une valeur inestimable.»

J'ai raconté comment Jules est entré dans ma vie. Dans un souci de loyauté, je dois dire maintenant comment la vie a voulu que cette belle boucle se ferme.

Après avoir constaté l'attachement que j'avais pour cet auteur, et tout l'intérêt que je lui portais en rééditant certains de ses ouvrages au Québec, la Société Jules Verne me désigna comme l'éditeur exclusif des six manuscrits posthumes de Jules Verne, découverts à la fin des années 1970.

J'ai appris à aimer la lecture et les voyages grâce à Jules, et voilà que le sort décidait de me désigner comme son messager afin de faire connaître ses dernières œuvres au monde entier. Peu de gens savent que ce sont les Éditions Stanké, une maison qui a son siège au Québec, qui contrôlent les droits mondiaux de: *En Magellanie, Le Beau Danube jaune, Le Secret de Wilhelm Storitz, La Chasse au météore* et *Le Phare du bout du Monde.* Autrement dit, les éditions de ces ouvrages en japonais, polonais, grec, allemand ainsi que celles qui furent publiées en France[31]

---

31. Aux éditions de l'Archipel

ont toutes été concoctées au Québec par un maniaque de Jules Verne venu des rives lointaines de la Baltique.

Une précision s'impose : les titres cités plus haut avaient déjà été publiés après la mort de Jules Verne, sauf qu'ils avaient tous été dénaturés à la suite de leur réécriture par son fils Michel. En effet, de 1905 à 1910, Michel a carrément réécrit les romans posthumes de son père, leur auteur officiel, travestissant jusqu'à ses opinions. Certains textes étaient devenus méconnaissables ; tous, dépouillés de leur style, avaient perdu leurs qualités spécifiques. Cette grande escroquerie littéraire s'était effectuée dans le plus grand secret et a failli rester ignorée. Seul le fils de l'éditeur Hetzel et celui de Jules Verne étaient au courant de la scandaleuse situation. Il fallut attendre soixante-dix ans après leur publication pour que Piero Gondolo della Riva — un mordu de Verne — découvre le pot aux roses et remette tout en question. À la suite de cette étonnante découverte, la Société Jules Verne a trouvé chez les descendants de l'éditeur les frappes dactylographiées des romans inédits laissés par Verne, dont, selon le contrat signé avec Hetzel, Michel avait « communiqué les copies faites sur les manuscrits originaux ». Della Riva dénonça avec vigueur les déformations de l'œuvre qui sont un véritable scandale.

Maintenant que nous avons édité ces livres, les faux romans rédigés par Michel Verne ne devraient plus être considérés comme des romans de Jules Verne. Seuls comptent désormais les versions que l'on appelle d'« origine » des romans posthumes.

Je devais bien cela à mon ami Jules !

L a première fois que les Soviétiques ont envahi la Lituanie, j'ai été contraint à apprendre le russe. Cet apprentissage me parut rebutant et inutile. Chacun de nous crée, c'est bien connu, sa propre histoire dans des circonstances qu'il a rarement choisies. Le futur nous est totalement imprévisible. Personne ne peut prévoir les aspects positifs qui pourraient découler de ce qui, à première vue, nous paraît négatif.

Le côté positif de cet ardu début de vie a fait que la connaissance de la langue russe m'a permis, vingt ans plus tard, de communiquer plus aisément, dans mon travail de journaliste, avec des gens tels que Boris Sergievsky, Igor Sikorsky, Alexandra Tolstoï, Alexandre Soljenitsyne, Sviatoslav Richter, Alexandre Fyodorovitch Kerensky et bien d'autres encore.

J'ai rencontré Alexandra Tolstoï, la fille cadette de l'illustre écrivain, alors qu'elle était déjà rendue au crépuscule de sa vie.

Malgré son grand âge, elle dirigeait toujours, depuis sa ferme de Nyak, en banlieue de New York, la Fondation Tolstoï, comptant dix-sept bureaux répartis dans dix pays. Grâce à son organisme, elle avait réussi à faire entrer vingt mille réfugiés russes aux États-Unis. Sa ferme, nommée Reed Farm, ressemblait au village natal de son père, Iasnaïa Poliana. Aux dernières années de la vie du grand Léon, alors qu'elle n'avait que dix-huit ans, Alexandra lui servit de secrétaire. Elle passa des nuits entières à taper, sur une vieille machine à écrire Remington, les manuscrits de l'homme qu'elle a le plus aimé au monde. En faisant d'elle son unique héritière, avant de mourir, Léon Tolstoï lui a dit :

— En publiant mes œuvres, tu gagneras suffisamment d'argent pour racheter les terres de ta mère, de tes sœurs et de tes frères[32]. Une fois que tu en seras la propriétaire, tu distribueras ces terres aux paysans de Iasnaïa Poliana.

Et c'est précisément ce qu'elle fit. Pour répondre aux dernières volontés de son père, une fois les terres acquises puis distribuées aux paysans, Alexandra renonça aux redevances provenant des œuvres de Tolstoï. En 1910, à la mort de l'illustre écrivain, on comptait plus de cent millions d'exemplaires de ses livres imprimés en quatre-vingt-deux langues. Alexandra n'avait alors que vingt-six ans. Durant la Révolution russe, elle fut arrêtée cinq fois et même emprisonnée pour avoir pris position contre la tyrannie communiste. En 1931, elle parvint finalement à s'échapper de son pays pour aller vivre au Japon, puis aux États-Unis.

Ma rencontre avec cette dame exceptionnelle m'a démontré une fois de plus la chance que j'avais d'exercer le métier de journaliste. Hormis le fait d'avoir publié son interview et malgré notre grande différence d'âge, j'avais réussi à m'en faire une véritable amie que j'ai visitée par la suite à de multiples reprises

---

32. Alexandra était la cadette de treize enfants.

Alexandra Tolstoï, fille cadette de Léon. Une femme lumineuse.

en dehors du cadre de mon métier. Nos conversations étaient toujours authentiques, étonnantes, mémorables. Maintenant que le terrorisme est devenu une préoccupation majeure dans le monde, il me revient en mémoire l'échange que j'ai eu avec elle sur le sujet, à cause des idées avant-gardistes que son père avait déjà exprimées à l'époque. Pour me prouver que Léon Tolstoï était en avance sur son temps en ce qui concerne le terrorisme et la répression, Alexandra me fit cadeau d'une copie d'une lettre que Léon Tolstoï avait écrite au jeune empereur Alexandre III, après l'assassinat par les nihilistes du tsar libérateur Alexandre II. Cette lettre, que j'ai conservée précieusement jusqu'à ce jour, sa fille la qualifiait de prophétique.

Ainsi parlait Léon Tolstoï:

«Ces jeunes gens sont pleins de haine pour l'ordre existant. Ils ont en vue je ne sais quel ordre nouveau mû par le feu, le pillage et l'assassinat. Ils détruisent les structures actuelles de la société. Au nom de la raison d'État et du bien du peuple, on voudrait les exterminer. Mais la peine de mort ne sert à rien contre les révolutionnaires. Pour les combattre, il faut leur opposer un autre idéal, plus élevé que le leur. Si vous ne graciez pas les meurtriers de votre père, le mal engendrera le mal, et à la place des trois ou quatre individus que vous aurez supprimés, il en surgira trente ou quarante autres. Je suis, au contraire, certain qu'à la suite d'une mesure de clémence, le bien et l'amour se répandraient sur la Russie avec la force d'un torrent ! »

Quelque temps avant la mort d'Alexandra Tolstoï, c'est chez elle que j'ai aussi rencontré Soljenitsyne.

À l'occasion du cent cinquantième anniversaire de naissance de son père, alors que quelques-uns de ses proches fêtaient les quatre-vingt-quatorze ans d'Alexandra, je suis allé lui rendre une dernière visite. La grande dame était malade, très affaiblie et alitée. Vu son mauvais état de santé et les soins médicaux constants dont elle était l'objet, on l'avait déménagée dans un grand salon où officiait une infirmière indienne. C'est à cet endroit que je la vis pour la dernière fois sans me douter que je serais un des derniers à la visiter avant que la mort ne nous la ravisse. Pour l'accompagner dans ses dernières heures, Alexandra avait fait déployer autour d'elle une série de portraits souvenirs.

À mon arrivée dans la chambre, ses yeux étaient clos. Elle les ouvrit soudain et, m'ayant reconnu, fit un effort pour me dire, de cette voix masculine qui la caractérisait, bien que celle-ci fût plus faible que d'habitude :

— Vous savez, monsieur, mon cœur s'est usé à force de battre trop fort !

En quittant la ferme, je savais que je ne la reverrais plus. Alexandra Tolstoï mourut quelques jours plus tard.

Je ne l'ai jamais oubliée, pas plus que je n'ai effacé de ma mémoire ce conseil avisé qui ressemblait en tous points à celui que me prodigua mon propre père. Un conseil qui est devenu une de mes principales règles de vie :

« Oubliez-vous ! Pensez aux autres ! Il n'y a que comme ça qu'on arrive à être heureux ! »

Lorsque les gens que l'on a eu le bonheur de rencontrer nous quittent soudainement, ils laissent en nous des marques indélébiles de leur passage. Le temps se charge d'épurer les souvenirs en prenant soin de ne garder que ceux d'entre eux qui ont frappé notre imagination plus que les autres. Le souvenir d'Alexandra Tolstoï est de ceux-là !

Il m'arrive souvent de repenser à ce géant du piano qu'était Sviatoslav Richter. Bien que les plus grands spécialistes se soient tous accordés pour dire qu'il était « le plus grand pianiste au monde », modeste comme pas un, Sviatoslav a toujours refusé d'admettre qu'il savait bien jouer du piano. « Je n'ai aucun génie. Ils se trompent tous. Ils exagèrent, disait-il. D'ailleurs, si c'était vrai, je n'aurais pas besoin de m'exercer seize heures par jour ! »

Lorsque je l'ai rencontré à Montréal, où il n'est venu que deux fois (il avait peur de l'avion), Slava m'a confié qu'il envisageait sérieusement d'abandonner le piano pour se consacrer à... la peinture, où il espérait mieux réussir. Authentique !

Maintenant qu'il n'est plus de ce monde, certains détails le concernant continuent à me revenir en tête. Je me souviens qu'il m'avait épaté un jour en me récitant, dans l'ordre, les noms de toutes les petites gares de chemin de fer situées entre Toronto et Montréal. Il avait une manie : lorsqu'il se déplaçait en train, il s'efforçait d'apprendre par cœur les noms des villes et villages qu'il traversait.

Je me souviens aussi qu'il était très tourmenté par la vieillesse et par la mort.

« Les gens qui ont atteint un certain âge devraient avoir le courage de se retirer de la vie d'une façon élégante, disait-il. Tout comme ils le font, le soir, lorsqu'ils vont se coucher ! L'heure venue, quand l'homme sent qu'il a fait ce qu'il avait à faire sur terre, il devrait réunir tous les membres de sa famille dans son salon, les saluer et avaler gaiement un comprimé ou se taillader les veines devant tout le monde ! »

Je lui avais opposé une objection que je croyais incontournable.

— Croyez-vous que l'homme puisse dire à un moment de sa vie qu'il a tout réalisé et qu'il est pleinement satisfait de lui-même?

Elle ne l'a pas désemparé.

— Naturellement, c'est une objection sérieuse... Mais pourquoi, diable, doit-on absolument vouloir TOUT réaliser, vouloir avoir TOUT fait ce qu'on s'est proposé de faire?

Touché!

Le souvenir le plus marquant que j'ai vécu aux côtés de Richter demeure notre sortie dans un cinéma de quartier, lorsque nous sommes allés assister à la projection du film *Psycho* d'Hitchcock. L'aventure n'était pas aussi facile à réaliser qu'on pourrait le croire, car nous étions encore à une époque où peu de gens pouvaient quitter l'URSS en toute liberté. De ce fait, lorsqu'il donnait des concerts à l'étranger, Richter était continuellement escorté dans ses déplacements par un «ange gardien» soviétique chargé de sa «sécurité». On le savait, la mission de cet agent était de s'assurer que Richter ne choisisse pas la liberté. Il nous a donc fallu attendre que le camarade Igor soit bien endormi dans sa chambre pour filer discrètement au cinéma afin d'assister à la dernière représentation.

Lors de la projection, pour lui être agréable (au grand désespoir de nos voisins), penché sur son oreille, j'ai fait de l'interprétation simultanée deux heures durant, car Slava, qui adorait Hitchcock, ne parlait pas un traître mot d'anglais.

Tous les Russes que j'ai croisés n'étaient pas appréciés comme Alexandra Tolstoï, Sikorsky, Sergievsky ou Richter. S'il en était un que tout le monde détestait souverainement et unanimement, c'était Alexandre Fyodorovitch Kerensky. Peu de gens se souviennent de Kerensky aujourd'hui. Pourtant, cet homme, que j'ai rencontré à New York alors qu'il célébrait ses quatre-vingt-deux ans, connut son heure de gloire en 1917. Kerensky ne détestait pas les communistes. Il les haïssait! Sa haine remonte à l'époque orageuse où il avait pris la tête du gouvernement russe à la suite de l'abdication du tsar. En termes plus simples, disons que si, à ce moment précis, Kerensky avait été plus robuste, personne n'aurait jamais entendu parler ni de

Lénine, ni de Staline, ni de Gorbatchev. Soit dit en passant, rien ne nous garantit que c'eût été mieux…

Le vieil homme au visage ravagé, que Lénine a poursuivi de sa haine implacable durant de nombreuses années, semblait n'avoir aucun ami. Exilé aux États-Unis depuis la dernière guerre mondiale, il vivait en ermite, détesté par les communistes et boudé par les Russes blancs. Il fut même victime de deux ou trois tentatives d'assassinat.

Voici ce que Lénine écrivait à son propos :

« Ce hâbleur imbécile de Kerensky a laissé en héritage à la classe ouvrière un pays ruiné de fond en comble par la guerre impérialiste, criminelle et accablante, un pays pillé par les impérialistes russes et étrangers. […] La France voulait tuer tous les soldats polonais jusqu'au dernier pour ses intérêts, pour ses créances. Elle espérait que nous payerions les vingt milliards de dettes que le tsar avait faites et que le gouvernement de Kerensky avait confirmées. »

Comme lettre de recommandation, on a déjà vu mieux.

J'avais pris le soin d'enregistrer l'interview prophétique qu'il m'avait accordée. Je viens de la réécouter. Il y déclare notamment ceci :

« Je peux dire que je reste profondément convaincu que le régime qui est né dans mon pays en février 1917 reviendra naturellement, sous une forme différente. Il ne peut en être autrement. L'homme doit vivre libre dans un État libre. Tel est le but du développement politique et psychologique du monde entier. Non, vous verrez… le communisme ne durera pas ! »

Quelques années après ma rencontre avec lui, alors que je me trouve à Paris, j'apprends que Kerensky vient d'être hospitalisé dans une modeste clinique privée de Londres. La nouvelle laisse entendre que le pauvre n'en a plus pour bien longtemps. Je tiens aussitôt à le revoir pour ce qu'il me semble être la dernière fois. Une étrange curiosité me pousse à découvrir comment un homme, qui se sait haï de tous — et qui, toute sa vie durant, a lui-même haï beaucoup de ses semblables —, affrontera ses dernières heures sur terre. Je veux voir si une certaine paix a pu prendre la place de la haine, des remords et des ressentiments.

À mon arrivée à la clinique, j'apprends que Kerensky n'a jamais reçu de visite de personne et que son état empire de jour en jour.

Dès que j'entre dans sa chambre, le vieil homme me reconnaît. Il reste immobile sur son lit pendant un long moment, les yeux hagards, sans accueillir le moindrement ma curiosité ou ma chaleur. Il est imperméable. Sa peau, d'une couleur de plus en plus terne, donne à son visage l'allure d'un masque funèbre. Réfugié derrière une paire de lunettes à quadruple foyer, Kerensky m'offre une vision inquiétante.

Ma visite, qui n'a rien d'une mission journalistique, pourrait lui faire croire qu'il a enfin trouvé un sympathisant, un ami, voire même un admirateur. Pour l'aider à se détendre, je crois bon de lui demander un autographe. L'homme paraît très surpris, interloqué. Incrédule, il me fait répéter.

— Vous voulez quoi de moi?

— Un simple autographe!

J'imagine aisément que tout au long de sa sordide vie, il ne lui est pas arrivé très souvent de donner des autographes.

Le seul bout de papier que j'ai sur moi est un billet d'avion. Je le lui tends, accompagné d'un crayon à mine. Kerensky se soulève laborieusement de sa couche et, d'une main tremblotante, signe son nom.

Mécontent de ce qu'il a fait, il retourne le billet dans l'autre sens et s'exécute une seconde fois…

Après m'avoir remis le tout, il fronce les sourcils, se rallonge et se souvient que je viens du Canada.

— Mais, j'y pense… ma fille vit au Canada, me chuchote-t-il. Vous pourriez peut-être la contacter à votre retour et lui donner des nouvelles de son père. Voilà longtemps que je ne l'ai vue. Je n'ai malheureusement pas son adresse, mais je vais vous donner son nom de femme mariée. Ainsi, vous n'aurez pas de difficulté à la trouver. Je crois qu'elle vit avec son mari dans la région d'Ottawa. Elle a épousé un ex-officier bulgare qui s'appelle… qui s'appelle… Comment s'appelle-t-il? Mais diable, comment peut-il bien s'appeler celui-là?

Je suis demeuré une heure de plus à son chevet, juste pour lui donner la chance de retrouver le nom du mari de sa fille.

Hélas, ce fut en vain, car ce nom ne lui est jamais revenu en mémoire…

Quelques jours plus tard, on ramena Kerensky à New York. Il n'avait plus besoin de se claquemurer. Il décéda dans la plus grande solitude.

Le communisme, en fin de compte, a eu la peau plus coriace que lui.

Un journaliste normalement constitué (surtout quand il n'a que vingt ans et qu'il est bouillonnant d'hormones) ne rêve pas que de rencontres exceptionnelles pour nourrir ses interviews. Il lui arrive aussi de rêver de croiser, un jour, une jeune fille (jolie, autant que faire se peut) pour développer avec elle une relation romantique et, comme on dit dans les annonces matrimoniales, «pour plus… si affinités».

Cette occasion se présenta le jour béni où mon patron me commanda d'aller à Trois-Rivières pour couvrir le couronnement de Miss Mauricie. Bien que préparé à y voir là une impressionnante brochette de jolies jeunes femmes, j'étais loin de me douter que j'y rencontrerais l'amour de ma vie. Et pourtant, c'est bien ce qui est arrivé.

Jambes de biche et yeux de gazelle, la séduisante déesse était mannequin. Elle faisait partie de la tribu des Abénaquis. Son nom était Hélène Alanis Robert Obomsawin. C'est une de ses tantes qui lui donna le nom d'Alanis qui, dans leur langue, veut dire «petite Hélène».

La belle Alanis avait d'immenses yeux noir tendre sous une chevelure d'ébène. Lorsque je l'ai approchée, mes yeux en ont pris plein la rétine. Son sourire ressemblait à des fumées de l'âme. J'étais désarçonné. Mon corps tout entier était assailli par un incendie… autochtone. Le coup de foudre fut instantané. Je crois que je l'attendais depuis le début du monde.

Par bonheur, c'est elle qui fut proclamée Miss Mauricie. Je crois n'avoir jamais été aussi troublé lors d'une interview qui, une fois publiée, s'étala sur la totalité de la dernière page de mon journal. Le grand prix du concours consistait en un billet d'avion pour Paris. Malheureusement, les organisateurs de l'événement n'étant pas très nets, Alanis n'a jamais reçu le billet qui lui avait été promis. Cette tournure inattendue des événements procura au journaliste enquêteur que j'étais une

Alanis. Elle, ma déesse amérindienne. Moi, son visage pâle.

occasion de voler auprès d'elle (en tapis volant!) pour un nouveau tête-à-tête. Devant le plaisir à venir, j'avais les oreilles en forme de sésame.

Tout a commencé là!

Je me souviens parfaitement du jour où j'ai osé lui dire « Je t'aime » pour la première fois.

Ce jour-là, ma déesse amérindienne me regarda profondément, attira tendrement mon visage (pâle!) contre le sien et, dans ses yeux, sans que ses lèvres eussent besoin de le murmurer, j'ai pu lire « Moi aussi! ».

La délicieuse Alanis était née au New Hampshire. Désireuse de se rapprocher de sa famille, sa mère l'amena au Québec alors que la petite n'avait que six mois. Jusqu'à l'âge de dix ans, Alanis vécut à Odanak, une réserve amérindienne des « peuples du Soleil levant », les Abénaquis. Sa maman et elle s'installèrent ensuite non loin de là, à Trois-Rivières. C'est dans cette ville située à une bonne heure de route de Montréal que, plusieurs fois par semaine, le feu aux joues et le plexus en miettes, j'allais lui rendre visite pour vivre des moments dont, jusque-là, je n'avais trouvé trace que dans les fables. Sa mère, que j'adorais, était comblée de nous voir heureux. Elle ne savait que faire pour manifester sa joie. Le jour où elle découvrit ma propension pour les frites — qu'elle réussissait comme personne au monde —, l'adorable femme me gava comme on gave une oie… À peine étais-je arrivé à leur petit appartement que le chaudron était déjà sur le feu.

Mon amoureuse était très attachée aux coutumes et aux traditions des Abénaquis. C'est un cousin d'Alanis qui s'était chargé de lui apprendre les contes, les chants et les danses traditionnels. Par la suite, elle consacra sa vie à se produire en spectacle et à tourner des films pour faire connaître au monde entier les coutumes ancestrales du peuple auquel elle est toujours restée profondément attachée.

Dès le début de notre relation, protégé par la mère et la fille, j'ai eu l'immense privilège d'être accueilli à bras ouverts dans leur petite réserve où les Blancs, qui n'étaient pas toujours les bienvenus, s'aventuraient très rarement. Certes, j'étais un « visage pâle »… mais en dépit de mes blonds cheveux de Balte et de mon teint, qui contrastait avec le leur, j'ai toujours été accueilli en véritable ami. Le lieu était paisible, modeste, chaleureux et peuplé de gens auxquels je me suis rapidement attaché. Il est vrai qu'un maigre blondinet aux yeux bleus courtisant une squaw dans la tribu du peuple du Soleil levant n'était pas chose commune à Odanak, pas plus que dans les autres réserves, du reste. J'aimais beaucoup me frotter à ces rayonnantes personnes aux yeux bridés. Je me sentais très privilégié de pouvoir les côtoyer. Les membres de la famille d'Alanis étaient des personnes pacifiques, intenses, respectueuses et tolérantes. Leurs voisins étaient bons, affables et hospitaliers. Ils possédaient tous des traits de noblesse qui m'impressionnaient. Je ne me lassais pas de les regarder fabriquer des canots d'écorce et tresser des paniers d'osier.

Au début, pendant que je m'initiais à leur vie, de peur de commettre un impair, je me déplaçais timidement comme sur un champ de mines, en observateur prudent et discret. Mon attitude amusait Alanis qui, histoire de taquiner mon malaise, me moulinait inlassablement de son irrésistible leitmotiv :

— Fais attention, cher visage pâle ! Si tu ne te tiens pas bien, tu verras, ON VA TE SCALPER[33] !

Avec mon amour, je vivais en rêve dans un brasier. Elle était colorée d'un soleil intérieur dont je ne pouvais ni ne voulais me protéger. Lorsque j'allais la retrouver à Trois-Rivières, nos tête-à-tête se passaient toujours dans une chasteté et une pureté cristallines. La morale veillait sur nous. Nos esprits contraignaient nos corps au respect. Nous avions décidé, d'un commun accord, de nous priver de la consommation de plaisirs immédiats pour mieux profiter des joies incommensurables qui nous seraient offertes plus tard. Entre-temps, nos mères se sont connues et se sont plu elles aussi. C'est d'ailleurs en compagnie de nos deux chaperons maternels que nous sommes allés visiter New York.

Ma mère adorait jouer aux cartes et s'amusait souvent à prédire l'avenir. Alanis avait, elle aussi, des habiletés semblables pour l'art de la divination. Il leur arrivait souvent de passer des soirées entières à jouer aux pythonisses. Les cartes de ma mère (ou était-ce son souhait ?) avaient prédit qu'Alanis et moi allions

---

33. Cinquante ans plus tard, lorsque je la revois, elle reprend toujours le même refrain, mais maintenant, je ne tremble plus…

nous marier. Bien que le sacrement du mariage l'effarouchât, Alanis serait peut-être parvenue à surmonter son appréhension, n'eut été la coutume des siens qui privait les autochtones mariés aux Blancs des droits réservés aux gens de la tribu. Pour Alanis, ce rejet aurait été insoutenable. Déchirée par le remords, dans un souci de loyauté, elle préféra mettre un terme à notre relation et à nos projets d'avenir. Il faut croire que la réunion de deux solitudes ne parvient pas toujours à bâtir un couple. Afin de faciliter la rupture, elle accepta un emploi en Floride et quitta furtivement le Canada pour une période indéterminée. Durant les deux mois qui suivirent son départ, j'ai passé le plus clair de mon temps à lui parler au téléphone. Tout mon salaire s'engouffrait dans d'interminables interurbains… Hélas, quand Alanis disparut définitivement de mon GPS — comme c'est l'usage pour les sirènes —, la situation tomba dans l'impasse. Il ne restait plus qu'à tirer un trait et se tourner vers l'avenir.

Le second chapitre de ma vie romantique prit naissance deux ans plus tard, dans la salle de rédaction du *Petit Journal*, où je vis arriver un jour une ravissante jeune fille aux cheveux noirs et aux yeux… bridés. Par un coup fourré du ciel, ses ancêtres avaient du sang amérindien. Son père était pharmacien (accessoirement distributeur au Canada du fumeux et odoriférant Papier d'Arménie) et sa mère, une brave femme dévote et fervente auditrice de l'émission *Le chapelet en famille*, m'obligeait à me mettre à genoux chaque fois que j'avais le malheur de visiter sa fille à l'heure de son émission favorite… Ma nouvelle dulcinée avait deux frères et une sœur. Je tombais au sein d'une grande famille québécoise dite « de souche » et « tricotée serré ». Au bout de quelques mois de fréquentations assidues, je me suis résolu à aller demander sa main au père. Avant de me l'accorder, le sourire en coin, sur un ton ironique, le brave homme, qui avait un merveilleux sens de l'humour, exigea une précision :

— Je comprends que tu veuilles la main de Marie-José, mais ça serait pour combien de temps, au juste ?

Jusqu'ici, tout se déroulait sans encombre. J'étais indéniablement bien accueilli. Ce n'est qu'au moment où j'ai annoncé la nouvelle à ma mère que les choses se sont cruellement assombries. Et pas qu'un peu… Ma brave mère ne pouvait absolument pas admettre que son plus jeune fils épouse une autre femme qu'Alanis. Son jugement tomba, bourru et crucifiant :

— Je te l'interdis ! Si tu ne m'écoutes pas, tu vas le regretter !

Voici d'ailleurs, en apéritif, la condamnation qu'elle m'infligea. Voyant que ma décision était irrévocable, ma mère explosa sans retenue. Admiratrice de Tolstoï, Tchekhov et Dostoïevski, elle réagit comme l'auraient sans doute fait les héros de ses romanciers favoris. Aidée par sa sœur, qui vivait avec nous, elle vida ma garde-robe en totalité et balança tous mes vêtements, du troisième étage, sur le trottoir. Par bonheur, je n'en avais pas trop, mais… bonjour la déflagration ! Salut la tragi-comédie d'amour ! Son geste impulsif était clair, sans équivoque et définitif : j'étais renié à jamais par ma propre mère !

Quelques jours plus tard, la veille de mes fiançailles, dans une tentative de réconciliation, je suis retourné chez ma mère. J'étais désœuvré. Je ne voulais pas rester fâché avec elle pour la vie. J'avais l'étrange impression de me relever d'une longue maladie. Le choc que j'ai ressenti à cette occasion fut brutal. Je l'ai trouvée attablée face à ses cartes, censées l'éclairer sur l'avenir, mais elle n'était pas seule ! Par un enchantement qui relevait du miracle, Alanis, ma princesse amérindienne, oui, ELLE, en personne, était assise à ses côtés ! Elle rayonnait d'une beauté intemporelle. Nous nous sommes éclipsés aussitôt tous les deux pour aller nous réfugier dans mon auto où nous sommes restés blottis dans les bras l'un de l'autre jusqu'au petit matin. Face au virage majeur que j'allais faire prendre à ma vie, Alanis, pour qui le mariage continuait à symboliser frayeur et épouvante, s'était mise à craindre pour ma future union. Pour elle, celle-ci n'annonçait rien qui vaille. Le mariage, c'était la mort de l'indépendance, la sinistre routine du quotidien. L'insupportable allergie qu'elle ressentait pour le sacrement du mariage la tyrannisait toujours autant.

Au lever du jour, il y avait des funérailles dans mon cœur. Pour renouer avec mon rêve interrompu, il aurait fallu que le lendemain, juste avant la cérémonie des fiançailles, j'aie le courage d'annoncer à ma future belle-famille, à mes amis et au brave curé Kubilius, convoqué pour bénir la bague avec son goupillon, que l'idylle était terminée. Que mes projets étaient à l'eau. Autrement dit, oublions les plans pour l'avenir, oublions les célébrations, oublions tout! Terminé. On ferme! Tout ça, c'était juste pour rire! En compensation de l'affliction et… des frais (élevés) du traiteur, j'aurais peut-être pu suggérer que l'on garde la bague de fiançailles (achetée à crédit). Bof!

Les remous, les chagrins, les maelstroms, les risées et la profondeur de la honte qui allaient fatalement m'accabler, conséquemment à mon outrageant changement d'idée, m'interdisaient de me dédire. Cruel dilemme. Les romantiques diront que j'ai manqué de courage. En revanche, ils ne pourront pas me reprocher d'avoir manqué à ma parole. Donc, adieu Alanis!

En me quittant ce jour-là, ma belle amérindienne m'a prévenu qu'il se pourrait qu'elle sabote un peu ma paix jusqu'au jour de mes noces. Fallait-il que je me prépare au supplice du scalp? Tout était possible. Sublime envoûtement à la Tristan et Iseult! En revanche, m'avait-elle promis, je n'aurais plus rien à craindre après que je me serais marié, si jamais, par malheur, ce mariage devait être consommé.

Au cours des années qui ont suivi, Alanis a toujours été une amie indéfectible, irremplaçable. Elle a si bien tenu parole qu'après mon mariage, nous avons réussi à toujours rester d'excellents amis et à éprouver, à l'occasion, un malin plaisir à nous replonger avec mélancolie dans la réminiscence de nos jeunes et chastes années.

Par la suite, l'adorable Alanis devint une réalisatrice de grand talent et consacra sa vie à la production de remarquables documentaires sur les Autochtones. L'un d'eux n'obtint pas moins de dix-huit prix[34]. Décorée par la gouverneure générale du Canada en 2008, elle fut honorée par le Museum of Modern Art de New York où, une semaine durant, une grande rétrospective de ses films fut présentée. Elle a aussi été honorée par une douzaine de doctorats *honoris causa*.

---

34. *La crise d'Oka* (Office national du film)

Bref *flash-back* sur le mariage avant de tourner la page. Nous avions décidé, Marie-José et moi, que notre voyage de noces ne serait pas… ordinaire. Rien de prévu et, surtout, rien d'organisé à l'avance. Le voyage devait se dérouler aux États-Unis, au petit bonheur la chance. Hélas, nous avions oublié que nous étions le 1er septembre, jour de la fête du Travail en Amérique, un week-end où précisément les hôtels sont remplis à pleine capacité. Désespérés de trouver une chambre, vers onze heures du soir nous avons frappé à la porte d'un établissement qui n'affichait pas complet. C'était un oubli ! Confus, l'aubergiste nous proposa de passer la nuit dans un… hamac de son jardin. L'idée de vivre pareille expérience pour écrire, plus tard, un article intitulé « Ma nuit de noces dans un hamac » n'a pas été retenue. Nous avons donc poursuivi nos recherches jusqu'à ce qu'on tombe sur un petit hôtel discret de Troy. Le bouge, qui était sordide, avait perdu depuis fort long-temps l'habitude d'accueillir des clients avec des valises. C'était… un bordel !

La deuxième nuit ne manqua pas de charme non plus. Nous avons été hébergés dans un… monastère ! C'était à Kennebunk Port, dans l'État du Maine.

On avait bien dit qu'on ne voulait pas d'un voyage de noces ordinaire… Notre vœu a été pleinement exaucé.

Quatre mois après la naissance de notre premier enfant, Alexandre, sa mère et moi avons eu l'idée de quitter le Canada pour l'Amérique du Sud. Nous souhaitions sortir des sentiers battus et découvrir le vaste monde. Dans notre quête de l'inconnu, nous projetions de visiter le Brésil, le Chili, le Pérou et l'Argentine. L'expédition, qui devait durer six mois, avait pour but la réalisation d'une série de reportages pour le compte du *Petit Journal* et de la télévision de Radio-Canada, qui en était à ses balbutiements. Pour nous procurer une caméra 16 mm, dont j'ai appris le maniement grâce à mon beau-frère caméraman, nous n'avons reculé devant aucun sacrifice. Nous avons tout simplement vendu notre réfrigérateur !

La première étape du périple, en compagnie du bébé qui n'avait que quelques mois, fut l'Argentine. Afin de mieux préparer notre arrivée dans ce pays, nous avons pris la précaution de solliciter l'assistance du ministère du Tourisme argentin qui a gracieusement offert de nous recevoir, dès notre arrivée, pour nous guider dans nos déplacements à travers le pays. Prévoyance!

Comble de malheur, en arrivant à Buenos Aires (à cause du vol qui durait trente-six heures!), nous avons eu la malencontreuse surprise d'apprendre que les responsables du ministère en question, ceux-là même qui devaient nous accueillir avec un tapis rouge à notre descente d'avion, avaient tous été mis aux arrêts quelques heures avant notre arrivée au pays. À la chute de Juan Perón, un nettoyage en règle avait été effectué dans tous les ministères, à l'exception précisément de celui qui nous intéressait et qui, par on ne sait quel hasard, avait réussi à survivre à la grande purge. Par ce fait, nous devenions suspects et menacés d'arrestation pour... collaboration (!). C'est le consul du Canada qui nous apprit la navrante nouvelle.

Au bout de quelques jours d'hébergement pour ainsi dire clandestin dans un minable petit hôtel, nous n'avions plus qu'un seul désir: celui de fuir le pays au plus tôt.

Une nuit, alors que nous dormions à poings fermés, notre petit Alexandre nous réveilla en sursaut. Il faut dire que, pour le nourrir, par précaution, nous lui servions du lait en poudre dilué dans de l'eau de source embouteillée que nous achetions dans les pharmacies. Comble de malheur, ce jour-là, les pharmacies n'avaient rien d'autre à nous offrir que de l'eau... pétillante. L'eau du robinet n'étant pas potable, nous n'avions pas d'autre choix que de lui servir du lait avec... des bulles! C'est au cours de la nuit, en tentant de calmer ses crampes d'estomac, que nous avons remarqué, par la fenêtre, l'arrivée d'un panier à salade bourré de flics. Les agents armés jusqu'aux dents venaient à l'hôtel pour nous arrêter. Nous avons quitté la chambre en un éclair en fuyant par la porte arrière de l'établissement.

Par chance, un taxi était garé non loin de là. Nous nous y sommes engouffrés en suppliant le chauffeur de nous conduire d'urgence à l'aéroport. Ne voulant pas éveiller ses soupçons, nous avons prétendu vouloir prendre le premier avion du matin en direction du lieu de villégiature le plus reconnu du pays, Mar del Plata... Heureusement, un appareil de la Canadian Pacific quittait

Buenos Aires au petit jour pour Lima. Nous avons réussi à sauter dedans sans attendre notre reste… tout en félicitant chaleureusement notre petit Alexandre d'avoir pleuré.

Au Pérou, une panoplie de sujets de reportages s'offrait à nous. Parmi les plus attrayants se trouvaient les mines d'argent de Cerro de Pasco, le point le plus élevé de la cordillère des Andes, juché à plus de 4 000 mètres d'altitude. Outre l'intérêt que représentaient le gisement et l'extraction d'argent, nous sommes tombés sur une curiosité plutôt particulière, propre à cette ville qui comptait une vingtaine de milliers d'habitants. Il y avait, à Cerro de Pasco, une prison municipale où croupissaient des individus accusés principalement d'avoir volé de la poussière ou des briques d'argent à la mine qui employait une bonne partie des citoyens des lieux. La particularité de la geôle avait de quoi surprendre : les détenus étaient logés, mais pas nourris ! En un mot, si vous n'aviez ni parent ni ami pour vous apporter la pitance quotidienne, vous pouviez vous attendre à mourir de faim ! Mais ce n'est pas tout. L'établissement se distinguait aussi par une autre singularité. Pendant le week-end, toute personne désireuse de sortir un prisonnier pour lui faire prendre l'air avait la possibilité de le faire à condition de débourser vingt-cinq cents américains et de ramener son « protégé » avant le coucher du soleil. J'ai tenté l'expérience et donné l'occasion à un prisonnier (un ex-policier) de se délier les jambes hors des barreaux, deux heures durant. On comprendra aisément que cette singulière pratique ne comportait aucun risque d'évasion. L'idée de se retrouver libre, mais perdu dans l'âpre, glaciale et sauvage nature de la cordillère des Andes n'aurait tenté aucun homme, fût-il le plus assoiffé de liberté du monde !

Au gré de mes impulsions, je captais dans ma Paillard Bolex, tel un chasseur de papillons, toutes les merveilleuses et étonnantes découvertes qui s'offraient à nous au Pérou, pendant que notre vaillant bébé se faisait gentiment dorloter à Lima, au El Hogar de la Madre (nom qui signifie « foyer de la mère ») — un établissement d'avant-garde dirigé providentiellement par des religieuses d'une communauté canadienne. La prodigieuse maison accueillait dans ses murs des femmes sur le point d'accoucher. Une importante section de l'établissement recevait gratuitement des mamans provenant de milieux défavorisés, tandis qu'une autre, plus luxueuse celle-là, était réservée aux plus fortunées. Les profits générés par cette dernière servaient à payer les frais d'hospitalisation des femmes qui manquaient de moyens. Toutes les nouvelles mamans, quel que soit leur statut social, avaient la possibilité d'y séjourner, dans un remarquable confort, une semaine ou deux après la naissance de leur enfant.

Une des bénévoles de la maison s'appelait Gladys Zender. Elle était ravissante. Lorsque nous l'avons rencontrée, elle venait tout juste d'être élue Miss Univers ! La première Sud-Américaine à gagner ce prix. Comble de bonheur, elle adorait notre fiston et le prenait souvent dans ses bras.

Je n'ai aucun mal à imaginer aujourd'hui que l'appétence passionnée d'Alexandre pour la gent féminine tienne son origine de là !

En sillonnant Lima, nous avons rencontré une maman totalement désespérée. La malheureuse, qui avait deux enfants, vivait dans un dénuement absolu et une misère insupportable. Elle nous supplia, les larmes aux yeux, d'adopter ses petits, sans quoi, disait-elle, ils ne survivraient pas. Nous avons aussitôt entrepris des démarches, mais elles se sont malheureusement avérées infructueuses. L'adoption internationale était absolument impensable à cette époque et notre requête fut rejetée sans appel. Il nous a donc été impossible de sortir les petits du sordide bidonville et de les emmener avec nous. J'ose à peine imaginer ce qu'ils sont devenus.

Sur le chemin du retour à Montréal, nous avons fait un bref arrêt au Mexique pour nos derniers reportages. Le premier s'est déroulé sur une petite île, au large de Zihuatanejo, peuplée exclusivement de perroquets. Un autre explorait la vie des pêcheurs de tortues, et un troisième s'est concentré sur Ixtapan de la Sal, une remarquable station thermale où l'eau, utilisée pour les traitements des curistes, provenait directement d'un volcan bouillonnant situé à proximité.

J'avoue que ce ne sont pas tant les thermes à la romaine qui m'ont marqué à Ixtapan, que ma première leçon d'équitation… qui fut aussi ma dernière !

L'amère expérience — qui faillit tourner au drame — n'a jamais quitté ma mémoire, pas plus qu'elle n'a effacé (selon ceux qui peuvent me voir nu, de dos) la cicatrice que j'arbore vaillamment sur ma peau, juste au-dessus de mon coccyx.

Je ne résiste pas à la tentation de raconter cette carnavalesque chevauchée.

À peine ai-je enfourché le cheval qu'on m'a assigné et ai-je quitté l'écurie, celui-ci s'emballe comme s'il avait pris le mors aux dents !

Amis de la cavalcade, bonjour !

Plutôt que de prendre la direction d'un bois voisin où mon instructeur nous attend, ma monture prend la direction opposée, celle, à mon grand regret, du centre-ville ! Le cheval entreprend aussitôt de traverser l'artère principale au triple galop sans se soucier des piétons ou des autos passant sur notre chemin. En dévalant la côte, comme il fallait bien s'y attendre, il grille rigoureusement tous les feux rouges et saute héroïquement par-dessus les véhicules qui obstruent notre route. Ayant abandonné tout espoir de l'arrêter, et même celui de revenir vivant de mon équipée, je m'aplatis sur son dos en implorant le ciel de venir à mon secours. L'effroyable chevauchée prend fin miraculeusement vingt minutes plus tard (une éternité !) lorsque mon ahurissant cheval décide de lui-même de retourner à l'écurie. Là, on me dévisse soigneusement de la selle sur laquelle je m'étais fermement rivé. Blanc comme un drap, les cuisses et le bas du dos en sang, je tremble tel un épileptique.

Je ne suis plus jamais remonté à cheval.

Après plusieurs mois d'errance à l'étranger, j'ai fini par reprendre le collier au *Petit Journal*. Mais, comme j'avais goûté à une nouvelle façon de faire du journalisme, je commençais à m'y sentir à l'étroit.

L'écrit c'est bien, mais ne dit-on pas qu'une image vaut mille mots ? À partir de cette constatation, outre mon petit calepin et mon crayon, j'ai pris le soin de toujours traîner avec moi un appareil photo. Grâce à cette habitude, qui devint une manie, il m'est souvent arrivé de tomber sur des sujets de reportages totalement imprévisibles. En voici un exemple.

C'est l'été. Il est cinq heures du matin. Je suis au volant de mon auto, à la sortie d'un pont, aux portes de Montréal. Je reviens de Toronto. J'ai roulé toute la nuit et je suis vanné.

J'imagine que l'automobiliste qui roule devant moi, et qui vient d'accrocher accidentellement le garde-fou du pont est lui aussi somnolent. La police arrive sur les lieux. Les dégâts sont mineurs. Pendant que le chauffeur (réveillé en sursaut) bâille sans retenue devant l'agent affairé à rédiger le constat, j'en profite pour photographier la scène. Certes, ce n'est pas la photo du siècle. Elle séduit néanmoins mon chef des nouvelles qui la publie en y accolant une légende moralisatrice suggérant aux chauffeurs d'être toujours bien vigilants au volant. Le lendemain, je reçois l'appel d'une compagnie d'assurance vie. L'homme est d'une affabilité extrême. Il tient à me rencontrer de toute urgence pour me présenter… des remerciements! Il s'avère que l'automobiliste que j'ai photographié est un homme en cavale porté disparu depuis plusieurs années.

Six ans auparavant, après avoir découvert une barque vide flottant au bord d'un lac, on avait conclu que le pauvre homme s'était noyé. Mais comme le corps du présumé noyé n'avait jamais été retrouvé, la prime d'assurance — dont le montant était considérable — ne pouvait être versée au bénéficiaire (en l'occurrence, son épouse) qu'au bout de sept années d'attente. Grâce à la publication de cette innocente petite photo, les assureurs venaient d'économiser beaucoup d'argent. En revanche, il n'en fut pas de même pour la pauvre épouse du revenant, qui se croyait veuve et… argentée. Son mari avait monté de toutes pièces la mise en scène de la noyade afin de refaire sa vie ailleurs, loin des yeux, mais… pas des photographes!

Après avoir goûté aux joies de la caméra de cinéma en Amérique du Sud, las des horizons que me proposait le journal, j'ai senti une irrésistible envie d'associer l'image qui bouge à mes écrits. Mes nouveaux reportages vécus se dandinaient désormais au petit écran. Mon penchant naturel vers la parodie m'offrait des possibilités infinies. Le plan était tout simple. Désireux de découvrir les difficultés qu'éprouvaient les mendiants et d'apprendre en même temps si les Montréalais étaient généreux ou pingres, déguisé en miséreux, j'ai fait la quête sur le trottoir pendant qu'un caméraman filmait discrètement la réaction des gens venant déposer leur obole ou passant simplement leur chemin sans s'arrêter.

Je fis de même dans une multitude d'autres situations telles que : chauffeur de taxi, conducteur de tramway, regrattier (auquel on donne le nom de « guenilloux » au Québec), matelot français en maraude (bonjour les belles Québécoises!), clown dans un cirque, motard, juré dans un procès pour meurtre, mineur dans une mine d'amiante, Écossais en kilt, père Noël dans un grand magasin, etc.

L'expérience la plus marquante et la plus déterminante fut, sans contredit, celle au cours de laquelle j'ai incarné un aveugle. Il s'agissait de recueillir sur film les réactions des passants croisant sur leur chemin une personne munie d'une grosse paire de lunettes de soleil et d'une canne blanche. Avec ce déguisement primaire, j'ai tenté d'imiter de mon mieux un aveugle déambulant dans les rues de Montréal. On comprendra qu'au départ, l'idée n'avait absolument rien d'hilarant. Bien au contraire. Elle avait pour but de découvrir la manière dont les gens se comportaient avec les non-voyants. L'expérience fut révélatrice. Elle nous a permis de constater la grande gentillesse des gens ainsi que leur empressement à aider un aveugle à traverser la rue (même si, bien souvent, il n'a nullement l'intention de changer de trottoir!). Pour compliquer la situation, j'ai laissé tomber, soi-disant par mégarde, une douzaine d'oranges en plein milieu d'une rue légèrement en pente. L'incident attira aussitôt deux policiers, bons samaritains, qui accoururent sur les lieux à toutes jambes pour me sortir de l'embarras. Mon caméraman filmait le tout en cachette du haut d'un toit. La scène insolite le fit tellement rire qu'il faillit en échapper la caméra.

C'est en visionnant ce moment précis sur la pellicule que le grand déclic se fit. Il m'est apparu évident qu'en créant de toutes pièces des situations cocasses et insolites, on pourrait aisément observer le comportement, sans fard, des personnes croisées au hasard de nos déplacements. Ignorant qu'elles ont été piégées, ces personnes demeureraient elles-mêmes, authentiques, naturelles et leurs réactions provoqueraient infailliblement l'hilarité au petit écran. Qui, dans sa jeunesse, ne s'est pas amusé un jour à regarder par le trou d'une serrure la réaction ébahie d'un ami à qui l'on jouait un tour pendable?

Nous étions à la fin des années 1950. Après avoir apprécié mon petit reportage du faux aveugle, la direction de la télévision de Radio-Canada s'empressa de m'inviter à en produire d'autres devant être diffusés dans le cadre de diverses émissions[35]. Devant le succès remporté par mes interventions ponctuelles au petit écran, j'ébauchai rapidement le projet d'une série d'émissions espiègles intitulée *L'habit ne fait pas le moine*, toutes basées sur le principe de la caméra cachée. Le montage de l'émission pilote (bilingue, à l'origine) venait à peine d'être achevé quand j'eus la surprise de voir, au cinéma, un court-métrage intitulé *Candid Camera*. J'avais eu la même idée que quelqu'un d'autre aux États-Unis: Allen Funt. J'ai couru aussitôt à sa rencontre. J'ignorais que *Candid Camera* — la Ferrari des émissions humoristiques — passait aussi à la télévision américaine, car... aussi curieux que cela puisse paraître, je n'avais pas encore de télévision à la maison. Le lien professionnel et amical avec Funt ne tarda pas à se faire. Il déboucha aussitôt sur des échanges d'idées de gags et de séquences filmées. Mus par la même passion de l'humour sans artifices, nous avons fini par cacher nos caméras ensemble afin d'immortaliser sur pellicule les gens au naturel.

Aux États-Unis, *Candid Camera* battait tous les records d'audience. Pas étonnant que la série des *Insolences d'une caméra* soit devenue, elle aussi, en un rien de temps, une des émissions les plus suivies de la chaîne nationale canadienne.

Les liens que j'ai tissés avec mon vis-à-vis américain m'amenaient à le rencontrer de plus en plus souvent. C'est à New York et à Hollywood, dans une atmosphère désopilante sans pareille, que nous imaginions en chœur, pliés en deux d'hilarité, les situations les plus biscornues destinées à faire tordre de rire les téléspectateurs québécois et américains. Les idées farfelues n'étaient pas nécessairement toutes retenues, mais elles constituaient un point de départ aux sketches qui, une fois peaufinés, prenaient joyeusement le chemin de la production.

---

35. *Carrefour, Rendez-vous avec Michèle*, etc.

Quelle merveilleuse manière de gagner sa vie tout en s'amusant!

Pour nous aider à jouer des tours pendables, nous avons parfois fait appel à de grands comédiens cascadeurs tels qu'Olivier Guimond au Québec.

C'est après avoir assisté au spectacle d'un étonnant *stand-up comedian* (comique qui se produit en solo) qu'un membre de notre équipe américaine nous suggéra de nous intéresser à ce jeune inconnu, car, prédisait-il, c'est «quelqu'un qui ira sûrement très loin». Cet intrigant monologuiste, de son vrai nom Allan Stewart Königsberg, s'appelait, depuis peu, Woody Allen. Il n'avait que vingt-huit ans, était petit, roux, portait de grosses lunettes et avait l'allure d'un rabbin. Le jeune clown triste et névrosé se produisait timidement sur la scène de quelques petits hôtels de la région de New York et, en particulier, au Majestic Bungalow Colony, un établissement sis dans les montagnes des Catskils, fréquenté majoritairement par des familles juives. Après enquête, nous avons appris que l'étonnant fantaisiste (qui faisait aussi des tours de prestidigitation) avait commencé sa carrière dans l'humour à l'âge de seize ans, en imaginant des sketches pour la télévision et en écrivant sporadiquement pour le magazine *Playboy*. Un des aspects qui nous a plu chez lui, c'est qu'en plus d'avoir un esprit alerte, un humour tortueux, la réplique rapide et assassine, il se distinguait par une mimique contrite et un air perpétuellement affligé. À l'exemple de Buster Keaton, Woody ne riait jamais. Avec ces caractéristiques en tête, Allen Funt et moi lui avons concocté deux sketches appropriés à sa fascinante personnalité. Dans le premier, Woody devait interpréter le rôle d'un patron victime d'un chagrin d'amour. Affligé par sa profonde douleur (pas difficile d'imaginer Woody dans ce rôle de composition), le malheureux dictait à sa nouvelle secrétaire une lettre d'amour destinée à la femme qui venait de le quitter. La nouvelle recrue ignorait, bien entendu, avoir été engagée juste pour les besoins de la cause. Je dois dire en passant que nous avons repris cette situation cocasse à Montréal, avec, dans le rôle du malheureux patron, mon associé André Lamy.

La charmante jeune fille qui se fit prendre dans nos filets se révéla tellement efficace dans son rôle que je n'ai pu résister à la tentation de l'engager comme secrétaire personnelle.

Dans le second sketch, Woody Allen devait incarner le rôle du maire de New York et accueillir des gens parfaitement inconnus comme s'ils étaient des célébrités. Il s'agit, soit dit en passant, d'un des gags ayant nécessité le plus grand nombre de figurants de toute l'histoire de la série. L'action prenait place à l'aéroport La Guardia devant une armée de quelque deux cent cinquante personnes, composée de scouts, de majorettes, de musiciens et de (faux) journalistes venus accueillir, avec tambours et trompettes, un (ou une) illustre… inconnu(e). La sélection des passagers voyageant seuls était assurée par des complices très bien placés, puisqu'il s'agissait de l'équipage de bord de la compagnie d'aviation Northwest. Sitôt que la personne avait été choisie, son nom nous était communiqué sans délai afin que l'on puisse l'inscrire en gros caractères sur de gigantesques banderoles qu'accompagnaient les mots « Bienvenue M. (ou Mme) ! Bravo et merci ! » Woody Allen, qui n'avait jamais eu d'expérience de la sorte, accepta de tenter celle-ci avec nous.

Le matin du premier tournage, j'ai l'insigne et mémorable tâche d'aller le chercher chez lui, en décapotable, avec Bob Schwartz, le réalisateur de l'émission, et de le conduire chez un costumier afin que Woody puisse choisir un chapeau haut-de-forme et un habit de gala à sa taille. Pendant les préparatifs, il est extrêmement nerveux, fébrile et muet comme une carpe. Ce n'est que lorsque je me mets à le bombarder de questions qu'il commence à s'ouvrir lentement.

— J'ai tellement le trac ! me dit-il. Je n'ai même pas été capable de prendre mon petit déjeuner ce matin.

Un peu plus tard, lorsqu'il se sent plus en confiance, il m'avoue ne pas être certain de pouvoir réussir ce qu'on attend de lui.

— Le gag ne marchera pas ! C'est trop gros, et puis, regardez-moi, trouvez-vous que j'ai l'allure d'un maire ?

Une fois son déguisement achevé, Woody me demande de l'aider à mettre ses boutons de manchette. Il ne réussit absolument pas à le faire lui-même, tant ses mains tremblent… Pour tenter de le détendre, j'essaie de le faire rire (oui, moi, faire rire Woody Allen!) en le photographiant dans le corridor de l'aéroport avec ses longues manches de chemise qui pendouillent. (Cette photo historique est assurément une des plus précieuses de mes archives personnelles!)

Mes efforts restent vains. Le malheureux continue à faire une tête de condamné devant sa potence, jusqu'au moment de l'arrivée du premier avion avec, à son bord, notre première « vedette... malgré elle ».

J'avais pourtant tout fait pour dérider Woody Allen...

La portière de l'avion s'ouvre, laissant apparaître le « héros ». Il est grand, mince et visiblement éberlué de lire son nom sur les banderoles. Bombardé de toutes parts par des photographes agités comme des puces, l'homme semble débarquer sur la planète Mars. Il ne comprend absolument pas ce qui lui arrive. La fanfare entame une marche célèbre (et très bruyante) pour que les questions des (faux) journalistes soient inaudibles au pigeonné. C'est à ce moment que Woody, avec son chapeau haut-de-forme sur la tête, entre en scène. Une entrée majestueuse. Imperturbable, il s'approche de l'inconnu, lui serre chaleureusement la main et l'entraîne devant un petit lutrin sur lequel perche, menaçant, un gros micro destiné à accueillir ses paroles que tout le monde attend avec impatience. À ce moment crucial, la fanfare cesse de jouer. Dans le but de faire perdurer la confusion, Woody baragouine quelques mots totalement incompréhensibles. On sent que Woody est enfin entré dans la peau de son personnage. Une jeune fille gratifie l'inconnu d'une accolade tout ce qu'il y a de plus officielle et remet à notre héros une énorme gerbe de fleurs. L'homme vit une véritable heure de gloire… même si elle est imméritée. Le faux maire termine la cérémonie d'accueil en lui présentant une immense et ridicule clé taillée dans un vulgaire carton peint en or, symbolisant la clé de la ville. La sueur perle au front du pauvre entourloupé qui se doute bien que son tour de parler au micro est arrivé et qu'il ne pourra pas l'éviter. La fanfare reprend encore quelques accords discordants pour mieux souligner la joie qui se lit sur le visage des figurants. Soudain, tout s'arrête net. Voilà enfin le moment fatidique, la minute de vérité à laquelle il ne pourra pas échapper. On demande au héros d'adresser quelques mots à la foule venue l'acclamer. Contrairement à ce que nous avions prévu, l'homme ne se dégonfle pas. Il joue son rôle jusqu'au bout. Nous avions pensé qu'il dirait : « Il y a erreur sur la personne, je ne suis pas celui que vous croyez… » Or, en s'emparant du micro, le héros nous dit combien il est heureux, ému et… surpris (!) d'être l'objet d'un si chaleureux accueil.

— Parlez-nous un peu de nos confrères de Los Angeles. Où en est notre association ? lui demande Woody.

Pris au dépourvu par la question, le malheureux se fige. Un long moment de silence suit. Quel embarras ! Finalement, c'est Woody qui craque le premier et lance, pour clore le tout :

— *Smile, you're on Candid Camera !*

Ce jour-là, la même scène fut répétée avec une dizaine d'autres héros et à mesure que le tournage avançait, j'ai vu Woody Allen prendre de plus en plus d'assurance et apprécier l'expérience dans laquelle nous l'avions plongé.

En attendant l'arrivée des avions transportant nos héros, j'ai eu le bonheur de lui tenir compagnie. Ces moments privilégiés sont restés inoubliables pour moi. Au cours de nos échanges, Woody eut la générosité de me parler de sa vie, de me dire son indéfectible amour pour Manhattan et sa passion pour la clarinette. Il aurait rêvé, m'a-t-il dit, de devenir joueur professionnel de baseball, mais il fut forcé d'abandonner le projet parce qu'il ne se trouvait pas suffisamment doué. Il m'a confié aussi qu'il n'avait jamais ouvert un livre avant l'âge de quinze ans. Ses passe-temps favoris étaient, semble-t-il, le cinéma, la magie et les bandes dessinées. Lorsqu'il était enfant, il parlait l'anglais, le yiddish et… l'allemand, langue qu'il avait complètement oubliée.

Après ces moments magiques passés à ses côtés, je n'ai malheureusement plus jamais revu Woody, dont pourtant je vois assidûment — et apprécie — les films et les pièces de théâtre. Je vais l'écouter religieusement et l'applaudir frénétiquement, comme le font ses plus fervents admirateurs, lorsque j'ai la chance d'être à New York un lundi soir, au Café Carlyle, où, fidèle à lui-même, il joue de la clarinette avec ses copains depuis quelque trente-cinq ans déjà. Il est assurément plus fidèle à sa clarinette (une Rampone fabriquée en Italie en 1890!) qu'il ne l'a été à ses femmes. Aujourd'hui, avec le recul du temps, il m'arrive de me demander parfois quelle influence ont bien pu avoir nos tournages, avec une caméra cachée, sur sa carrière de cinéaste, qu'il a démarrée en trombe précisément deux ans plus tard. Tout d'abord, ce fut *Quoi de neuf, Pussycat?* dont il a écrit le scénario, et, peu de temps après, *Prends l'oseille et tire-toi*, son premier film comme scénariste, réalisateur et comédien.

L'ironie du sort reste assurément la face cachée de notre destin.

Pour en revenir aux *Insolences d'une caméra*, je le dis en toute immodestie, le succès de la série fut tel qu'au Québec, les soirs de diffusion, les rues se vidaient littéralement. Ces vertigineuses journées de labeur furent instantanément récompensées par l'accueil du public. En effet, deux millions de téléspectateurs se rivaient chaque semaine à leur petit écran pour nous voir. La réputation de la série dépassa rapidement les frontières, si bien que nos meilleurs gags trouvèrent rapidement place sur les écrans français, belges et espagnols. La télévision lituanienne me fit l'honneur de m'inviter à les présenter (en lituanien bien sûr) sur sa chaîne nationale[36].

---

36. *Isdikusi Kamera*, Vilnius, 2001

En produisant cette série d'émissions, j'ai acquis le sens de l'absurde, de la dérision et du saugrenu. Il est bien évident que j'en ai tiré un immense plaisir sur le plan télévisuel et une joie incommensurable dans ma vie de tous les jours. Avec le temps, mon sourire hebdomadaire au petit écran est devenu fatalement une de mes marques de commerce. Je souriais à l'antenne, je souriais sur les magazines. On me souriait partout dans la rue. Grâce aux *Insolences*, toute ma vie devint sourire, comme si j'étais né pour cela.

Cependant, pareille notoriété n'est pas toujours facile à gérer.

SOURIEZ ! C'est vrai qu'on ne sait jamais…

En effet, où que je sois, je me rends compte que ma réputation de joueur de tours m'a précédé. Dans mon entourage, on commence par sourire, puis on se méfie. On n'imagine pas que le plus vaillant des plaisantins puisse parfois vivre sérieusement. Ce sentiment n'est pas exclusif au grand public, il contamine aussi les proches. Voici, à titre d'exemple, ce qui m'est arrivé un jour alors que je rendais visite à ma mère.

À peine m'étais-je installé dans son salon qu'une secousse sismique s'est mise à agiter la maison. Bien que de faible intensité, le tremblement de terre fit ballotter le vaisselier. Un concert d'assiettes qui se heurtent les unes contre les autres envahit la

135

pièce. Comprenant rapidement la situation, je tente de me remémorer les précautions à prendre en cas de tremblement de terre. Comble de coïncidence : deux jours auparavant, j'avais justement interviewé un grand sismologue (encore une synchronicité !)...

Ma mère, qui est rieuse, d'un tempérament plutôt lutin et toujours prête à rire de mes tours qu'elle suit religieusement à la télévision, s'assombrit et, en fronçant ses sourcils me dit :

— Qu'est-ce que tu as encore trouvé comme gadget ? Cesse tes folies immédiatement ! Tu ne vois donc pas le dégât que tu vas faire ! Ce n'est réellement pas drôle !

Aujourd'hui, il est rare qu'une journée se passe sans que quelqu'un ne vienne me dire, un beau sourire aux lèvres « Souriez, on ne sait jamais ! », une phrase qui est désormais devenue légendaire.

Il est certes bien agréable de rencontrer sur son chemin des gens qui vous témoignent leur appréciation, pourtant parfois j'aurais préféré ne pas être reconnu. Je pense notamment à cette journée pluvieuse où je devais me rendre à l'hôpital de toute urgence pour assister à la naissance de mon deuxième enfant. Par malheur, les taxis étaient introuvables. J'ai fini par en attraper un dont le chauffeur me reconnut et refusa carrément de me prendre.

— J'adore l'émission, me dit-il en m'arrachant la portière des mains, mais je ne veux pas passer à la télé !

À une autre occasion, alors que je traversais l'océan pour aller à Paris, notre avion eut une sérieuse panne de moteur qui l'a contraint à faire demi-tour. Nous sommes repartis pour l'Europe avec plusieurs heures de retard après avoir changé d'appareil. Juste avant d'atterrir à Paris, un étrange olibrius, adepte de l'émission, monta sur son siège et cria :

— Regardez derrière vous, c'est Stanké, le gars des *Insolences*. Tout ça n'était qu'une farce ! On va tous passer à la télé !

Authentique !

Ce n'est pas tout ! À Paris, après avoir quitté l'avion, un brave passager me rattrapa pour me demander :

— Quand comptez-vous la diffuser, cette émission ? Je ne voudrais pas la rater !

Intriguée par notre réussite, la télévision française me pria un jour d'accueillir personnellement les membres d'une équipe d'outre-Atlantique afin de leur enseigner notre technique et tous les petits trucs que nous avions réussi à mettre au point pour réussir nos tournages. Je le fis de bonne grâce, avec le sourire qui caractérisait l'émission. Peu de temps après, une série d'émissions de même nature faisait son apparition en France (soit dit en passant, sans aucune redevance ni référence à nous)…

Témoins de ce type d'«inspiration» (il y en eut une longue série par la suite), mes amis ont souvent cherché à connaître mon impression sur les «imitateurs». Elle est très simple: loin de me vexer, ces copies me flattent. Après tout, n'imite-t-on pas que ce qui est… réussi?

Le succès du petit écran aidant, je quittai le *Petit Journal*, mon principal organe textuel, avec la conscience d'y avoir beaucoup appris et de lui avoir donné en retour le meilleur de moi-même. Le nouveau virage de ma vie inaugurait une collaboration assidue avec les plus importantes publications du pays[37]. Tout en restant fidèle à la presse écrite, j'entamais simultanément une nouvelle carrière à la radio et à la télévision.

Ah! Oui, c'est vrai, où avais-je la tête? J'oubliais le principal: entre mes travaux nutritifs d'éditeur-épicier-en-gros-journaliste-correspondant-recherchiste-animateur-provocateur-joueur-de-tours, j'ai quand même pris le temps d'être l'heureux papa de quatre enfants: Alexandre, Brigitte, Claudie et Sophie. Pour être juste, je pourrais même dire cinq enfants, car, pendant un long moment, ma femme et moi avons eu la joie d'ajouter à notre petit quatuor une adorable petite fille prénommée Yolaine, que je considère toujours comme ma fille. Nous l'avons accueillie à bras ouverts comme notre propre enfant, à la suite d'un drame déchirant que traversaient ses parents.

Jeune, j'ai toujours rêvé de devenir père très tôt afin qu'il n'y ait pas trop de décalage entre ma progéniture et moi. Ainsi, notre premier enfant est né alors que j'avais vingt-trois ans.

---

37. *La Presse, Perspectives, Châtelaine, Le Magazine Maclean's, Nous, Commerce*, etc.

Mes enfants : Claudie, Sophie, Brigitte et Alexandre. Le quatuor de mon bonheur.

Après sa naissance, à laquelle on m'a permis d'assister (encore une idée de reportage à la colle), nous avons eu l'idée saugrenue, sa mère et moi, de mettre continuellement un fond musical dans sa chambre. Le petit s'endormait généralement bercé par les accords de Mozart, Chopin, Beethoven et compagnie.

Nous souhaitions ardemment en faire un musicien. Notre vœu fut réalisé, car le petit n'a pas tardé à montrer des dons exceptionnels pour la musique. Il eut d'excellents professeurs et fréquenta le Conservatoire. Depuis, le talentueux fiston est inapte à l'insuccès. Sa vie, il la gagne grâce à la musique. Nommé « compositeur canadien de l'année » deux années de suite, il dirige aujourd'hui des orchestres, des chorales, fait des arrangements, compose sans répit et, pour se distraire, touche l'orgue à l'église lituanienne, à Montréal. J'aime croire que les petites ambiances musicales dont on lui a rempli les oreilles lorsqu'il était encore en couches ne sont pas étrangères au gagne-pain qu'il a choisi.

Brigitte, elle, est née prématurément. Alors qu'elle était toute petite, délicate et fragile comme une poupée de porcelaine, elle fut atteinte d'encéphalite. On l'a sauvée *in extremis*. À défaut d'une ambulance, qui tardait tragiquement à arriver, c'est un ami de la police scientifique, le lieutenant-détective Léo Plouffe, qui eut la gentillesse de la transporter d'urgence à l'hôpital, à la vitesse d'une fusée. Il était moins une! Brigitte a tout d'abord fait de brillantes études en mathématiques (un héritage de mon père), pour se lancer ensuite en orthophonie où elle a fait sa marque tant au Canada qu'à l'étranger.

Claudie, notre numéro trois, est née sous hypnose. Encore une idée saugrenue de ses parents qui, comme de bien entendu, ont profité de l'occasion pour en tirer un reportage écrit et… filmé. Après avoir fréquenté le Cours Simon, à Paris, elle est devenue comédienne au théâtre et au cinéma. Aujourd'hui, elle se consacre plutôt à l'écriture. Elle a signé un scénario, plusieurs pièces de théâtre et publié une dizaine d'ouvrages. Ses livres pour enfants connaissent un grand succès. Son dernier vient tout juste d'être traduit en chinois!

La petite Sophie, notre dernière — l'unique blonde de la troupe — est née avec une complication des voies respiratoires et dut passer un certain temps dans un incubateur avant que tout danger soit écarté. Comédienne, chanteuse, brillante animatrice de radio, professeure de théâtre et journaliste, elle ne cesse jamais de nous étonner. Étrangement, c'est la seule des quatre enfants qui ait appris à parler le lituanien.

Nous avons fait de très nombreux voyages à l'étranger avec nos enfants, jusqu'au jour où nous avons décidé d'acquérir une ferme au Vermont. Non pas pour nous consacrer à l'élevage ou à la culture, mais plutôt pour fuir la pollution et nous ressourcer. Juchée sur le flanc nord du mont Jay Peak, coqueluche des skieurs, la propriété s'étend sur cent cinquante hectares de terre couverts de magnifiques prairies, d'arbres centenaires et traversés par sept ruisseaux à l'eau cristalline. Un royaume inégalé pour qui aime taquiner la truite.

Hélas, nous n'avons pas eu suffisamment de temps pour apprécier cette thébaïde paradisiaque car, à l'arrivée de l'été 1959, Montréal connut une effroyable épidémie de polio et, comble de malheur, notre fils contracta cette terrible maladie. Au moment où il fut hospitalisé, le service de santé de la ville comptait déjà neuf morts et pas moins de cent vingt-sept victimes atteintes du virus.

Ce drame n'a jamais quitté ma mémoire. En arpentant le couloir de l'hôpital, sa mère et moi étions littéralement en lambeaux. Nous n'avions le droit de voir notre fils qu'au travers d'un petit hublot installé dans la porte de sa chambre, son petit visage creusé par les nuits sans sommeil et les yeux ravagés par les larmes. Dieu merci, il s'en sortit, et j'ai vu combien grande était notre chance. Comme il fallait ménager sa jambe qui avait été paralysée, il n'était plus question de retourner gambader à la ferme. Nous nous sommes donc départis de la propriété voisine d'une des stations de ski les plus courues du Vermont.

Durant toutes ces années chaotiques, il faut continuer à travailler sans relâche pour assurer la pitance et sa place au soleil. Non content d'œuvrer pour le réseau de la télévision nationale, en français, j'accepte un autre défi de taille, celui d'animer en direct une émission d'information bihebdomadaire, en anglais[38]. Une occasion unique de pratiquer la langue de Shakespeare et de parcourir le pays avec le désir permanent d'être surpris. La nouvelle émission ajoute un doux parfum à mon régal. J'ai la chance d'interviewer toutes les personnes chahutées par l'actualité, les plus nébuleuses comme les plus admirées. Je découvre que, bien que l'actualité soit la même pour tout le monde, il existe plusieurs façons de la traiter. Je fais la connaissance, entre autres, du premier ministre John Diefenbaker, qui révèle pour la première fois au petit écran un détail qui peut paraître totalement insignifiant aujourd'hui, mais qui, à l'époque, provoqua l'hilarité générale. L'admiration que le chef d'État vouait à John A. Macdonald, un de ses homologues du passé, était tellement grande qu'il alla jusqu'à dépenser une petite fortune pour acquérir son... lit, l'authentique

---

38. *The Observer — Across Canada*

lit dans lequel avait dormi ce personnage historique! Comme Macdonald était beaucoup plus petit que lui, afin de pouvoir y dormir confortablement, Diefenbaker paya une somme faramineuse pour faire ajuster le meuble à sa taille.

Diefenbaker, qui ne parlait pas un traître mot de français, n'était pas très populaire auprès des Canadiens d'expression française.

Après avoir fait sa connaissance à mon émission, je retourne à son bureau du Parlement, à Ottawa, avec l'idée de le convaincre de participer à l'émission des *Couche-Tard* dont je suis un des scripteurs. Au plus grand étonnement de tous mes confrères, le premier ministre — surnommé le «lion de la politique» — accepte l'invitation et consent à se laisser interviewer par deux enfants terribles du petit écran, Roger Baulu et Jacques Normand. Je suis chargé de préparer l'interview bourrée, pour la circonstance, d'une série de questions pièges auxquelles Diefenbaker consent à se prêter de bonne grâce, à condition que le tout se fasse avec l'assistance d'un interprète. Fiers de notre coup, le soir venu, nous attendons fébrilement notre illustre invité. Malheureusement, à l'heure prévue de son arrivée, nous recevons un coup de fil de son chef de cabinet. Il se dit désolé de devoir annuler l'entretien exclusif à cause d'un fâcheux contretemps. Sur le plateau, la catastrophe dévaste tout le monde. On ne remplace pas aisément, à la dernière minute, un invité d'une telle pointure. Il faut donc trouver une solution de rechange, et ça presse! Une idée traverse mon esprit: Et si l'on substituait un cascadeur au premier ministre? Quelqu'un que l'on déguiserait en politicien? Un professionnel de la cascade qui serait capable de débouler un escalier sans se faire mal. Si l'on créait un faux accident, en direct? Notre équipe de farfelus est bien entendu séduite par ma loufoque idée. Nous nous mettons aussitôt à la recherche d'un habitué des cascades. On le choisit grand, comme John Diefenbaker. Après avoir teint ses cheveux en blanc, on les lui frise pour qu'ils ressemblent à ceux de l'invité. On l'habille aussi d'un costume de couleur bleue, à l'image de ceux que porte habituellement le premier ministre à qui on va jouer un vilain tour pour nous avoir fait faux bond.

En ouvrant l'émission, pendant que le «remplaçant» attend patiemment en haut de l'escalier, les deux animateurs amorcent leur présentation : «Mesdames, messieurs, ce soir, nous avons le grand plaisir d'accueillir à notre émission un homme qui a fait sa marque dans la politique, un homme qui n'a jamais accepté jusqu'ici de participer à une émission de variétés en langue française... un homme que l'on surnomme "le lion de la politique"... » La caméra zoome aussitôt sur l'escalier où, en entendant les mots «lion de la politique», notre complice commence à descendre dignement les marches pour venir rejoindre les deux animateurs sur le plateau. Lorsqu'il parvient au milieu de l'escalier, ainsi que prévu, le cascadeur fait mine de rater une marche et déboule, tel un tonneau, jusqu'en bas... L'image est poignante. On imagine l'émoi que viennent de ressentir les téléspectateurs, témoins en direct (!) d'une chute aussi brutale qu'inattendue. La suite de la mise en scène a été bien rodée. Un panneau apparaît aussitôt à l'écran sur lequel on lit la sempiternelle phrase «Un moment s'il vous plaît ! » On fait jouer un concerto lugubre utilisé généralement sur les ondes lors de l'annonce d'événements qui n'ont rien de réjouissant. Une fois ce temps d'attente passé, les deux animateurs finissent par réapparaître à l'écran et... contrairement à ce que l'on aurait pu attendre, passent aussitôt au sujet suivant sans jamais faire la moindre allusion à ce qui vient de se produire...

Si je m'attarde à narrer cet événement, ce n'est pas tant pour rappeler un bon gag (qui a été pour notre équipe un moyen de venger sa frustration), mais plutôt pour parler, une fois de plus, de l'inexplicable synchronicité qui a entouré l'incident. Qu'on en juge. Le lendemain matin, en première page du quotidien *Le Devoir*, on peut lire, en grosses lettres, le titre «Le premier ministre fait une chute dans l'escalier». J'imagine que la majorité des gens qui ont vu notre émission ne se sont même pas donné la peine de lire l'article, vu qu'ils ont assisté à la catastrophe en direct. Intrigué de savoir de quelle manière le journaliste relate les faits, je lis l'article avec le plus grand intérêt. Surprise ! Il ne parle pas de notre émission, mais plutôt d'un fâcheux incident qui est survenu, très précisément à la même heure (!) que la diffusion de notre émission, à l'hôtel Royal-York de Toronto, où Diefenbaker s'était rendu d'urgence pour assister à une importante réunion.

Dans le cadre de mon émission en langue anglaise, rien n'était hors de notre portée. Nous avons notamment été les premiers à diffuser une émission en direct du sommet du plus grand complexe hydroélectrique de l'époque, Manic 2, la fierté du Québec.

Au moment où ma mémoire se remet à visionner les mille et un sujets que j'ai couverts en animant cette émission, je revois au premier plan, je ne sais pas pourquoi, un reportage que j'ai eu l'idée de réaliser à bord d'une auto patrouille afin de mieux faire connaître le travail de nuit des policiers. Toujours cette obsession du reportage vécu.

Après avoir sillonné les rues de la ville trois heures durant, sans rencontrer le moindre incident, soudain, peu avant minuit, nous captons un appel d'urgence. Une auto vient de heurter une cloison protégeant le chantier de construction du métro. Une vertigineuse chute de plus de cinquante mètres de haut. Arrivés sur les lieux les premiers, les policiers, mon caméraman, le réalisateur et moi devons de peine et de misère extraire de l'indescriptible amas de ferraille les corps horriblement ensanglantés de six touristes américains. Par miracle, personne n'est mort. Je voulais du vécu ? J'en ai plein les bras ! Une occasion unique pour expérimenter ce que vivent les policiers au quotidien. L'énorme choc nerveux qui m'afflige cette nuit-là me donne des sueurs froides chaque fois que j'y repense. Le réalisateur de l'émission, qui est aussi affecté que nous tous, a droit, quant à lui, à un petit supplément au programme. Je ne le mentionne pas sans raison, car le mémorable incident prouve, une fois de plus, que la vie peut nous réserver d'étranges coïncidences. Oui, encore !

Voici donc la suite de la saga de cette nuit tragique. Après avoir terminé notre sauvetage, nous reprenons la patrouille des rues de la ville. Soudain, vers deux heures du matin, nous recevons un appel de la centrale. Des gens se plaignent d'un tapage nocturne qui trouble le sommeil de leur quartier. Les policiers mettent aussitôt le cap sur la rue indiquée.

Le journalisme vécu n'a rien à voir avec le journalisme en pantoufles.

— Comme c'est curieux, dit Patrick, notre réalisateur. C'est justement dans cette rue-là que j'habite. J'en profiterai pour descendre et rentrer chez moi.

À mesure que nous nous approchons des lieux, le hasard, ce coquin, nous indique que le tintamarre provient de l'immeuble où habitent précisément Patrick et sa femme. Ce n'est pas tout. L'assourdissante sauterie se déroule (on dirait une histoire arrangée) au cinquième étage. L'étage de Patrick. Jusqu'ici il riait, mais lorsque le malheureux se rend compte que la bruyante sauterie se passe non seulement à SON étage, mais qu'elle vient de SON propre appartement, il déchante. Son épouse, célèbre mannequin, qui a un grand faible pour les noubas, a profité de l'absence de son mari, « en devoir pour la nuit », pour organiser la bacchanale du siècle.

Trois mois plus tard, le couple divorcera.

Une autre anecdote, survenue dans le cadre de la même émission, refait surface. Elle concerne mon ami Pierre Dudan. Pour célébrer avec plus de faste notre émission spéciale de Noël, nous avons décidé de la diffuser directement d'un restaurant du Vieux-Montréal. Parmi les célébrités invitées pour l'occasion se trouve le ministre associé de la Défense nationale, monsieur Pierre Sévigny. Après l'interview du ministre, Pierre Dudan, dont tout le monde appréciait le talent, vient à sa table pour interpréter un de ses plus grands succès, *Clopin-clopan*. Immigré au Canada depuis peu, Dudan ignore que le ministre a une jambe artificielle et qu'il… boite. Notre invité, à qui nous voulions faire plaisir, écoute la chanson de Dudan jusqu'au bout, sans broncher, mais sitôt l'émission terminée, il quitte les lieux légèrement offensé, en… claudiquant. Quant à l'autre Pierre, dont la gentillesse est légendaire, lorsqu'il a appris qu'il avait commis ce regrettable impair, il ne s'en est jamais remis.

La série d'émissions prit fin après deux années de diffusion sur le réseau national du pays. Juste à temps, selon toute vraisemblance, pour me permettre d'entreprendre une nouvelle série d'émissions radiophoniques consacrées aux musiques étrangères[39]. Le programme hebdomadaire de soixante minutes, voué à la valorisation des musiques et des cultures du monde, est de ceux dont la longévité fut parmi les plus longues de l'histoire du réseau national. La diffusion de cette émission, nourrie d'une insatiable volonté d'ouverture à l'autre, de compréhension et de connaissance, dura dix-sept ans et permit, entre autres, au « dieu de la flûte de pan », Georges Zamfir, de se faire connaître pour la première fois au Québec et, conséquemment, d'y vendre quelque deux millions de disques.

---

39. *Musique des nations*, Radio-Canada

Lorsque je m'arrête pour regarder dans mon rétroviseur, je me demande aujourd'hui où j'ai bien pu trouver le temps et l'énergie nécessaires pour abattre pareilles besognes. Je ne vois qu'une seule explication à cette agitation : ma passion immodérée du métier, qui, accessoirement, il faut l'avouer, faisait aussi la joie du tiroir-caisse de mon banquier… Pour tout dire, ma petite philosophie personnelle m'avait convaincu qu'en travaillant beaucoup, je vieillirais… moins vite.

Malgré toutes mes contraignantes obligations qui me procuraient un régal total, j'ai tout de même réussi à prendre des moments de répit que je m'efforçais généralement de passer auprès de mes enfants. Pour compenser les moments que je ne passais pas à la maison, j'emmenais les enfants avec moi dans les studios de radio ou de télévision. La petite la plus intéressée à me suivre était indiscutablement Claudie. Lorsqu'elle n'avait pas d'école, sa grande joie était d'accompagner son père dans les coulisses et de l'attendre patiemment jusqu'à ce que l'émission prenne fin. Après quoi, nous rentrions à la maison tous les deux pour nous attabler seuls, car les autres avaient déjà soupé.

L'insatiable curiosité que démontrait la petite Claudie, à la régie, au maquillage ou sur le plateau, ravissait tous mes compagnons de travail. Son intérêt pour la manière dont se fabriquaient les émissions a souvent fait dire à plusieurs d'entre eux qu'elle finirait un jour, elle aussi, dans le monde du *showbiz*. Prédictions très justes d'ailleurs, car, quelques années plus tard, elle fit son entrée dans le monde théâtral. Mais il semble bien que la première raison qui la motivait à accompagner son père dans les coulisses de la télé n'était pas celle à laquelle tout le monde avait pensé.

Tu aimes bien accompagner ton père à la télé ? lui demanda un jour le comédien Mario Verdon.

— Oh oui, monsieur. Beaucoup, beaucoup !

— Peux-tu me dire pourquoi tu aimes tant venir en studio avec ton papa ?

— C'est parce que, quand je rentre à la maison, avec mon papa, on mange des pâtes réchauffées… C'est quand elles sont réchauffées que les pâtes sont les meilleures !

D'autres que moi, les romantiques, se seraient attendus sans doute à ce qu'elle leur parle de son grand rêve, celui de suivre un jour les traces de son père. Aimer faire exactement ce qu'il aime, lui!

Il se trouve que le papa adore, lui aussi, les pâtes… réchauffées! Voilà qui remet donc les choses à leur place.

Parallèlement à ma vie de famille et mes gagne-pain, j'ai plongé un jour avec ardeur, en compagne d'une poignée de confrères, à la fondation de l'Union canadienne des journalistes de langue française, un organisme voué à l'affermissement du métier. Avec le recul du temps, on peut dire sans fausse modestie que ce sont les fondateurs de l'UCJLF et eux seuls qui ont permis au journalisme québécois de se redonner du lustre et du prestige. Certes, on ne voyait pas encore de grandes écoles de journalisme poindre à l'horizon, mais tous ceux qui avaient appris leur métier sur le tas n'avaient qu'un désir, celui d'améliorer leur sort en se perfectionnant. Constamment préoccupé par l'avenir de la profession journalistique, j'en ai profité pour lancer un petit magazine intitulé *Le journaliste*. Cet organe officiel de l'UCJLF était modeste, mais il avait le mérite d'être la première publication du genre consacrée au métier.

C'est d'ailleurs dans ce souci de perfectionnement professionnel que nous avons tenu un jour, dans un grand hôtel de Montréal, notre premier grand congrès. Un invité d'honneur, dont la réputation n'était plus à faire, couronnait l'événement. Il s'agissait de l'illustre patron de presse français, Pierre Lazareff. Cet homme était mon idole. Le quotidien *France Soir*, qu'il avait créé, tirait à un million d'exemplaires! Parmi ses collaborateurs, on comptait une kyrielle de grands noms, dont ceux de Joseph Kessel, Lucien Bodard et Henri Lamouroux. Lazareff, qu'on surnommait avec beaucoup de tendresse Pierrot les bretelles, était aussi un pionnier de l'actualité télévisée puisque c'est lui qui a créé la célèbre émission télévisée d'information et de reportages *Cinq colonnes à la une*.

Sa présence parmi nous nous a donné des ailes et la fierté d'exercer un métier qui, nous semblait-il, allait prendre de plus en plus d'importance dans la société québécoise.

La joie que j'ai ressentie à l'occasion de ce congrès est indescriptible. Voisine de l'euphorie. Dans les circonstances, on comprendra sûrement que j'aie ressenti le besoin de faire la fête comme il est rarement permis de la faire. Il faut dire qu'après avoir entendu les paroles stimulantes de ce grand patron du journalisme, nous avons eu droit, malheureusement, à un discours soporifique et inepte de Sarto Fournier, l'ineffable maire de l'époque. Un laïus aussi ridicule qu'endormant. Pour tout dire, en plus d'avoir une très faible tolérance à l'ennui, je ne supporte ni les atmosphères crépusculaires ni les gens qui s'évertuent à ennuyer leur prochain. Chez moi, c'est viscéral ! En fait, c'est généralement dans des occasions semblables que mes pulsions d'incorrigible potache envahissent mon esprit et me font faire des fadaises.

Au dessert, carrément lassé par ce que j'entends, je prends la décision d'égayer l'événement à ma façon en offrant rien de moins que le cognac aux congressistes. Une joyeuse farce qui fait désormais partie de l'histoire du journalisme québécois.

Pour réussir mon coup, rien de plus simple. Je prends une petite feuille de papier sur laquelle j'inscris ces mots : « Le colonel Roger Maillet, propriétaire du *Petit Journal*, a le grand honneur et le plaisir d'offrir le cognac à tous les distingués participants du congrès ! » Après avoir soigneusement plié la note, je la confie à un serveur, en lui glissant un petit pourboire. Le garçon place le message sur un plateau d'argent et, ganté de blanc, va le remettre cérémonieusement au président de l'assemblée, Paul Boudreau, qui pontifie au centre de la table d'honneur. Je constate qu'après avoir pris connaissance de l'étonnante nouvelle, une allégresse lyrique se met à flotter sur toute sa personne. Il faut dire ici que le colonel Maillet — que j'aimais beaucoup — n'aimait absolument pas, lui, ni notre Union, ni les journalistes, ni leur syndicat, qui, clamait-il, lui coûtaient trop cher. Cette antipathie avait d'ailleurs donné lieu à de nombreux affrontements dans le passé. Dès lors, on comprendra aisément que ma notule tombe à point nommé pour annoncer l'arrivée de ce qui semblait être, selon toute vraisemblance, une encourageante trêve dans les relations avec un patron bougon et résolument allergique aux conventions collectives. Rayonnant de joie, Boudreau se lève d'un trait, prend le micro en main, demande le silence et proclame d'une voix grave et solennelle :

— Chers confrères, chères consœurs, je vais vous annoncer une nouvelle qui va vous faire plaisir. Le colonel Maillet, OUI, LUI, nous offre le cognac !

Il a dû ajouter un autre commentaire élogieux à la suite de son annonce, mais les applaudissements nourris de l'assistance m'ont empêché de l'apprécier.

Pour tout dire, je trouvais que mon gag était déjà très réussi. Il ne restait plus maintenant qu'à le bonifier ! Je rédige rapidement une seconde note dans laquelle je dis — toujours au nom du colonel — qu'il vient de changer d'avis : « Après mûre réflexion… et surtout en raison des récentes augmentations de salaire que j'ai accordées, JE RETIRE MON OFFRE ! »

Tout comme la première fois, la note est livrée à la table d'honneur, par le même serveur que j'ai récompensé par un généreux pourboire. Au diable l'avarice ! À peine a-t-il le temps de la transmettre au président (devenu blême) qu'on voit une dizaine de serveurs se mettre à distribuer les cognacs aux trois cent cinquante participants. Trop tard pour rattraper quoi que ce soit.

L'« affaire du cognac » mettra trois semaines à être résolue. Le colonel Maillet, en colère, à qui l'hôtel fera suivre la douloureuse, engagera des enquêteurs privés pour résoudre l'inextricable énigme. L'enquête terminée, le coupable de l'imprudente gaminerie finira par être piteusement épinglé.

Un beau dimanche matin, alors que je m'apprête à aller à la messe avec mes enfants… et peut-être même confesser ma petite escroquerie, le grand patron dont j'ai honteusement usurpé l'identité me demande au téléphone.

— Est-ce que le cognac était bon ? me dit-il d'une voix sépulcrale, m'annonçant du même coup que j'ai été honteusement pincé les culottes baissées.

Bien que parfaitement disposé à payer les dégâts (règle d'or de tout bon farceur qui se respecte !), pour noyer le poisson, dans un ultime effort, je tente de jouer l'innocent.

— Je ne sais pas de quoi vous parlez, colonel, lui dis-je avec le plus bel accent de sincérité que je connaisse. Si vous voulez mon avis sur le cognac, je dois vous avouer que je n'aime pas les digestifs et, par conséquent, je n'aime pas le cognac !

— Vous êtes bien sûr de ça ? insiste le colonel, de plus en plus bourru.

En réponse à cette question, j'en remets un peu.

— Oh ! non… Ne me dites pas que personne de la direction de l'UCJLF n'a eu la délicatesse de vous remercier pour votre geste, si généreux ! Permettez-moi de me faire le porte-parole de tous mes confrères et de mes consœurs, et de vous assurer que votre geste a été très, très apprécié. En leur nom et en mon nom personnel, permettez-moi de vous dire un gros, gros merci, mon colonel !

Ce supplément d'impertinence le fait littéralement sortir de ses gonds :

— Sachez, jeune homme, que je n'ai pas l'habitude d'offrir le cognac aux gens que je ne connais pas !

Et sur ces mots, il me raccroche la ligne au nez.

Le lendemain matin, en arrivant au journal, je tombe sur Pierre-Paul Lafortune, le secrétaire de la rédaction (un homme qui ne riait que quand il se brûlait). Il m'attend, assis bien droit devant une table qu'il a installée cérémonieusement au centre de la salle. Je m'attends au pire. En plus d'exiger le remboursement de la note, je crois qu'il va me congédier purement et simplement pour avoir osé usurper l'identité du propriétaire du journal.

PPL se tient coi. Il m'indique silencieusement de prendre place à la table, après quoi il me tend une grande feuille de papier que je lis prestement. Le texte est rédigé dans des termes juridiques appropriés au délit. Il spécifie notamment que, magnanime, le journal accepte « exceptionnellement de payer la note et de passer l'éponge sur l'incident ». En revanche, le délinquant doit s'engager à signer le document officiel qui se termine par ces mots :

« En conséquence, je soussigné, Alain Stanké, promets sur mon honneur de ne jamais offrir à qui que ce soit, en quelque circonstance que ce soit et au nom de qui que ce soit, de l'eau, du lait, de l'alcool ou quelque autre liquide que ce soit. Cette promesse sera valable indéfiniment, que je sois à l'emploi du journal ou pas. En foi de quoi, j'ai signé ce… »

Ce jour-là, lors de ma comparution devant le tribunal improvisé, mon admiration pour le colonel — dont, à cette occasion, j'ai découvert toutes les qualités insoupçonnées — a pris des proportions gigantesques. La capacité d'oubli pour tout homme qui a le sens de l'humour est une sauvegarde.

Par la suite, aussi incroyable que cela puisse paraître, en plus du bonheur d'avoir conservé mon job, j'ai eu l'immense privilège d'être fréquemment invité à son moulin de L'Île-Perrot où, un jour, pour me faire plaisir, l'ineffable patron m'a comblé en m'offrant en cadeau, par pure amitié et en hommage de l'humour que nous avions en commun, rien de moins qu'un lopin de terre d'un hectare de sa propriété.

Il arrive parfois que la farce soit doublement… payante ! Soit dit sans aucune auto-glorification.

Je faisais imprimer mon mini magazine, *Le journaliste*, à l'Imprimerie judiciaire, propriété de monsieur Edgar Lespérance. C'est dans ce local que j'ai eu le plaisir de rencontrer pour la première fois le futur premier ministre Pierre Elliott Trudeau. Il y venait régulièrement pour veiller à l'impression de *Cité Libre*, un périodique intello dont il était un dévoué collaborateur.

Deux ans auparavant, monsieur Edgar Lespérance avait créé, en collaboration avec Jacques Hébert, un confrère journaliste, les Éditions de l'Homme, une maison dont les livres à prix modique se vendaient non plus exclusivement dans les librairies, mais dans les kiosques à journaux. Une primeur au pays. La maison, d'obédience généraliste, dont la popularité fut instantanée, publiait un titre par mois. Malheureusement, Jacques Hébert quitta précipitamment l'entreprise pour fonder une maison concurrente. Du coup, il y avait un poste de direction à combler aux Éditions de l'Homme et monsieur Lespérance me le proposa. Le nouveau défi était grand, mais non dépourvu d'intérêt, d'autant que la maison publiait, sous la forme de livres, des ouvrages concernant des sujets dont traitaient habituellement les journaux, avec cette différence que les auteurs n'étaient pas limités par l'espace, comme c'est généralement le cas dans les gazettes.

Règle générale, la vie des reportages écrits est brève. Je souffrais de cette brièveté, comme la plupart de mes confrères. Peu importe le temps qu'un journaliste consacre à la recherche et à la rédaction de son article, le produit final est fatalement périssable. Le journal publié aujourd'hui est chassé par celui du lendemain. Tous mes confrères ressentaient la même frustration. Ils rêvaient tous, ouvertement ou secrètement, de prolonger la vie de leurs écrits, grands ou petits, qui, telles des bulles de savon qui s'irisent, montent un temps dans les airs, puis disparaissent à tout jamais. Combien de confrères n'ai-je vus souhaiter que leurs articles ou leurs chroniques puissent prolonger leur vie un jour dans un ouvrage relié, offert en dégustation aux lecteurs sous une attrayante jaquette?

En devenant éditeur, je sentais qu'il me serait permis de concrétiser les espoirs de mes confrères en leur laissant — à titre d'auteurs — la liberté d'écrire sans aucune contrainte tout ce que leur inspiration et leur cœur leur dicteraient d'écrire.

Mon petit doigt et tous mes amis (surtout ceux qui rêvaient de publier un recueil de leurs articles, ou même leurs nébuleux poèmes de jeunesse) me conseillèrent chaudement de sauter sur l'occasion. J'acceptai donc l'offre de monsieur Lespérance qui m'accordait généreusement la liberté de continuer à écrire dans les journaux et de poursuivre mes piges à la radio et à la télévision. Certains auraient sans doute trouvé que j'en faisais un peu trop. Il faut croire que j'avais une propension pour le surmenage, d'autant que mes multiples occupations ne m'ont pas empêché d'ajouter une autre charge à ma besace: un lien international avec mes confrères parisiens.

À la fin de 1962, n'écoutant que mon courage, mes illusions, et mon bon souvenir de la rencontre avec Pierre Lazareff (arrosée de cognac!), je suis allé retrouver Pierrot les bretelles à Paris. Un bonheur sans nom! Je ne cherchais rien d'autre qu'un simple échange confraternel dont je voulais tirer un article pour *Le journaliste*. J'ai pensé aussi qu'avec le temps, nous aurions peut-être pu faire un rapprochement avec Lazareff et bénéficier en quelque sorte de son remarquable savoir-faire pour tenter d'améliorer la pratique de notre métier, au Canada. Bonjour l'apostolat!

Véritable dynamo vivante, Pierre avait le geste rapide et le sourire engageant.

Nimbé d'une remarquable réputation, le grand homme (petit de taille) me reçut dans son bureau avec beaucoup de gentillesse. Après un bref échange qui se déroula en compagnie de son adjoint Marc Lambert, j'eus la surprise d'entendre le « pape du journalisme » me dire :

— Vous arrivez juste à point, car votre confrère René Lévesque, qui était notre fidèle correspondant jusqu'ici, vient d'entrer en politique. Il a, comme vous le savez, rejoint les rangs du Parti libéral. Il ne pourra donc plus nous faire de piges. Seriez-vous intéressé à prendre sa relève et à collaborer avec nous ? Dans votre charge, vous aurez aussi l'occasion de nous faire des topos pour l'émission *Dix millions d'auditeurs*, que nous diffusons sur les ondes de Radio Monte-Carlo.

J'étais émerveillé par cette brusque largesse du destin. Comment aurais-je pu dire non — moi qui ai toujours eu honte de refuser du travail —, alors que je n'étais même pas venu avec l'idée de solliciter quoi que ce soit ? En acceptant sa proposition, j'ajoutais inéluctablement, et avec beaucoup de fierté, un nouveau fleuron à mon petit curriculum, tout en abrégeant infailliblement mes nuits de sommeil à venir. Je vivais depuis belle lurette dans un état d'attention continuelle — tout le contraire d'une vie pénarde —, au point de ressentir de la difficulté à m'endormir... par impatience du jour.

Tout compte fait, il ne me manquait qu'une seule corde à l'arc de mes nouvelles expériences : celle du cinéma. L'occasion de l'y ajouter me fut offerte par le cinéaste Denis Héroux, un pionnier du cinéma au Québec, qui me proposa un rôle dans son long-métrage *Pas de vacances pour les idoles*. Un rôle de (dé)composition qui n'a pas eu de suite. Sauf qu'à cette occasion, le destin m'adressa un autre clin d'œil. Lors de la première (que l'on qualifia pompeusement de « mondiale »), on m'avait réservé, comme à tous les comédiens du film, une place dans la salle. Lorsque je me suis rendu à mon fauteuil, j'eus l'indicible surprise de voir, assise à ma gauche, l'envoyée spéciale de la Providence : Josette Ghedin, une ravissante jeune femme d'origine française, à la voix familière comme un souvenir d'enfance. Je venais tout juste de publier son premier livre.

Josette était une femme d'affaires accomplie. Créatrice de la toute première école d'esthétique au Canada, elle s'occupait de l'importation des produits de beauté Sothys, dirigeait un institut de beauté, écrivait dans les journaux et rédigeait inlassablement des ouvrages sur la beauté. C'était pour moi une volupté de la voir apparaître dans la salle de cinéma.

En la plaçant à mes côtés ce soir-là, je l'ai compris plus tard, le hasard me donnait un signe. C'en était tout un !

En compagnie de Joël Denis et Yvan Ducharme (*Pas de vacances pour les idoles*)

À la mort subite d'Edgar Lespérance en 1964, son fils Pierre reprend les rênes de l'entreprise. Dès cet instant, le nouveau tandem que nous formons est rempli de promesses. Excellent administrateur, Pierre s'occupe de la caisse et de la calculette, pendant que de mon côté je me défonce dans la recherche de nouveaux auteurs à publier. Nous en publierons un par semaine. Mais comme le bassin des lecteurs au Québec est limité, nous décidons de l'élargir en tentant une ambitieuse percée dans la francophonie.

Un des premiers ouvrages d'intérêt international sur lequel nous comptons pour élargir notre horizon porte le même nom que l'œuvre bien connue de Marcel Pagnol, *Topaz*[40]. Il s'agit d'un roman de Léon Uris, le célèbre auteur

---

40. Léon Uris. *Topaz*, Montréal, Les Éditions de l'Homme, 1968.

d'*Exodus*. Cette fiction est basée sur des faits réels et troublants mettant en cause les services secrets français (et, par
conséquent, le général de Gaulle). N'ayant pu trouver
d'éditeurs français intéressés, car l'intrigue du livre les a
rendus frileux, Bantam Books nous cède les droits mondiaux
en langue française. En page couverture du livre, nous plaçons
un bandeau rouge sur lequel est imprimée cette phrase
provocatrice « Le roman que la France a eu peur de publier ! »
et… nous voilà partis pour Francfort, première étape de notre
mission, avant de débarquer en France, à la conquête de
nouveaux lecteurs. Le succès ne se fait pas attendre. Et les
ventes du livre redémarrent de plus belle deux ans plus tard,
lorsque Alfred Hitchcock en tire un long-métrage.

À partir de ce moment, chaque année, la Foire du livre de
Francfort nous voit revenir en force, les bras chargés d'ouvrages
dont les sujets sont de plus en plus exportables hors du Canada.

Durant un de ces voyages d'affaires en Allemagne, Pierre
me fait remarquer un jour que Francfort n'est pas très loin de
Würzburg, où se trouvait mon dernier camp de concentration,
celui-là même où j'ai failli laisser ma peau. Il suggère avec
beaucoup d'insistance que nous y retournions, « juste pour…
revoir » !

Son idée me rebiffe. Rien qu'à la pensée de me retrouver en
ce lieu maudit, j'ai un haut-le-cœur. Mais Pierre est du genre
d'hommes à qui il est très difficile de faire changer d'idée. Il ne
cesse de me harceler. À bout de patience, je finis par céder. Et
nous voilà partis pour Würzburg.

L'endroit n'est pas difficile à retrouver. Ma geôle se trouvait
à flanc de montagne, perchée tout en haut de la rue
Schollnamerweg. Toujours intacte, la plaque portant le nom
de la rue, solidement vissée à un poteau, est à la place exacte
où je l'ai vue il y a vingt-trois ans. En revanche, l'immonde
bâtiment, lui, s'est volatilisé. L'herbe folle a envahi les lieux
après que les canons américains eurent nettoyé la ville.
Quelques petites fleurs sauvages percent par-ci par-là le terrain
où, il n'y a pas si longtemps, les fous du régime nazi commet-
taient les pires atrocités… En fouillant le champ, j'y découvre
des fragments de brique rouge. Ces petits vestiges du passé ne

sont pas les seuls à avoir réussi à traverser les épreuves du temps. Tout en haut du terrain vague trône encore un petit pan d'une clôture rouillée enveloppée sinistrement par un long fil de fer barbelé. La vision de cette repoussante image me glace le sang. Dans le temps, prisonnier du camp sans espoir d'en sortir, je me souviens avoir passé des heures et des heures à regarder l'impitoyable barrière et à rêver de liberté. J'en ai encore la chair de poule.

Comble d'ironie : juste de l'autre côté, au pied de la clôture, quelqu'un a eu l'idée d'aménager un petit potager. Il y a des radis et des tomates à profusion… La vie continue, comme si rien ne s'était passé.

Bref retour à Würzburg, sur les traces de l'horreur

De retour à Montréal, Pierre se remet à me tanner avec une autre idée. Il tient absolument à me faire écrire le récit de mon expérience d'enfant. Je cède une fois de plus. Je me mets à la

tâche — histoire de m'en débarrasser — en e
l'écriture me délivrera du boulet que je traîne lourd
ma mémoire. Je commence à écrire au début de d
termine le tout deux mois plus tard.

Lord Byron disait : « Le souvenir de la douleur
douleur encore. » Comme il avait raison. Je me souviens avoir
écrit ce livre avec mes tripes, avec la pointe de mon cœur
meurtri. Je l'ai écrit douloureusement, tous les soirs, en rentrant
de mon travail. Je l'ai écrit durant les week-ends sans pouvoir
adresser un seul mot à mes enfants. La tête n'était plus là. Elle
était ailleurs. Dans cet ailleurs où je ne voulais jamais plus
retourner ni physiquement ni en pensée. Je l'ai écrit presque
sans manger et sans dormir. Le peu d'heures de sommeil que je
réussissais à prendre, totalement exténué, furent meublées par
d'horribles cauchemars. Ce livre[41], je ne l'ai pas écrit, je l'ai
vomi ! Après deux mois de cet épuisant régime, j'avais réussi à
gagner cent quatre-vingts pages et… à perdre treize kilos !

Le lancement de l'ouvrage se fit à Montréal au 737, le
restaurant perché au sommet de la Place Ville-Marie, la plus
haute tour de Montréal. La cérémonie attira une foule immense
où il ne manquait qu'une seule personne. Si elle avait pu être là,
sa présence aurait eu sur moi l'effet d'un baume bienfaisant. Il
s'agissait de cette même ravissante femme qui, lors de la
première de *Pas de vacances pour les idoles*, était venue s'asseoir
près de moi. J'ai compris depuis que le destin avait soigneusement
préparé cette rencontre par un de ces tours dont il a le secret et
pour lequel, à cette heure précise, je me sentais curieusement
très… prêt. Lors du lancement, je l'ai cherchée toute la soirée,
mais en vain. Une mauvaise grippe l'avait retenue à la maison
(à sa grande déception, m'a-t-elle juré). Curieusement, par les
jours qui ont suivi, cette regrettable absence se transforma dans
mon esprit en une colossale présence, sans que je n'en saisisse
encore distinctement la raison. Josette était une femme
éblouissante, chaleureuse et vive, avec une belle harmonie
intérieure. Elle rayonnait. Ce qui me plut chez elle dès l'abord,

---

41. *J'aime encore mieux le jus de betterave*, Montréal, Les Éditions de l'Homme, 1969.
Repris sous le titre *Des barbelés dans ma mémoire*, Les éditions internationales Alain
Stanké, 1981. Paris, Les éditions de l'Archipel, 2004.

...aient ses longs cheveux noirs et ses yeux flamboyants. Elle était séduisante, joyeuse, sans artifices et pétillait comme un feu de branchages. Le bonheur de vivre scintillait à la pointe de chacun de ses longs cils. J'éprouvais un énorme plaisir à travailler avec elle sur ses ouvrages. Chaque fois qu'il m'arrivait d'être à ses côtés, mon cœur battait jusqu'à la gorge. Elle avait le don de rallumer en moi les premiers rayons créateurs de joie. J'étais littéralement inondé d'une ivresse de fruit défendu. Malgré la profonde sympathie que j'éprouvais pour elle, malgré l'emballement et l'énorme attirance physique que je ressentais, ma scrupuleuse fidélité d'homme marié, doublée du besoin de demeurer un père de famille irréprochable, mettait constamment un puissant frein aux défaillances, toujours possibles en pareilles circonstances, et à toute pensée velléitaire qui aurait pu insidieusement traverser mon esprit. Donc, pas question de fracturer les bienséances. Pas question d'égarement amoureux. Cela n'a cependant pas empêché notre relation d'évoluer vers plus d'harmonie et une touchante affection.

Le destin, qui avait une autre idée en tête, a fini par la tatouer dans mon cœur...

Il convient de préciser ici que brusquement, quelques mois avant le lancement de ma petite autobiographie, ma situation matrimoniale avait pris un sérieux coup dans l'aile. Patience! N'anticipons pas. L'explication de ce bouleversement subit apparaîtra nécessairement un peu plus tard dans les pages qui suivent.

Vers la fin de 1970, j'ai le plaisir d'interviewer, à mon émission de télévision *Studio 10*, Me André Bureau[42], vice-président du quotidien *La Presse*. En quittant le plateau, l'homme, pour qui j'avais une grande admiration, m'informe qu'il songe, depuis un bon moment déjà, à créer une maison d'édition, mais qu'il ne trouve personne pour l'aider à réaliser son projet. À ma grande surprise, il me fait une offre que je ne

---

42. André Bureau a contribué de façon remarquable à l'essor de la radio, de la télévision et des communications au Canada. Depuis 1969, il est président du conseil d'Astral Media, une des principales entreprises médias du pays.

peux pas refuser, celle de fonder avec lui et son fidèle bras droit Robert Brisebois (écrivain et communicateur de grande réputation) les Éditions La Presse[43].

André est un visionnaire. Son charme, sa grande compétence, son dynamisme et son intégrité sont bien connus au Québec. Impossible de résister à la tentation de le suivre dans cette nouvelle aventure remplie de promesses.

Après avoir dirigé les Éditions de l'Homme durant dix belles années, je quitte le bateau, avec une peine non dissimulée, pour créer une nouvelle maison, propriété, comme le quotidien, de la puissante Power Corporation, où l'on ne s'oppose pas à ce que je poursuive parallèlement à mon métier d'éditeur, celui de journaliste dans les médias écrits et électroniques.

Lorsqu'on a donné le meilleur de soi-même dans une maison — comme je l'ai fait aux Éditions de l'Homme — et que l'on en bâtit une nouvelle, on se doit d'être plus ingénieux qu'avant puisque l'on devient en quelque sorte son propre concurrent.

Grâce aux succès des premiers ouvrages qu'elles publient, les Éditions La Presse ne tardent pas à se hisser en tête de liste de ses confrères. Au bout de trois années d'existence, à la plus grande joie du patron de la Power, Paul Desmarais, la maison est bénéficiaire, événement rare dans l'industrie du livre !

À la suite d'une grève des journalistes, qui paralyse le quotidien durant de longues semaines, c'est l'écrivain Roger Lemelin qui est nommé président. André Bureau quitte subrepticement l'entreprise, en emportant avec lui tous les espoirs que nous entretenions pour la maison d'édition qui avait réussi à conquérir la plus grande part de moi.

Roger, lui, a d'autres objectifs. Ils sont littéraires. Il ne cherche désormais rien de moins qu'à bâtir une NRF. Nos points de vue divergent au point que je me sens obligé de quitter la maison que j'ai bâtie pour me tourner vers la télévision où j'entrevois une ouverture prometteuse. La nouvelle voie m'est proposée par monsieur Franklin Delaney, détenteur d'un permis d'exploitation pour une nouvelle chaîne de télévision.

---

43. Les Éditions La Presse furent fondées en 1971.

Il me propose de l'accompagner dans cette aventure. Pendant que monsieur Delaney se lance à la recherche des fonds nécessaires à la construction de la nouvelle chaîne, je pars, moi, rempli d'enthousiasme, faire le tour du monde pour observer ce qui se fait d'original ailleurs dans le domaine de la télévision. À mon retour, riche d'un enseignement inestimable, j'apprends avec consternation que l'entrepreneur a failli dans sa cueillette de fonds pour mener le projet à terme.

Le monde de l'édition, qui me passionne toujours autant, finit par me rattraper. Jacques Petit, directeur de Hachette au Canada, réussit à me persuader de fonder une nouvelle maison d'édition. Elle ferait concurrence aux deux précédentes que j'ai dirigées. L'idée me sourit. Cette nouvelle maison, j'ai l'ambition de la rendre internationale. Après avoir suffisamment macéré dans le métier, je peux imaginer que le Québec est mûr pour devenir une plaque tournante entre les États-Unis et la France. Certes, la marche peut paraître haute, mais avec les actionnaires que je rêve de recruter, tous les espoirs sont permis. Ces actionnaires sont Hachette pour le côté européen, et rien de moins que le *New York Times* pour le côté américain. La maison doit afficher ses couleurs dès le départ en portant le nom des Éditions internationales Alain Stanké et avoir pignon sur rue à New York, Montréal et Paris.

Grâce à mon association avec le *New York Times*, j'ai aussitôt accès aux plus grands succès de l'heure. Les titres dont je bénéficie sont des plus prometteurs pour le marché français. Malheureusement, je ne suis pas encore bien établi à Paris. Comme je contrôle les droits de langue française d'appréciables succès, je ne manque pas d'attirer les regards de mes confrères parisiens, et, inévitablement, leurs propositions. Dans ce groupe se trouvent Pierre et Franca Belfond, un couple des plus sympathiques avec qui je ne tarde pas à me lier d'amitié. C'est finalement à eux que je cède les droits d'exploitation de mon premier grand titre : *Les Russes*, un ouvrage très convoité, écrit par un correspondant du *NYT* à Moscou. À ma plus grande joie, le volume publié par les Éditions Belfond fait un énorme tabac. Le succès tombe d'ailleurs à point nommé, car, je l'apprendrai plus tard par mon ami Pierre, il a servi de bouée de sauvetage à sa maison. Bonheur !

Au Québec, la maison fait ses premiers pas avec trois ouvrages qui deviennent des succès instantanés. Côté littéraire, nous lançons *Agoak : l'héritage d'Agaguk*, un nouvel ouvrage de l'écrivain Yves Thériault, l'auteur d'*Agaguk*, qui n'a alors pas publié de livre depuis de nombreuses années. Le deuxième titre est *Jaws, les dents de la mer*. Il se place dans le sillon du film du même nom et fracasse les ventes dès son arrivée en librairie. Le troisième ouvrage, dans lequel j'investis mes derniers sous, constitue un grand risque, car il s'agit d'un album d'art — un domaine dans lequel, frileux, mes confrères n'osent pas encore s'aventurer tant il est périlleux. Il s'agit d'une monographie du peintre québécois le plus coté de l'heure, Jean Paul Lemieux. Afin de lui donner plus d'attrait, nous en faisons une édition limitée et numérotée. Par bonheur, les exemplaires s'envolent comme des petits pains.

Une parenthèse s'impose concernant ce grand maître que fut Jean Paul Lemieux. Un jour, après avoir lu mes mésaventures d'enfant vécues en Lituanie, le génial artiste se sentit inspiré au point d'entreprendre une gigantesque toile. Le tableau représentait un paysage enneigé, avec, en avant-plan, une série de soldats arborant une étoile rouge sur leur paletot. La neige, que le maître affectionnait particulièrement, occupait pratiquement les trois quarts de la superficie du tableau.

Jean Paul avait un penchant pour le blanc. « Plus ça va aller, disait-il, plus je vais en mettre, du blanc, jusqu'au jour où tout sera fini… Alors, ce sera TOUT blanc ! »

Il baptisa son œuvre *L'invasion*. Elle était de toute beauté, mais malheureusement au-dessus de mes moyens (cent vingt mille dollars). Il s'enquit auprès de moi de la possibilité que j'aurais de lui trouver un acquéreur. J'ai fini par accepter de montrer l'œuvre à quelques camarades, inconditionnels de Lemieux, qui, on s'en doute bien, n'étaient pas des impécunieux. Après avoir roulé la toile, Madeleine, la douce épouse de Jean Paul, la confia à mon ami Jean-Louis Morgan, qui habitait Québec, afin qu'il me l'apporte dans les meilleurs délais. À son arrivée dans mon bureau, j'ai déroulé précautionneusement la toile et vis avec stupéfaction qu'elle était craquelée. La plus grande partie de l'œuvre, représentant la neige, tomba en mille petits morceaux sur le plancher. Une véritable catastrophe! J'étais complètement foudroyé.

J'ai aussitôt appelé les Lemieux pour leur annoncer la mauvaise nouvelle. Confuse, Madeleine m'expliqua que, craignant que la toile ne prenne trop de place dans le véhicule de mon ami, elle l'avait vraisemblablement trop serrée. En terminant la conversation, elle passa le téléphone à son mari.

— À vous de lui annoncer la nouvelle, mon cher Alain! me dit-elle.

En un mot, comme Ponce Pilate, elle s'en lavait les mains…

Je me souviens de ce moment pathétique comme s'il s'était produit hier.

— Bonjour, Paul!

— Bonjour, Alain! Ça va bien? Ma toile vous est bien arrivée?

— Oui, mais il y a un problème…

— Quoi, vous ne l'aimez pas?

— Oh que si! Mais c'est que… voyez-vous, tout ce qui représente la neige est craquelé et une grande partie de la peinture blanche est tombée en morceaux…

Un long silence atonal suit mon annonce. Au bout du fil, c'est l'aphasie! Comme je n'entends plus rien, je commence à craindre le pire. Le choc aurait-il été trop grand?

Je reprends timidement.

— Allô, Paul? Vous êtes là?

— Oui, je suis là!

— (Ouf!) Vous avez bien compris ce que je vous ai dit? Toute la neige… tout le blanc du tableau est parti… il n'y en a plus!

Et là lui vient cette phrase que je n'oublierai jamais de ma vie:

— Eh bien quoi! Vous n'allez pas vous énerver pour si peu! Vous en avez, du blanc, chez vous?

Le maître était sérieux. Rétif à toute adulation, il aurait souhaité que je sorte mon pinceau, de la peinture blanche et que je restaure l'œuvre moi-même! Quelle belle leçon d'humilité de la part d'un peintre de sa stature. Et quel plaisir pour un éditeur d'avoir pareil poulain dans son écurie!

Inutile de dire que je n'ai pas suivi le «conseil» du maître. J'ai préféré confier la restauration de la toile à un spécialiste du Musée des beaux-arts de Montréal.

Jean Paul Lemieux, l'enchantement en peinture

La candeur et la simplicité de Jean Paul Lemieux étaient exceptionnelles. Son grand succès ne lui est jamais monté à la tête. Il ne s'est jamais considéré comme un grand peintre, et lorsque quelqu'un s'avisait de lui faire des compliments, il coupait rapidement et habilement court aux louanges. C'est d'ailleurs une des raisons pour lesquelles il fuyait les vernissages. « J'ai l'impression que les gens qui regardent mes tableaux me voient tout nu ! C'est plutôt gênant ! » disait-il.

Le jour où une exposition de ses toiles fut organisée à Moscou, il consentit exceptionnellement à s'y rendre. Malheureusement, parvenu à Helsinki, où il devait changer d'avion, Jean Paul Lemieux se ravisa et… fit demi-tour en déclarant : « Ils peuvent regarder mes toiles, ils n'ont pas besoin de m'examiner, moi ! »

Sacré Jean Paul ! Il n'aura jamais cessé de m'étonner.

Une fois, alors que je me trouvais dans un hôtel à Ottawa, j'ai reçu un coup de fil du bureau du premier ministre Trudeau m'annonçant que Jean Paul Lemieux cherchait à me joindre. Lorsque je l'ai eu au téléphone, Jean Paul me dit candidement qu'il voulait me parler d'une petite chose sans grande importance qui venait tout juste de lui traverser l'esprit.

— Je savais que vous étiez dans la capitale, mais comme je ne savais pas dans quel hôtel vous étiez descendu, j'ai pensé que le premier ministre était le mieux placé pour vous trouver !

Jean Paul Lemieux n'ignorait pas mes liens avec Trudeau. Il avait vu, comme tout le monde, l'émission spéciale que je lui avais consacrée au petit écran[44]. Il trouvait donc bien normal de s'adresser à celui qui, vu l'importance de ses fonctions de chef d'État, devait nécessairement connaître les allées et venues de ceux qui lui étaient proches…

Fermons la parenthèse.

Pierre Elliott Trudeau était un homme adulé par certains et souverainement détesté par d'autres, selon que l'on était fasciné ou repoussé par ses convictions politiques. Ce n'étaient ni sa politique ni sa façon de gouverner le pays qui m'intéressaient en lui, mais plutôt son originalité, ses impertinences et son sens de la répartie. Qu'on en juge.

Lorsqu'il occupait les fonctions de premier ministre, dans son bureau de la Colline parlementaire, il possédait un bilboquet qu'il empoignait pour en jouer occasionnellement devant

Avec Jean Marchand et Pierre Elliott Trudeau en attendant l'arrivée de la troisième colombe, Gérard Pelletier

---

44. *Pierre Elliott Trudeau. Portrait intime*, Télé-Métropole, 1977.

certains visiteurs. La majorité des gens croyaient qu'il avait une manie ou que ce jouet lui permettait de se relaxer. La réalité est tout autre. L'idée du bilboquet, il l'a empruntée à Henri III qui, pour signifier à un visiteur que celui-ci l'importunait, avait l'habitude d'en jouer.

Certes, PET était un intellectuel, mais c'était avant tout un être d'une grande originalité.

Cette anecdote, qu'il m'a lui-même racontée, prouve à quel point il prisait les inconvenances.

L'incident est survenu à Paris lorsque Trudeau, qui n'était plus premier ministre, alla rendre visite à son ami François Mitterrand. Le président français était entouré d'un groupe de députés et de ministres de son gouvernement. Comme Trudeau trouvait l'assistance légèrement coincée, il décida de se lever et de réciter à voix haute un poème de Jacques Prévert. Non prévue au programme et totalement improvisée, la performance créa un certain malaise parmi les notables. Certains d'entre eux pensèrent que, frustré de ne plus être au pouvoir, l'ancien chef d'État canadien avait jeté son dévolu sur la poésie. Nul ne savait si c'était du lard ou du cochon, s'il fallait rire, pleurer ou prier le cabotin de quitter les lieux. Mais, pendant ce temps, plus le déclamateur progressait dans sa déclamation, plus le visage de Mitterrand s'illuminait de plaisir. Soudain, il se leva, alla rejoindre son ami Pierre et récita joyeusement les dernières strophes en chœur avec lui.

Il y a dans ma mémoire, à propos de Trudeau, un événement particulier qui ne cesse pas de me hanter. Il est survenu lors du tournage de son interview, au cours de laquelle il avait consenti pour la première fois à parler à cœur ouvert de tout, sauf de politique. La production de ce document m'a donné l'occasion de vivre trois jours entiers à ses côtés, entre son bureau du Parlement et les salons privés de sa résidence de Sussex Drive. Jamais auparavant le premier ministre n'avait ouvert les portes de sa demeure afin qu'une équipe de télévision puisse croquer ses moindres gestes ainsi que ceux de sa femme et de leurs fils. Nous pouvions aller partout, tout voir, tout filmer, à l'exception de sa piscine privée, car elle faisait à l'époque l'objet de nombreuses critiques de l'opposition. Le coût de cette installation s'était élevé à soixante-quinze mille dollars, somme entièrement payée par ses amis et ses admirateurs.

Lors du tournage de *Portrait intime*

Les entretiens qu'il m'accorda à l'occasion de ce reportage concernaient son père, sa mère, son grand-père et d'autres membres de sa famille. Il me raconta de manière très touchante sa rencontre avec Margaret, dont il était follement épris, et me confia toute l'importance qu'il accordait à ses enfants. Le tournage fut un succès au point que, plusieurs années après sa diffusion, son bureau de presse n'a eu de cesse de le citer en exemple et de répéter que l'entretien fut de loin le meilleur que le premier ministre ait jamais accordé sur sa vie privée.

Mais le document n'aurait été réellement complet que si nous avions pu voir Trudeau nageant dans sa mystérieuse piscine. Si bien que, le dernier jour du tournage, j'ai décidé d'intervenir directement auprès de Margaret afin qu'elle m'aide à convaincre son mari et ses incorruptibles stratèges de nous entrouvrir les portes du lieu interdit. En arrivant le soir à la résidence des Trudeau, je suis donc allé lui dire que tout s'était passé à merveille, à l'exception de la partie qui concernait l'inaccessible piscine.

— Il me manque une scène très importante, lui dis-je, celle de Pierre s'ébattant dans la piscine. Tout le monde sait qu'il est excellent nageur et que c'est son moyen favori pour se détendre après le travail. Malheureusement, il ne veut pas…

— Il ne veut pas? Laissez-moi faire. Je m'en occupe, répondit Margaret.

Et elle s'en est occupée!

Ce soir-là, lorsque le premier ministre est entré au 24, Sussex Drive, Margaret alla l'accueillir, l'embrassa et chuchota quelques mots à son oreille. Pierre sourit. Il était gagné.

Ravie, Margaret me dit:

— Pierre va se changer. Apportez vos caméras à la piscine! Voulez-vous le voir nager seul ou avec les enfants?

— Avec les enfants!

— Parfait, je leur demande de mettre leurs maillots.

Le petit Justin s'est mis à pleurer. Il ne voulait pas enfiler son maillot.

— Mais, maman, si je le mets pour aller dans l'eau, je vais le mouiller!

En un tournemain, l'équipe technique avait envahi la piscine. Le tournage étant imprévu, il fallait impérativement improviser un éclairage de fortune. Nos deux piteux projecteurs étaient trop faibles pour la grande salle. Le réalisateur décida alors de les placer le plus près possible du bord de la piscine. Comme il fallait saisir l'occasion au vol avant que le premier ministre ne change d'idée, il n'était pas question d'aller chercher un équipement plus approprié. Tous les membres de l'équipe mirent la main à la pâte. Certains s'improvisèrent électriciens. Ils sectionnèrent des bouts de câble et les raccordèrent de leur mieux (c'est-à-dire très mal, car ils n'avaient pas de ruban isolant sous la main…).

Pour avoir plus de mobilité, le tournage allait être effectué la caméra à l'épaule. Pierre plongea le premier. Les enfants vinrent le rejoindre l'un après l'autre. Le caméraman ne voulait rien manquer de cette exclusivité qui venait de nous être offerte. Survolté (c'est le cas de le dire), il courut d'un côté à l'autre de la piscine et c'est à cet instant précis qu'il s'accrocha au câble d'alimentation d'un des projecteurs juché précairement sur un trépied totalement instable. Je vis le rachitique support perdre l'équilibre et commencer lentement sa chute en direction du bassin. C'était la catastrophe : l'inévitable électrocution. Le hasard a voulu que je me trouve tout près du trépied chancelant. De toutes mes forces, j'ai bondi dessus et, par chance, réussi à arrêter sa chute alors qu'il n'était plus qu'à un mètre de l'eau. Personne de la famille Trudeau n'a eu le temps de voir quoi que ce soit, ni de se rendre compte du drame qui aurait pu se produire. Tout s'était déroulé le temps d'un éclair. Seuls le réalisateur, le caméraman et moi étions blêmes d'émotion. J'ordonnai en tremblant que l'on cesse immédiatement le tournage. On peut trouver dans les archives du réseau de télévision cette fulgurante scène qui dure à peine dix secondes.

L'incident me causa un tel choc que durant plusieurs semaines, je me réveillai la nuit en sursaut en imaginant le pire. Une nuit, je me souviens même avoir eu un cauchemar au cours duquel j'ai vu les premières pages de tous les journaux narrer le drame en ces termes : « Le premier ministre Trudeau meurt électrocuté avec ses trois enfants. Une équipe de télévision, responsable de leur mort, était sur les lieux et a filmé l'effroyable tragédie... »

Pour poursuivre son envolée, la maison Stanké accueille les plus grands noms de la littérature et ouvre la voie aux traductions des ouvrages américains les plus courus, liés souvent aux films ou aux émissions de télévision les plus populaires de l'heure, comme *La petite maison dans la prairie*, *La croisière s'amuse*, *Drôles de dames (Charlie's Angels)*, *La femme bionique*, *Amityville — la maison du diable*, *Quincy*, *Howard Hughes — les années cachées*, *Jamais je ne t'ai promis un jardin de roses* et beaucoup d'autres.

Parmi les *best-sellers* de la maison se trouve, en tête de liste, *Scarsdale, le régime médical infaillible*. C'est Jean Harris, une amie intime du Dr Herman Tarnower, le créateur du régime, qui a aidé ce dernier à rédiger l'ouvrage. Quelques années plus tard, alors que la méthode révolutionnaire semble avoir fait son temps, la vie du pauvre auteur se termine subitement. Après que Jean Harris ait découvert que son ami de cœur la trompe, elle assassine l'infidèle à l'aide d'un revolver de calibre 32. Il faut parfois un incident imprévisible pour relancer la popularité d'un livre... Du coup, les ventes de l'ouvrage en question, toutes les éditions de poche et de clubs confondues, ont fini par atteindre deux millions d'exemplaires !

La prise en otage d'un avion d'Air France en Ouganda et la spectaculaire opération de sauvetage qui s'est ensuivie[45] donna l'occasion à la maison d'édition d'inaugurer une série de nouveaux ouvrages dits « instantanés », apparus depuis peu aux États-Unis sous l'appellation de *instant books*. La particularité de ces livres d'actualité, qui furent mes vraies catapultes dans le monde de l'édition, était de coller le plus près possible à l'événement en paraissant de quinze à vingt jours après que celui-ci soit survenu. Un véritable exploit olympique qui révolutionna l'industrie du livre. Comme il s'agissait d'événements majeurs de portée internationale, la publication de ces documents a suscité un vif intérêt auprès des médias. La populaire émission de la télévision française *Les dossiers de l'écran* réserva à plusieurs reprises une place de choix à mes « auteurs-sprinters ».

Parmi les sujets du moment les plus courus s'est trouvé entre autres le reportage sur le monstrueux suicide collectif à Guyana[46].

Une collaboration des plus fructueuses s'est aussitôt établie entre ma maison d'édition, son efficace directrice de Paris, Sophie Robert, et Armand Jammot, le créateur des *Dossiers de l'écran* à Antenne 2.

Au fil des années qui ont suivi, grâce au choix de titres et à ses auteurs, les Éditions Stanké ont réussi à se hisser en tête du

---

45. Uri Dan et William Stevenson. *90 minutes à Entebbe*, Montréal, Paris, Les éditions internationales Alain Stanké, 1976.
46. *Le suicide de Guyana*, Montréal, Paris, Les éditions internationales Alain Stanké, 1976.

peloton de l'industrie du livre au Canada. Parmi les succès les plus remarqués, il convient de noter en premier lieu la publication de la première *Encyclopédie du Canada* jamais publiée au pays. La production de cet imposant ouvrage a nécessité la participation de trois mille collaborateurs recrutés parmi les spécialistes les plus réputés de tous les domaines.

L'autre exemple, qui a fait la fierté de la maison, relève du domaine de l'art. C'est la publication (commémorant mes trente ans de carrière en tant qu'éditeur) d'un coffret grand luxe contenant dix photolithographies de Jean Paul Lemieux[47], numérotées et limitées à cent vingt-cinq exemplaires, qui fut offert au public au prix (jamais vu dans le domaine) de sept mille cinq cents dollars.

Outre les ouvrages d'actualité, les romans, les livres pratiques, les albums d'art, les livres au format de poche, les traductions des *best-sellers* américains, les ouvrages sur les sujets les plus controversés (comme *Pour en finir avec octobre*[48]), les biographies et les autobiographies des plus grandes célébrités, la maison a fait son empreinte dans l'édition internationale avec la publication de livres tels que *Che Guevara, mon fils* (écrit par le père de Guevara) ; *Coupable d'être innocent*, de nul autre que Jacques Mesrine[49] (que nous avons lancé au Festival du livre de Nice deux jours après l'évasion de l'auteur de la prison de la Santé !) ; *Je ne suis pas plus con qu'un autre* (le seul livre qu'ait écrit en français Henry Miller) ; les ouvrages du professeur Lawrence J. Peter[50] ; *Escapade en enfer* de Mouammar Kadhafi[51], et en particulier les mémoires du président Richard Nixon[52]. L'acquisition des droits de publication du président déchu, survenue quelque

---

47. *Jean Paul Lemieux retrouve Maria Chapdelaine.*

48. Francis Simard, Bernard Lortie, Jacques Rose, Paul Rose. *Pour en finir avec octobre*, Montréal, Les éditions internationales Alain Stanké, 1982.

49. Jacques Mesrine. *Coupable d'être innocent*, Montréal, Les éditions internationales Alain Stanké, 1979.

50. Lawrence J. Peter. *Les ordonnances de Peter*, Montréal, Éditions La Presse, 1973 et Lawrence J. Peter. *Pourquoi tout va mal*, Montréal, Les éditions internationales Alain Stanké, 1986.

51. Mouammar Kadhafi. *Escapade en enfer et autres contes*, Montréal, Les éditions internationales Alain Stanké, 1998, et sa version en langue anglaise, *Escape from Hell*.

52. Richard Nixon. *Mémoires*, Montréal, Les éditions internationales Alain Stanké, 1978.

temps après le scandale de Watergate, n'a pas manqué de défrayer la chronique dans le monde entier. Pour l'occasion, le quotidien parisien *Le Figaro* coiffa son article d'un titre signifiant : « Le loup canadien arrache les mémoires de Nixon ». Il est incontestable que c'est grâce à cet ouvrage historique que les Éditions Stanké ont pu faire leur entrée, par la grande porte, dans les librairies de France et de Navarre.

J'avoue que la présence de Nixon dans mon parcours d'éditeur, comme dans celui de journaliste, a été considérable. La publication de son livre m'a ouvert de nombreuses portes. En toute justice, j'aimerais en citer au moins deux. La première concerne *Le Figaro Magazine*, et l'autre, *Antenne 2*.

Tout le monde savait qu'en devenant l'éditeur de Nixon, je faisais forcément partie de ses intimes et que j'avais nécessairement accès à lui sans difficulté. La première personne qui voulut profiter de cette occasion fut Louis Pauwels, avec qui je m'étais lié d'amitié quelques années auparavant. Louis rêvait de créer un magazine distribué gratuitement, tous les samedis, en supplément au quotidien *Le Figaro*. C'est à Montréal qu'il trouva son inspiration, où il fut séduit par le magazine *Perspectives* qui était offert gratuitement tous les samedis par *La Presse* et dans plusieurs autres quotidiens de la Power Corporation. J'ai accepté de servir d'intermédiaire à Louis afin qu'il puisse recueillir auprès de mes confrères responsables de *Perspectives* tous les renseignements nécessaires à la fondation de son *Figaro Magazine*. Désireux de lancer sa publication de la manière la plus retentissante possible, il me demanda d'essayer d'obtenir, pour son lancement, une interview exclusive de mon « poulain », Nixon.

— Pourquoi ne me ferais-tu pas, pour mon premier numéro, une interview en exclusivité mondiale avec lui ? me demanda-t-il. Depuis l'affaire Watergate, en dehors de l'entretien télévisé avec David Frost, il n'a jamais accordé d'interview à personne. Si tu arrives à me dénicher ce papier, je te donne le montant que tu veux. Je ne tiens qu'aux droits français. Après, tu auras encore le loisir de revendre l'article aux journaux du monde entier.

Pour le journaliste que j'étais, l'idée était séduisante. Elle m'emballait, mais je ne pouvais rien promettre d'autre que de faire de mon mieux. Mes relations avec Nixon étant excellentes, je ne risquais rien à essayer.

Le 25 septembre 1979, le numéro zéro du *Figaro Magazine* sous le bras, je partais donc en mission à San Clemente, en Californie. Le pire qui pouvait m'arriver, c'était que Nixon me dise non.

— À première vue, je ne serais pas contre. Tout dépend qui ferait l'interview ! me dit-il en entendant mon offre.

— Mais moi, monsieur le président, si vous n'y voyez pas d'inconvénient !

Rassuré, il me dit oui et accepta même de se faire photographier avec la maquette du magazine dans les mains. Mission accomplie. Ravi, Louis Pauwels a donc pu lancer son nouveau magazine avec une exclusivité mondiale : la première interview de Nixon après le scandale du Watergate. Le lendemain de la parution du document, les journaux du monde entier s'empressaient de me faire des offres pour le reprendre dans leur langue.

Du même coup, je devins un collaborateur régulier du magazine et, comme un bonheur n'arrive jamais seul, Paul Gendelman, le patron de la puissante agence New York Times Syndicate, m'offrit de diffuser mes articles à travers le monde par le truchement de son organisation.

La bombe du *Fig Mag* donna l'idée à Armand Jammot de me proposer de collaborer à la production d'une émission des *Dossiers de l'écran*, avec mon « poulain », en direct (!) de Paris.

Rebonjour San Clemente, rebelote, monsieur le président…

J'apporte sous mon bras un volumineux dossier de presse des médias de langue française concernant son livre. Nixon prend le temps de l'examiner à la loupe. Il est très impressionné. Voilà qui le dispose bien…

— Que diriez-vous de partir en voyage à Paris pour faire une émission de télévision de trois heures ? lui dis-je à brûle-pourpoint. La formule devrait vous séduire puisqu'elle vous permettrait de dialoguer, en direct, avec l'auditoire français.

Nixon m'écoute avec une extrême perplexité. Ses yeux font le yoyo. Il ne sait pas comment réagir. Il hésite, sourit et finit par dire :

« *Mister President* ! Je vous réserve une place de choix dans le tout premier numéro du Figaro Magazine ! »

— Accordez-moi la nuit pour réfléchir !

Ambiance ! Va sans dire que moi, je passe la nuit blanche en attendant le lever du jour et… sa décision.

Au petit matin, à ma plus grande surprise, il dit oui ! Mais il pose une petite condition. Je pense aussitôt au montant qu'il a exigé pour l'entrevue accordée à David Frost, de la télévision britannique. Sept cent cinquante mille dollars pour une petite heure. Dans ma tête, je multiplie le montant par trois et j'ajoute un chiffre imaginaire pour les frais de déplacement… J'obtiens un montant astronomique qui, je crois, ne pourra jamais coïncider avec le budget de la télévision française.

— Et votre condition serait…

— N'ayez crainte ! Il ne s'agit pas d'argent. Je veux bien faire l'émission gratuitement. Ce que je souhaiterais, c'est me rendre à Paris, accompagné de mon équipe, en Concorde ! J'ai toujours rêvé de prendre le Concorde…, me dit-il avec les grands yeux d'un enfant qui rêve de faire un tour de manège.

Outre cette condition, il insiste pour dire que s'il accepte la tribune qui lui est offerte, il ne faudrait surtout pas que celle-ci soit centrée sur la promotion de son livre. Ce qu'il souhaite, c'est pouvoir s'entretenir, en toute simplicité, avec les téléspectateurs français désireux de lui parler des choses de la vie, de son passé ou de la politique internationale qui demeure sa grande passion.

— Je voudrais également que toute cette opération reste secrète jusqu'à la toute dernière minute. Silence absolu ! De ce pas, je vous signe un document vous nommant mon agent exclusif et vous autorise à négocier en mon nom.

— Mais… question honoraires… Vous ne voulez vraiment rien, monsieur le président ?

— Non, rien ! Disons qu'on pourrait peut-être décider d'un petit montant juste pour défrayer les menues dépenses que je pourrais avoir durant mon séjour à Paris. Comme vous savez, je suis grand-père et j'aimerais bien gâter un peu mes deux petites-filles, leur offrir une poupée ou deux… Je serais donc d'accord pour la somme de trente mille dollars. Il faudrait ouvrir un compte dans une banque parisienne portant deux signatures. Mon nom n'y apparaîtrait pas, bien entendu. Les signatures autorisées au compte seraient celle de mon assistant, le colonel Brenan, et la vôtre.

De retour à Paris, je présente les conditions à la direction d'Antenne 2 et ouvre aussitôt un compte à l'Union de Banques à Paris, place de la Madeleine.

Lambert Mayer, un fidèle ami, directeur des relations publiques d'Air France, accepte de me donner un coup de main et de faire des réservations pour le groupe Nixon (dix-sept personnes) sous des noms d'emprunt. Je suis le seul à voyager sous mon véritable nom (qui déjà n'est pas réellement… vrai !). Du coup, Richard Nixon est rebaptisé R. Norbert (ses vraies initiales). Font partie du voyage, le colonel Brenan, le médecin personnel de Nixon, le Dr Robert Dunn, trois agents secrets (pas tellement secrets, car bien identifiés), quelques proches collaborateurs documentalistes, recherchistes, archivistes et secrétaires dont Ray Price et Ken Kachigian. À notre groupe s'ajoute aussi un photographe du magazine *Life* à qui, pour la circonstance, Nixon fait une fleur en acceptant d'accorder une exclusivité photographique (faveur qu'il regrettera amèrement par la suite). Quatre autres agents secrets dont, cette fois, personne d'entre nous ne connaît l'identité, se mêlent aux passagers. Le voyage de ces derniers est pris en charge directement par le gouvernement américain.

Pour des raisons que l'on peut imaginer et pour faciliter notre identification par la sécurité française, tous les membres de notre équipée — appelée par le bureau de Nixon «Opération Stanké» — arborent sur le revers de leur veston un petit insigne représenté par la lettre *S* (un petit clin d'œil de Nixon à mon endroit).

New York, aéroport John-F.-Kennedy, le 25 novembre 1978, 12 h 38. Le Concorde décolle. Le moment est historique.

Trois heures et demie plus tard, nous arrivons à Roissy où Nixon est accueilli par une meute de journalistes. Je tente de les compter. Arrivé à cent vingt-huit, j'abandonne. Nous faisons face à un véritable mur. Une forêt de micros, de zooms, de flashes, de projecteurs, de caméras. Nixon est transfiguré. Soudain, il se sent «comme avant»… avant le Watergate qui l'a défenestré…

Au bout d'une heure d'échanges, je parviens finalement à le dégager et à l'engouffrer dans une limousine qui nous est fournie par l'ambassade américaine. Vu l'avalanche qui vient de l'accueillir, l'appellation du véhicule — un modèle Fury — est de circonstance. Je prends place seul sur la banquette arrière avec lui.

Nixon veut continuer à sourire aux caméras. Il me prie de baisser la vitre. J'obtempère, mais me rends compte qu'elle est blindée. Une première descend, mais pas la seconde. Les caméras doivent se contenter de nous filmer à travers la vitre. Le lendemain, aux nouvelles, on montrera cette image presque en boucle sur tous les écrans européens avec un commentaire qui me fait éclater de rire : «Le voici… avec son gorille personnel, qui ne le quitte jamais ! »

Escortés par les motards en gants blancs, nous atteignons l'hôtel Ritz en seize minutes! Durant le trajet, Nixon me confie qu'il adore Paris, où il a déjà séjourné à quelques reprises.

— La dernière fois, j'y suis venu pour l'enterrement de Pompidou.

— Et la fois d'avant?

— Pour l'enterrement du général de Gaulle!

— Alors, c'est ça, le « gai Paris » pour vous, *Mister President?*

Le comble, c'est que le lendemain de notre arrivée, Chirac, alors maire de Paris, est impliqué dans un accident d'auto au Chambon. En apprenant la nouvelle, Nixon a ce bref commentaire:

— Ouf! On l'a échappé belle... Un peu plus et je retournais encore au cimetière!

Plusieurs surprises attendent le distingué invité à son arrivée à l'hôtel. Tout d'abord, une proposition de deux avocats désireux de fonder l'« Association française des amis de Richard Nixon ». Et puis une demande d'audience de six médecins désireux de lui parler d'un nouveau traitement qu'ils prétendent avoir mis au point pour... soigner la phlébite. Et pour clôturer le tout, une invitation plutôt saugrenue qui nous arrive d'une réalisatrice de la BBC. La dame, qui visiblement ne doute de rien, propose à Nixon de venir lire des poèmes (!) à son émission. Et enfin, une étonnante gracieuseté: un gigantesque bouquet de fleurs, adressé à madame Nixon accompagné d'une carte de visite du président Valéry Giscard d'Estaing. Preuve irréfutable s'il en est une que les meilleurs services de renseignements ne sont pas toujours les mieux... renseignés. Madame Nixon n'est pas du voyage!

Selon l'avis général, l'émission, d'une durée de trois heures et demie, diffusée directement de l'hôtel Ritz, est une réussite sans précédent. Taux d'écoute exceptionnel: 49 %. Un record! Le plus grand nombre de questions posées par l'auditoire jamais enregistré depuis les douze années d'existence de l'émission: cinq mille appels! Tous notés sur des fiches montrées à Nixon après l'émission, puis envoyées aux archives.

Les premières propositions des chaînes de télévision étrangères désireuses d'acquérir les droits me parviennent dès la première heure. À Cognacq-Jay, dans une salle que nous leur avons spécialement aménagée à cet effet (par manque d'espace au Ritz), les correspondants étrangers réagissent positivement, eux aussi. Le succès est inespéré.

Sitôt l'émission terminée, Nixon retrouve son air tendu. Il est inquiet. En se tournant vers moi, il demande :

— *Was it O.K. ? Are you happy ? After all, it's YOUR show !*

Happy, je l'étais assurément.

— Savez-vous combien d'appels vous avez eus, *Mister President ?* Cinq mille ! Et, d'après le service SVP chargé de les réceptionner et de les trier au cours de l'émission, neuf appels sur dix vous étaient favorables.

À ce moment, Nixon fait ce remarquable commentaire :

— Quel dommage pour moi que les Français n'aient pas le droit de vote aux États-Unis !

Au retour de notre périple, à New York, en guise de reconnaissance pour le travail accompli, mon « poulain » et Patricia, son épouse, ont la délicatesse de nous offrir, à ma femme et moi, une délicieuse réception intime dans leur suite du Waldorf Astoria (coût de location de la chambre : cinq mille dollars par jour !). Quarante-huit heures plus tard, il retourne à San Clemente afin de poursuivre la rédaction de son deuxième livre pendant que, pour ma part, je m'occuperai de la revente de l'émission à travers le monde. À Montréal, Télé-Métropole en tirera une émission spéciale de deux heures. Quant à *Playboy*, c'est avec beaucoup d'empressement que le magazine m'achètera des extraits de la retranscription.

Avec le recul du temps, je peux dire qu'outre l'expérience parisienne, les meilleurs moments de ma relation avec Nixon, je les ai vécus chez lui, lors de nos tête-à-tête. En particulier lorsque je l'ai longuement fait parler de la solitude. De l'accablante et insoutenable solitude d'un homme à la tête du pays le plus puissant du monde. Ou encore lorsqu'il me raconta comment se sont renouées les relations des États-Unis avec la Chine.

Aujourd'hui, sur la tombe de Richard Nixon, comme sur toutes les tombes du monde, sont inscrits un nom et deux dates. Celle du début et celle de la fin. Entre les deux : rien !

Rien de l'existence de l'homme, de ses réussites, de ses ratages. Rien sur Watergate, mais rien non plus sur l'un de ses plus remarquables accomplissements : l'ouverture qu'il a réussi à faire vers la Chine, il y a de cela plus de trente ans. Un anniversaire éclipsé. Celui d'une ouverture en trompe-l'œil vers un pays complexe qui s'est fait particulièrement remarquer par un certain printemps de massacre à Beijing et, plus récemment, par les Jeux olympiques de 2008.

On dirait bien un journaliste (prétentieux) donnant des leçons à un président (déchu).

Tous les politicologues du monde ont commenté les motivations profondes qui ont poussé le président américain à rompre l'interminable isolement. Leurs explications, ajoutées à celles du principal acteur de l'historique démarche (« Nous voulons un monde ouvert, un monde dans lequel aucun peuple, grand ou petit, ne vivra dans l'amertume ou l'isolement », avait-il dit), sont consignées dans les plus grands livres d'histoire. La marche du monde, c'est bien connu, est composée de hauts faits officiels. Mais c'est en bavardant avec Nixon que j'ai compris, mieux que jamais, comment une « petite histoire », banale au départ, pouvait parfois donner naissance à la « grande histoire ». Les deux s'écrivent toujours en parallèle. Assez curieusement, cet événement majeur concerne un quidam à qui le hasard a choisi de faire jouer un rôle déterminant sans jamais le sortir de l'ombre.

Un jour que je visitais Nixon, mon hôte alla chercher une bonne bouteille de Château Margaux 1955 dans sa cave. L'homme mangeait souvent des sandwichs insipides, mais adorait les bons crus. À ce moment, j'ai senti que le moment était bien choisi pour lui demander de m'expliquer d'où lui était venue l'idée de son rapprochement avec la Chine.

— Était-ce par besoin de laisser votre empreinte dans l'histoire ? lui ai-je demandé.

Il y eut un joli brin de silence, puis l'homme me confia que cette pensée lui trottait dans la tête depuis fort longtemps. Sa première allusion sur l'importance pour les deux pays de renouer des relations entre eux, Richard Nixon la fit un an avant son ascension à la présidence des États-Unis grâce à un article de la revue *Foreign Affairs*. Peu de temps après, dans un discours au Congrès, il poussa l'idée plus avant en déclarant que les Chinois formaient un grand peuple, essentiel, et comme tel, avait-il dit, « il ne devrait plus être tenu à l'écart de la communauté internationale ».

— Réussir à bâtir cette alliance, dit-il, était mon plus grand rêve. Et dans la vie, quand le dirigeant d'un pays tue ses rêves, il arrive qu'il fasse couler beaucoup de sang… Mais, en toute franchise, je dois avouer que l'élément déclencheur de toute cette merveilleuse aventure a été un simple petit journaliste totalement méconnu et qui, de surcroît, est toujours demeuré dans l'anonymat ! Comme quoi il arrive parfois, même aux journalistes, de faire de bonnes choses, commenta-t-il sur un ton moqueur en faisant allusion aux gens de la presse qui lui firent perdre sa présidence.

Voici donc, en quelques mots, l'histoire telle qu'elle s'est réellement déroulée à cause d'un modeste membre de la presse spécialisée qui a réussi à apporter sa pierre à l'édifice.

« Au cours de son voyage en Chine, ce journaliste américain avait réussi à rencontrer, par une chance inexplicable, les dirigeants chinois, à qui il s'aventura à demander quelle serait leur réaction si les Américains manifestaient le désir d'un rapprochement, d'une ouverture entre les deux pays. Les autorités chinoises lui répondirent qu'elles accueilleraient ce geste avec beaucoup de sympathie. De retour de son périple, le journaliste narra la rencontre qu'il fit en Chine dans les pages de son journal spécialisé. C'est purement par hasard que l'article est tombé dans les mains d'un membre de mon équipe. Mon collaborateur s'empressa de me parler de cette confidence. Je l'ai prise pour une invitation à peine voilée des Chinois. Il me semblait évident qu'il ne fallait pas laisser passer l'occasion. J'en ai donc parlé aussitôt à Kissinger et lui confiai la tâche de se rendre en Chine sans tarder afin de tâter le terrain. Je tenais bien entendu à ce qu'il effectue ce voyage incognito afin de ne pas trop attirer l'attention sur les premiers pas de la mission. J'avoue que c'était un peu naïf de ma part d'espérer que Kissinger puisse entreprendre pareil voyage sans que le secret ne soit trahi par au moins… deux ou trois jolies femmes. »

Richard Nixon considérait qu'il avait réussi sa mission et il en était très fier. Le 15 juillet 1971, il se présenta à un studio de télévision de Burbank, en Californie, pour lire le communiqué suivant qui était publié à la même heure à Pékin :

« Le premier ministre Chu En-Lai et M. Henry Kissinger ont eu des entretiens à Pékin du 9 au 11 juillet 1971. Mis au courant du désir exprimé par le président américain de visiter la République populaire de Chine, M. Chu En-Lai, au nom du gouvernement de la République populaire de Chine, m'a invité à la visiter à la date qui me conviendrait, avant mai 1972. J'ai accepté cette invitation avec plaisir. »

Quant au valeureux petit journaliste, inspirateur des nouvelles relations sino-américaines, personne n'a jamais su ce qu'il en est advenu. Preuve que l'actualité, comme la vie, se nourrit de grands événements qui marquent l'histoire du monde et de petits incidents qui en sont le sel quotidien.

C'est un perpétuel émerveillement que d'éprouver à quel point l'histoire est parfois traversée par de gigantesques bouleversements occasionnés par des incidents qui, au premier abord, nous paraissent être pourtant d'une grande banalité.

On m'a souvent demandé l'opinion que j'avais de Nixon. En l'observant à distance, je dois dire qu'à mes yeux, moi qui suis un béotien en matière de politique, Nixon demeure un homme inhabituel. Ce qui me frappe avant tout, c'est de voir que, chassé de la Maison Blanche, plutôt que de sombrer dans la nostalgie ou l'amertume, il a réussi à retrousser ses manches, à rédiger de nombreux articles, à donner une multitude de conférences et à publier plusieurs ouvrages. Difficile de nier qu'avec le temps, l'homme soit parvenu à remonter la pente qui, au départ, paraissait insurmontable. Renié par ses concitoyens à la fin de sa présidence, démoli par les journalistes, condamné par la moralité publique, il a retrouvé petit à petit une respectabilité, une autorité morale et une audience.

À ce propos, je me rappelle une des dernières conversations privées que nous avons eues avant sa mort.

— Comment croyez-vous que l'histoire vous jugera quand vous ne serez plus là?

Nixon esquissa un sourire et dit:

— Tout dépend de qui écrit l'histoire!

Parmi les occasions porteuses de bonheurs qui ont orné ma jeune trentaine se trouve *Le sel de la semaine*, une émission qui s'est classée comme un des plus grands moments de la télévision canadienne. Animée par Fernand Seguin (lauréat de la plus haute distinction internationale dans le domaine de la vulgarisation, le prix Kalinga de l'UNESCO), l'émission mettait en vedette, chaque semaine, des invités dont la notoriété dépassait les frontières. À titre de collaborateur occasionnel à l'émission, j'ai eu le grand plaisir d'accueillir à leur arrivée, et de les accompagner durant leur séjour à Montréal, plusieurs personnalités dont Henri Troyat, Jacques Tati, Michel Simon,

Annie Girardot, Eugène Ionesco, Lawrence Durrell, Raymond Devos, etc. Inutile d'ajouter que les moments passés en leur compagnie m'ont littéralement aimanté à eux et qu'ils restent inoubliables à tout jamais.

Annie Girardot

Arrivé à Montréal aux derniers jours de l'été indien, que l'on appelle au Québec l'«été des Indiens», Henri Troyat me demanda avec insistance de le conduire dans la région montagneuse des Laurentides, située à une heure de Montréal, afin de se rincer l'œil devant l'explosion des feuilles multicolores qui embrasaient encore les forêts. Sitôt dit, sitôt fait. Malheureusement, dès que nous avons quitté la ville, nous avons été accueillis par un immense brouillard réduisant la visibilité à une vingtaine de mètres, ce qui rendait le déplacement sur l'autoroute quelque peu périlleux. Devant pareil obstacle, nous n'avions pas d'autre alternative que de rebrousser chemin. Avant de faire demi-tour, je suis tout de même allé ramasser sur le bitume de l'autoroute une feuille d'érable écarlate que j'ai offerte au célèbre écrivain en souvenir de celles qu'il aurait pu voir par millions, n'eût été la mauvaise température. Par bonheur, le lendemain de notre expédition ratée, Troyat avait projeté de se rendre à Québec où il comptait se rattraper pour admirer la nature québécoise dans toute sa splendeur. Seulement voilà, dans la nuit, un vent d'une rare vélocité balaya la province et, comme il fallait s'y attendre, dépouilla scrupuleusement tous les arbres de leurs légendaires atours. Devant l'amère déception d'Henri Troyat, il ne me restait qu'une chose à faire : lui acheter un petit érable de deux mètres de haut et le lui offrir pour qu'après l'avoir planté dans son jardin, il puisse se souvenir, en souriant, de notre malencontreuse expédition et de ce qu'il avait... raté. Placé dans une grande caisse, le petit arbre prit le même avion que l'écrivain. Sitôt parvenu à destination, il fut soigneusement planté dans son jardin. Dans une lettre reçue de lui cinq ans avant sa mort, l'illustre auteur m'assurait que l'arbre était devenu très grand et qu'il n'avait jamais cessé de lui rappeler le Québec.

Le souvenir que je garde de ma rencontre avec Michel Simon baigne dans la même tendresse. En lançant au petit écran (en direct !) : « Je suis un homme libre... comme le Québec ! », le comédien avait créé un intense émoi au pays. Sur le plan personnel, c'est lui qui, lors de nos promenades à Montréal, m'a le plus ému. L'homme était d'une sensibilité hypertrophiée. Lorsqu'il était jeune, il décollait les mouches prisonnières du papier à mouches pour leur redonner la liberté. L'illustre comédien m'a complètement chaviré le jour de son départ, quand je suis allé le prendre à l'hôtel où il logeait. Désireux de me remercier pour le temps que j'avais eu la générosité (!) (le mot est de lui) de lui consacrer, alors que c'était plutôt à moi de lui être reconnaissant, il me serra longuement les mains et se mit à pleurer à chaudes larmes… Nous lui avions montré beaucoup d'amour et il ne pouvait pas supporter notre séparation.

Moments inoubliables également que ceux passés en compagnie de l'ineffable Raymond Devos, avec qui j'ai eu l'immense ravissement de partager quelques soirées, à mon domicile.

Lors de nos rencontres, j'ai été témoin de son grand appétit et de la vigoureuse affection qu'il éprouvait pour… la viande fumée. Il en raffolait jusqu'à en manger au petit déjeuner, chez Ben's Smoked Meat, le lieu même où le *smoked meat* fut créé par un fermier immigré de… Lituanie. Raymond était une belle grosse boule de tendresse et avait un solide appétit rabelaisien. Il était aussi souvent envahi par un doute existentiel dont il s'étonnait lui-même. « Je suis un peu contradictoire, disait-il. Si je dis oui, l'instant d'après je regrette de ne pas avoir dit non, et vice-versa ! »

Il n'y a pas de secret : c'est à son harmonieux contact que je me suis pris de passion pour les mots et le plaisir d'en jouer. Hommage plein de reconnaissance !

C'est aussi grâce au *Sel de la semaine* que j'ai pu approcher un être sublime, à qui j'ai toujours voué une admiration sans bornes. Il s'agit de l'acteur, scénariste, réalisateur et producteur hors-norme, Jacques Tati. Né Tatischeff, cet homme extraordinaire, d'origine franco-russo-hollando-italienne, a longtemps été pour moi un professeur dans la manière d'observer les humains. Son regard candide et auscultateur sur ses congénères était unique. Il remarquait, au premier coup d'œil, les moindres particularités et les travers des olibrius qui se présentaient devant lui et réussissait à imiter du même souffle les gestes qui les caractérisaient. Tati savait capter la poésie du quotidien comme personne. Un génie ! Qui ne se souvient pas des *Vacances de M. Hulot*, de *Jour de fête*, de *Playtime* ou de *Mon oncle* ? Mon inoubliable rencontre avec cet homme fut pour moi une véritable révélation. Il m'initia au sens de l'absurde de même qu'à celui de la dérision et du saugrenu qui, par la suite, je le confesse, furent de puissants moteurs de mes émissions de la caméra cachée.

Dès mon premier contact avec lui, dans son bureau parisien, ce fut le coup de foudre. Voyant qu'il avait trouvé en moi le « public idéal » prêt à rire aux éclats de toutes ses anecdotes, Tati ne cessa d'en remettre en abondance.

Ses premières heures à Montréal furent pour moi un ravissement, dont voici le premier acte.

À sa descente d'avion, je le dépose à l'hôtel Windsor. À peine installé dans sa chambre, il m'annonce qu'une petite faim le tenaille. On appelle le service aux chambres. Un quart d'heure plus tard, un serveur frappe à la porte. Tati est assis près de la fenêtre. Le lit est au milieu de la pièce. Tati se lève et, agile comme le plus doué des acrobates (il a été joueur de rugby), plutôt que de faire le tour du lit, monte dessus puis en redescend de l'autre côté pour aller ouvrir la porte. Je m'écroule. Il m'examine comme si je venais, moi, de commettre une incongruité... Notre amitié débuta sur cette scène totalement disjonctée. Elle était d'évidence.

Dès ma rencontre avec cet homme désopilant, j'ai été conquis par son radieux sourire d'enfant. Sans tarder, j'ai remarqué que nous partagions le même sens de l'humour. D'ailleurs, il ne résista pas longtemps à la tentation de tester sur moi quelques-unes de ses dernières trouvailles que j'ai retrouvées subséquemment dans ses films. Sa gentillesse était sans limite. Pour couronner son séjour à Montréal, inaltérablement généreux, Jacques Tati s'est rendu à la petite école Pasteur, à Montréal-Nord, que fréquentaient mes enfants, pour y improviser (loin des caméras), à l'intention des écoliers ébahis par le personnage, un spectacle remarquable qui aurait sûrement eu beaucoup de succès s'il avait été présenté à la Place des Arts ou à l'Olympia.

Il m'arrivait souvent de me déplacer en compagnie de Marie-José, ma femme, qui était une collaboratrice attitrée de l'émission *Le sel de la semaine*, pour aller solliciter, dans tous les coins du monde, la participation de célébrités à la grande émission. Pour convaincre Picasso, nous nous sommes propulsés jusqu'à Mougins. C'est à l'interphone installé à la barrière de sa propriété que se déroula notre échange avec le maître. Il fut d'une remarquable brièveté. Sa réponse fut claire, simple et sans appel : le grand Pablo ne voulait rien savoir…

Pour séduire Charlie Chaplin, nous nous sommes rendus à Vevey, en Suisse. C'est la petite Géraldine qui nous reçut la première. Elle étrennait le tricycle que son père venait tout juste de lui acheter. Nous avons pu observer Chaplin à distance pendant qu'il déjeunait avec sa femme dans les jardins de sa vaste propriété. Son assistante américaine nous déconseilla fortement de nous rendre jusqu'à son patron pour lui présenter notre requête qui, affirmait-elle, serait inévitablement rejetée… Elle nous confia que l'homme était très concentré sur l'écriture d'un scénario qu'après huit années d'efforts il n'avait toujours pas réussi à boucler. D'après ce qu'elle nous a dit, en huit années de labeur, il n'avait pas beaucoup progressé. Perfectionniste, il en était toujours à… dix-sept lignes !

Le grand Charlot est mort sans jamais l'avoir achevé. Mais je peux quand même me vanter (!) de l'avoir vu en chair et en os, à… trente mètres de moi. C'est mieux que rien…

C'est également en Suisse, à Epalinges, tout près du lac Léman, que j'eus le plaisir de faire la connaissance de Georges Simenon dont je ne ferai pas ici une présentation pléonastique puisqu'il était, à cette époque, l'auteur contemporain le plus lu dans le monde. Simenon refusa de se déplacer jusqu'à Montréal pour faire notre émission de télévision, mais m'accorda tout son temps, avec beaucoup de sollicitude, afin que je puisse écrire un reportage sur lui[53].

À ce moment-là, l'écrivain avait soixante-cinq ans et vivait dans une grande maison blanche aux allures d'hôpital. Il avait un regard à la fois mesuré et sincère ; le nez pointu, cinq rides bien comptées sur le front, des lunettes, un nœud papillon, une chemise à carreaux, des souliers marron impeccablement cirés et une veste bien assortie.

Durant notre entretien, il marchait souvent de long en large et changeait parfois de pipe. Il avait horreur d'utiliser la même deux

---

53. *Le Magazine Maclean's*, Montréal, mai 1969.

fois de suite. Sa collection se composait de quelque trois cents pipes! Il en gardait une trentaine dans chaque pièce de la maison.

Le père du commissaire Maigret avait l'habitude des interviews. Il en accordait en moyenne trois ou quatre par semaine et faisait l'objet d'une trentaine d'émissions spéciales de télévision par année à travers le monde. On venait filmer toutes les émissions à son domicile, car il ne se déplaçait jamais, pas plus pour la télévision que pour ses éditeurs, d'ailleurs.

Simenon avait épousé une Québécoise, Denyse Ouimet, et sa vie commune avec elle débuta à Sainte-Marguerite, dans les Laurentides. Son aventure amoureuse remontait au temps où il cherchait une secrétaire. C'est d'ailleurs par l'entremise du journaliste Rudel-Tessier (un de mes confrères du *Petit Journal*) qu'il rencontra Denyse qui était de dix-sept ans sa cadette. Le coup de foudre fut instantané. Ils se sont mariés en 1949. Simenon avait déjà publié vingt-quatre livres.

Ses romans, m'a-t-il appris, ne dépassaient jamais deux cents pages et il les écrivait en sept ou huit jours. Parfois dix, mais jamais plus!

— L'inspiration m'arrive généralement lors d'une promenade que je fais dans la nature. Je me mets en état de grâce. Je fais le vide en moi pour être réceptif et capable d'absorber divers personnages. Je renifle les gens que je rencontre. Je perçois souvent une odeur qui me fait penser à une scène. Par la suite, les personnages grandissent lentement en moi. Ça débute par un cafard aussi, par un malaise. Je ressens une sorte de vertige. Rien pour inquiéter mon médecin. Dès lors, je sais que je suis prêt. Il faut alors que j'écrive le plus vite possible pour mettre à contribution au maximum mon inconscient. Je suis sûr que si j'écrivais un roman consciemment, il serait très mauvais.

Après cette visite, je n'ai jamais plus revu Simenon. Mais je l'ai souvent lu! En revanche, il se signalait sporadiquement à moi en m'écrivant de gentilles lettres. Peu de temps avant sa mort, se souvenant que j'avais été l'éditeur du Dr Hans Selye, il m'en écrivit une dernière. Il désirait à tout prix entrer en contact d'urgence avec le célèbre découvreur du stress. J'ai compris alors que, sous les aspects d'un homme calme, rangé, organisé, posé, bien en contrôle de toutes les situations, se cachait un être horriblement angoissé aux prises avec un immense stress. Dans sa recherche désespérée du Dr Selye se dissimulait sans doute un tragique appel au secours.

La quête des invités pour *Le sel de la semaine* n'était pas la plus aisée des charges.

Certains refusaient carrément — et parfois cavalièrement — l'invitation. D'autres, comme Simenon, n'acceptaient pas de se déplacer, mais n'évinçaient pas pour autant le messager qui leur présentait l'offre. Il est arrivé une fois, une seule, fort heureusement, que l'invité accepte de venir de France au Canada pour faire l'émission, mais qu'en fin de compte il ne la fasse pas. C'est le cas, bien étrange, de Jean Genet.

L'œuvre de cet écrivain à la réputation sulfureuse et glorieuse défiait tout classement. On disait de lui qu'il était voleur, taulard, homosexuel, copain des Black Panthers et des Palestiniens radicaux. Son côté délinquant fascinait tout le monde.

Je n'avais jamais rencontré Jean Genet. J'ignore par qui et comment l'invitation lui fut présentée. Tout ce que je sais, c'est qu'il avait accepté de plein gré de venir à Montréal. Après que toutes les modalités du transport et du séjour fussent réglées, on me pria de jouer au cicérone et d'aller accueillir Genet à son avion, deux jours avant l'émission. J'avais souvent vu, comme tout le monde, sa photo dans les journaux. J'étais convaincu qu'avec son air d'homme fraîchement sorti de prison, il serait facilement reconnaissable.

L'avion de Paris était à l'heure. Dès que je l'eus reconnu, de loin, je lui envoyai la main, histoire de lui faire savoir qu'il était attendu et qu'il serait bientôt pris en charge. Je ne l'ai pas quitté des yeux pendant tout le temps où la file des passagers défilait devant la guérite d'inspection. Aussitôt qu'il eut fait tamponner son passeport, je me suis approché de lui pour lui souhaiter la bienvenue.

— Bonjour, monsieur Genet, et bienvenue à Montréal.

— Pardon? dit-il, feignant d'avoir mal entendu.

— J'ai dit : bienvenue, monsieur Genet. J'espère que vous avez fait bon voyage. Vous êtes bien monsieur Jean Genet, n'est-ce pas?

— J'ai fait bon voyage, oui, mais je ne suis pas… qui vous croyez !

La réponse fut sèche, brève et sans équivoque. Je suis revenu de l'aéroport bredouille et complètement dérouté. Comme il ne s'agissait pas d'un sosie, nous avons cru, à tort, qu'il nous téléphonerait pour dire qu'il était arrivé ou nous annoncer qu'il avait changé d'idée et qu'il ne désirait plus participer à l'émission, mais nous n'avons plus jamais entendu parler de lui. Le réalisateur de l'émission, Pierre Castonguay, s'interroge toujours sur ce qui a bien pu se passer.

À l'inverse de cette épreuve, ma rencontre avec Salvador Dali fut l'une des plus mémorables. S'il avait fonctionné, le projet que Dali avait en tête aurait créé un véritable tsunami. Le grand maître avait exprimé le souhait (sérieusement !) de faire le trajet de New York à Montréal, par la route, à bord d'un aéroglisseur qui avait la forme d'une soucoupe volante. On imagine d'ici les bouchons de circulation qu'aurait créés le diabolique engin qui, en se déplaçant, produisait un vacarme innommable et soulevait nécessairement sur son passage un énorme nuage de poussière semblable à ceux que créent les typhons. Le périple était voué à l'échec dès le départ. Plutôt que de l'abandonner définitivement, nous avons cherché, avec l'assentiment de Dali, à le rendre réalisable en écourtant le parcours.

La frontière des États-Unis n'étant située qu'à une petite heure de route de Montréal, le trajet aurait pu être plus acceptable. Malheureusement, rendus à ce point, ce sont les fonctionnaires des douanes qui se sont chargés de saborder l'idée. Les négociations se sont heurtées à mille et une chipoteries ayant trait à l'import-export (!), aux lois sur les véhicules, à la pollution et à une série d'autres règlements aussi irritants que lassants. Devant les obstacles devenus insurmontables, nous avons été forcés de laisser tomber.

En revanche, même si Dali n'est jamais venu faire l'émission à Montréal, il m'invita gentiment à le rencontrer en Espagne, à sa maison de Port Lligat.

L'homme était pétri de talent et d'humour. Je l'admirais pour l'originalité de son esprit et la richesse de son imagination. Je ne m'étendrai pas sur toutes les merveilleuses expériences que j'ai pu vivre à ses côtés dans son village natal, dont j'ai amplement parlé ailleurs[54], mais je dirai, pour lui rendre justice, que c'est grâce à ma rencontre avec le génial Dali, un inimitable carburant, que j'ai été inspiré pour créer, pendant de nombreuses années, des sculptures-assemblages à partir de morceaux de bois rejetés par la mer. Cette inspiration me vint en observant Dali confectionner une de ses dernières merveilles : *Le Christ de rebuts marins*, un habile assemblage d'objets hétéroclites rejetés par la mer (vieux pneus, tuiles, branches d'arbre, bouteilles, cannettes, etc.). Allongé sur le sol, le *Christ* mesurait une quinzaine de mètres. Sa cage thoracique était constituée d'une vieille barque rejetée, elle aussi, par les eaux de la Méditerranée. Tous les jours, Dali s'installait devant sa création et dirigeait les opérations à

Salvador Dali

54. Alain Stanké. *Occasions de bonheur*, Montréal, Les éditions internationales Alain Stanké, 1993.

Le grand maître devant une de ses plus grandes créations : *Le Christ de rebuts marins*

partir d'une vieille chaise toute déglinguée. Sous ses ordres, deux ouvriers espagnols déposaient soigneusement les morceaux du puzzle aux endroits désignés par le maître qui, lorsque l'assemblage lui paraissait acceptable, faisait sceller le tout par du ciment.

Dali me confia qu'un jour, un petit monsieur, un certain « Rrrréné Lévessequé » était venu le voir à New York, à l'hôtel Régis où il demeurait, afin de lui présenter un projet qui l'avait emballé. René Lévesque, alors ministre des Ressources naturelles du Québec, avait eu l'idée, selon ce que m'a dit Dali, de commander au maître une gigantesque fresque destinée à orner le mur du barrage de Manic 2. Une œuvre qui, on en conviendra, aurait constitué un extraordinaire attrait touristique pour le Québec. D'après ce que j'ai compris, le génial artiste se mit aussitôt au travail et confectionna une maquette dans le but de la montrer au « petit monsieur » qui, hélas, n'est jamais revenu le voir… et pour cause. René Lévesque avait quitté le gouvernement Lesage pour fonder le mouvement Souveraineté-Association… J'aurais souhaité que Dali me montre la maquette, mais, à mon grand désarroi, il a refusé d'accéder à ma demande.

1967 est une année magique ! C'est l'année où, grâce à l'exposition universelle, Montréal se fait connaître à travers le monde. Classée par le Bureau international des expositions comme la première du genre en Amérique du Nord, Expo 67 doit couvrir toutes les activités de l'homme contemporain. Dès lors, les responsables canadiens choisissent un thème central et une philosophie pour l'accompagner. On emprunte son nom à Saint-Exupéry : Terre des Hommes. L'échéancier pour la réalisation de l'exposition est extrêmement serré. Après de nombreuses tergiversations, on décide qu'elle sera située sur l'île Sainte-Hélène, au centre du Saint-Laurent, et que l'île sera agrandie grâce à des techniques avancées de récupération de terre, en utilisant la roche et le limon dragués dans le fond du fleuve. De ce fait, les travaux titanesques permettent aussi de créer une nouvelle île, l'île Notre-Dame.

Le programme thématique ouvre des horizons sans fin et remplis de promesses : l'homme et son génie créateur, l'homme interroge l'univers, l'homme à l'œuvre, l'homme et l'agriculture, et l'homme dans la cité.

Pour moi, cette merveilleuse aventure, qui a enchanté des millions de personnes, débuta une année avant son inauguration, car j'ai eu l'immense privilège d'accompagner le commissaire général de l'Expo, monsieur Pierre Dupuy, et son équipe à Londres, pour observer la manière dont on « vendait » l'événement à l'étranger. Les liens étroits que j'ai pu nouer à cette occasion avec Pierre Dupuy, ex-ambassadeur du Canada à Paris, se sont concrétisés en fin de course par la publication — après sa mort — de ses souvenirs de la grande aventure[55]. La dédicace du livre, adressée aux Canadiens, résumait le souhait le plus cher de ce remarquable leader. Elle se lisait comme suit :

---

55. J'ai eu le privilège de publier, à titre posthume, les souvenirs de Pierre Dupuy sous le titre *Expo 67 ou la découverte de la fierté*, Montréal, Éditions La Presse, 1968.

« À mon pays, ce jeune géant, avec l'espoir que sa tête sera digne de sa taille ».

Dès notre arrivée en Grande-Bretagne, j'ai constaté que les portes des dignitaires de la capitale britannique s'ouvraient comme par magie. La première réunion de travail regroupait des spécialistes venus de quatorze pays. But de la réunion : discuter de la science et de la technologie au service de l'homme, et en particulier des manifestations naturelles de l'énergie éolienne, lunaire et solaire. L'enthousiasme régnait partout. Tous les délégués que nous croisions étaient disposés à venir à Montréal pour... faire la fête. C'était déjà la fête avant la fête ! Une expérience exaltante dont je garde un heureux souvenir.

Étant assimilé au groupe de « super vendeurs » d'Expo 67, je peux assister, durant une longue semaine, à toutes les réunions de travail et à tous les... cocktails. Avant notre départ, les instances gouvernementales organisent une réception royale en l'honneur de notre honorable délégation. Le soir venu, muni de mon impressionnant bristol enluminé des armoiries de la reine, je me rends à la majestueuse forteresse où s'active déjà une armée de pages, de laquais et de rutilants valets. Robes longues, scintillants colliers de perles, dentelles, ornements de mousseline, rouflaquettes grises et brochettes de médailles militaires en jettent plein la vue. Parmi la foule, je n'aperçois aucun membre de la délégation canadienne. Comme j'ai un léger retard, je les imagine tous bavardant dans le grand salon. Je me présente donc prestement à la porte d'entrée où grouille toute la noblesse londonienne. Un crieur, chargé d'annoncer à haute voix l'arrivée des invités, me prie de décliner mon nom, mon prénom et mes qualités. Raide comme un piquet, l'homme mémorise le tout, puis ouvre cérémonieusement la porte et me prie de le suivre. À l'intérieur, les gens parlent calmement, comme on doit parler à l'Église anglicane. Le crieur crie. Normal, c'est son métier. Et il crie bien fort :

— *Ladies and gentlemen, our distinguished guest, Sir Haallhen Stankey !*

Une salve d'applaudissements retentit ; on m'accueille en véritable héros. De deux choses l'une : ou c'est l'habitude, ou il y a maldonne. Je remercie tout ce beau monde en baissant humblement la tête et me lance aussitôt à la recherche d'un visage connu. On me rattrape pour m'offrir une coupe de champagne. Le temps de siffler mon verre en entier et je suis envahi par un horrible doute : serais-je dans la bonne église, mais dans la mauvaise rangée ? Vérification faite, je comprends que la réception à laquelle je suis convié ne se déroule pas là, mais plutôt dans un autre vivier, situé à l'étage juste au-dessus. Je file… à l'anglaise, en faisant mine de chercher les toilettes, et je finis par me présenter dignement au bon endroit.

Prise deux : un crieur (encore un !) me reçoit en me priant de décliner mes nom et qualités… J'ai déjà donné ! On se doute de la suite… Comme j'ai toujours un côté potache qui sommeille en moi, je sens un besoin irrésistible de rester ludique. J'en profite donc pour m'ennoblir et confie au gentilhomme crieur que je suis — tant qu'à faire — « Lord Alain DE Stankévicius ». Jamais de ma vie n'ai-je entendu mon nom massacré de la sorte.

De retour à Montréal, j'ai la conviction que l'Expo 67 sera pour moi un éblouissement quotidien, mais que mes nuits seront désormais considérablement abrégées.

Bien que ma série d'émissions des *Insolences d'une caméra* soit terminée (je la reprendrai dix ans plus tard), j'anime toujours mon émission bihebdomadaire en langue anglaise, dirige les Éditions de l'Homme et continue mes piges pour *France Soir*. Ma liste d'emplois ne cesse de s'allonger, car, pour la durée de l'événement, j'accepte aussi d'écrire les textes de trois courtes émissions quotidiennes sur les activités de l'Expo pour la radio, et autant pour le petit écran. Je m'occupe aussi, à titre de recherchiste et scripteur, de trois émissions de télévision de trente minutes diffusées directement depuis le site de l'Expo[56]. Mon existence tout entière est couverte d'un mur à l'autre par le travail que je fais, Dieu merci, avec délectation, en poursuivant ma nouvelle devise : « Si tu fais une chose, fais-en une autre ! »

Pour couronner le tout, puisque l'Expo 67 est le pôle d'attraction du centenaire du Canada, je parviens à faire à la sauvette une émission spéciale[57] sur une femme exceptionnelle :

---

56. *Carnet Expo* et une émission bihebdomadaire, *Les Couche-Tard*
57. *Cent ans déjà !*, Radio-Canada, et *It's my birthday too !*, CBS

Christine Henderson, qui célèbre, elle aussi, son centenaire. L'esprit alerte, la prunelle pétillante et l'étonnante jeunesse de la vieille dame remportent un tel succès au petit écran qu'on rediffuse le film à trois reprises, en anglais comme en français. La production finira par être couronnée par le Wilderness Award à titre de « meilleur film humain de l'année ». Lorsque je me rends auprès de l'admirable centenaire pour lui montrer la médaille que l'on m'a décernée (et dont le mérite lui revient !), Christine prend la décoration dans ses mains, la caresse lentement et dit :

— C'est très bien… Je suis très contente. Mais quel dommage qu'elle soit en bronze. Si elle avait été en chocolat, au moins nous aurions pu la manger !

Pour finir, comme elle est une grande admiratrice de Flaubert, la belle centenaire ajoute :

— Les honneurs déshonorent, les titres abaissent et les fonctions abrutissent !

Je n'ai jamais oublié la belle leçon de Christine, dont je me suis fait une règle de vie.

Non pas que je sois allergique aux récompenses. Ce à quoi je suis réfractaire, c'est à leur exhibition. Me présenter devant des médaillés avec mon épinglette de l'Ordre du Canada ou celle de l'Ordre du Québec, ou les deux à la fois (ce que font certains), ne me dérangerait pas, mais arborer mes lauriers devant des gens qui n'en ont pas me gêne. Voilà pourquoi je ne porte jamais aucune de mes décorations sur le revers de ma veste.

Mais, réflexion faite, comme on n'est jamais à l'abri d'une petite panne lorsqu'on s'abandonne aux plaisirs de l'étreinte, je pourrais peut-être les épingler à mon pyjama pour le cas où, la nuit, lors d'une embarrassante perturbation des opérations, leur rutilante présence suffise à attirer un peu de considération embrasée au valeureux médaillé que je suis… le jour.

À cause de mes innombrables engagements à l'Expo, mon emploi du temps ne laisse plus aucune place à la dérive. Tout est réglé à un millimètre près. Je dompte le temps et l'espace en m'infligeant des rigueurs monastiques. Mises à rude épreuve, mes journées sont orchestrées à coup de renoncements, mais

Le Wilderness Award pour *Cent ans déjà !*, le meilleur film humain de l'année

elles se vivent dans une grande allégresse. Il faut impérativement que je sois présent là où tout se passe puisque cette expérience ne reviendra jamais plus. Le plus grand plaisir que j'ai lorsque je pense aux avantages financiers que mes travaux vont forcément me rapporter, c'est de savoir que grâce à mes surmenages, mes enfants seront à tout jamais à l'abri du besoin. Qu'ils n'auront jamais faim et qu'ils auront toujours un toit. Une certitude bétonnée qui me donne tous les courages. Persistantes séquelles de mon passé, diraient les psys. Ils n'auraient pas tort !

Comme j'ai beaucoup de casseroles sur le feu dans les principales émissions, j'ai nécessairement mes entrées (gâterie suprême !) dans toutes les loges. À celle de La Scala de Milan comme à la première apparition de la Gendarmerie française en Amérique du Nord. Les jours fastes, à l'occasion des fêtes nationales, je serre la main aux chefs d'État. Les autres jours, je côtoie à peu près toutes les célébrités du monde qui arrivent à Terre des Hommes. C'est Byzance!

À quelques reprises, il m'arrive de remplacer Jacques Normand, un des deux animateurs des *Couche-Tard*, mis hors d'usage par l'épuisement. Le hasard veut qu'à l'une de ces occasions, la célébrité à interviewer soit... Fernandel!

La fête nationale de chaque pays participant à l'exposition universelle est généralement soulignée avec beaucoup d'éclat. Il arrive, bien sûr, que nous ayons des journées «creuses» où il n'y a personne à fêter. Une occasion en or, pour le farceur patenté que je suis, d'inventer un pays et, du même coup, une fête nationale à célébrer. Ce pays, je le baptise du nom de Vespasie. De connivence avec mes amis Roger Baulu et Jacques Normand, animateurs attitrés des *Couche-Tard*, nous invitons pour l'occasion, à l'une de nos émissions, un photographe (excellent comédien par ailleurs) déguisé en monsieur Hasmek Kelboguss — commissaire général du pavillon, inventé de toutes pièces, de la Vespasie — pour venir nous parler de son célèbre (!) pays et des festivités que celui-ci propose aux visiteurs. Exubérant à souhait et parlant le français avec un accent à la limite du supportable, le faux commissaire annonce triomphalement que les deux cent cinquante premières personnes qui se présenteront au pavillon de la Vespasie le lendemain de l'émission — prétendument jour de fête nationale — recevront un cadeau souvenir typique, d'une grande valeur! Comme on peut s'en douter, le lendemain matin, une heure avant l'ouverture des portes d'accès à l'Expo, la place d'accueil est remplie à craquer. Personne ne veut rater l'occasion. Ignorant l'emplacement précis du pavillon, qui n'existe que dans notre imagination, tout le monde se rue littéralement sur les hôtesses. Les pauvres jeunes filles ont beau éplucher les pages du guide officiel, elles ne parviennent pas à y trouver l'emplacement du pavillon de la Vespasie... Résultat: congestion monstre aux portes d'entrée du site.

Une fois l'Expo 67 terminée, notre illustre commissaire général a repris du service dans le cadre d'une émission de radio[58] que j'ai eu le plaisir d'animer sur les ondes d'une chaîne

---

58. *À votre Stanké!*, à CKAC

privée. Le rôle était tenu cette fois par mon fidèle et talentueux ami Jean-Louis Morgan qui affirma, pour justifier son entrée en scène à la place du photographe, le premier « commissaire », que le gouvernement précédent avait été renversé et qu'il avait été chargé de succéder à Hasmek Kelboguss. Le nom du nouveau commissaire était… Hasguss Kelbomek. Chaque semaine, Jean-Louis venait nous entretenir de son pays, malheureusement trop méconnu (!), de ses poètes, de ses artistes de talent et de ses éminents chercheurs scientifiques. Une des grandes traditions artistiques du pays était, selon l'ineffable commissaire, « les savonnettes habilement sculptées… par l'intérieur » ! Quant aux éminents savants vespasiens — qui s'attendaient à être couronnés incessamment par rien de moins que le prix Nobel —, ils étaient surtout reconnus à travers le monde pour avoir découvert l'« insémination artificielle par… les moyens naturels » !

Vu la popularité croissante que connaissaient la Vespasie et son valeureux représentant, nous avons même réussi à faire passer Hasguss Kelbomek sur le réseau national, à ma (sérieuse) émission de radio, *Musique des nations*. C'était un premier avril ! L'illustre Vespasien est venu y présenter, une heure durant, la musique (totalement inaudible) de son pays.

À une autre occasion, Jean-Louis, savamment déguisé avec un accoutrement propre aux pays de l'Est, a réussi un autre exploit. Il s'est fait photographier en compagnie d'Ernest Pallascio-Morin, représentant officiel du ministre de la Culture, Jean-Noël Tremblay, venu assister au lancement d'un important ouvrage littéraire. La glorieuse photo fut publiée dans les pages du *Journal de Montréal*…

Comme toute bonne chose a une fin, nous avons fini par « assassiner le commissaire ».

Après lui avoir fait essuyer un prétendu refus d'asile politique au Canada, nous avons fait croire que notre ami avait été cavalièrement expulsé vers son pays d'où il ne nous a jamais plus donné de ses nouvelles.

Il se pourrait bien pourtant qu'un de ces jours il refasse surface et qu'on le retrouve sur une photo, aux côtés de… Nicolas Sarkozy. Sait-on jamais ?

Après la fermeture de l'Expo, les pages de mon agenda, copieusement chargées durant des mois, sont devenues vides au point que je croyais consulter le carnet de rendez-vous de quelqu'un d'autre. Ma plus grande crainte était de découvrir que les journées pouvaient devenir trop longues… Mon appréhension fut de courte durée. Ayant appris que je maniais la langue russe, les dirigeants de Radio-Canada, qui n'avait pas de correspondant à Moscou, eurent l'idée de me proposer le poste. L'aventure aurait pu me séduire, mais lorsqu'on nous révéla les conditions dans lesquelles ma famille allait devoir vivre dans la capitale soviétique, nous avons rapidement déchanté. Pour nous loger, on ne pouvait pas s'attendre à mieux qu'un appartement de deux minuscules chambres à coucher. Le luxe à la sauce soviétique ! Nous n'avons donc eu aucune peine à décliner l'offre.

Toutefois, d'autres projets n'ont pas tardé à me solliciter.

J'ai eu la chance ainsi de collaborer aux émissions les plus prestigieuses de la radio et de la télévision d'État : *Carrefour, Le Point, Métro-Magazine, Le reporter s'amuse, Partage du matin*, et à une foule d'autres sur la chaîne de télévision privée CFTM, comme *Citoyens du monde, Studio 10, Le choc des idées, Parle, parle, jase, jase*, etc.

Le maire de Montréal, Pierre Bourque avec les maires de Montréal (de France), à l'inauguration de *La Forêt des Montréal de France*

Lorsqu'il m'arrive de regarder au fond de ma mémoire, à travers l'œilleton de l'instant, pour y voir le maillage du temps, je suis toujours un peu surpris de ne pas en avoir fait suffisamment. Pourtant, tout compte fait, j'en ai peut-être fait un peu trop?

J'ai aussi dirigé deux magazines culturels, *Montréal ce mois-ci* et *Montreal Calendar*, spécialisés dans la culture et les spectacles, ainsi qu'un magazine gastronomique : *La fine cuisine d'Henri Bernard*. Et lorsqu'est venu le temps de célébrer le deux cent cinquantième anniversaire de la fondation de Montréal, j'ai eu le plaisir d'écrire un scénario, en collaboration avec Jean-Marie Bioteau, et de produire pour les télévisions francophones un film intitulé *Montréal? Quel Montréal?*, mettant en vedette les six villes et villages de France portant le nom de Montréal. La production donna l'occasion au Jardin botanique de créer un site historique baptisé La forêt des Montréal de France où, avec l'aide de Pierre Bourque (qui devint maire de la Ville peu de temps après), nous avons réussi à transplanter une série d'arbres rapportés des villes homonymes de France.

C'est aussi en compagnie de Jean-Marie, un réalisateur de grand talent, que j'ai tourné une série de petits reportages destinés à clôturer, sur une note joyeuse, l'émission d'information *Le Point*, une collection de petits bijoux mettant en lumière l'inventivité, la créativité et la folie de certains êtres que nous sommes allés pêcher au Québec, aux États-Unis ou en France. Dans la liste des sujets les plus saugrenus, il y avait notamment le docteur Martinot, un médecin français qui, à la mort de sa femme, l'avait congelée et placée dans un congélateur de son château en attendant que la science découvre une manière de faire revenir à la vie celle qu'il adorait. Il y eut aussi l'ineffable Mister Truax, un ancien employé de la NASA qui avait réussi à construire sa propre petite fusée pour aller (cinq minutes) dans l'espace. Ou encore le constructeur de la plus longue limousine au monde, dans le coffre arrière de laquelle se trouvait rien de moins qu'une petite piscine. Faisait aussi partie de ces sujets insolites la ville américaine de Kennesaw où les armes à feu sont obligatoires. L'imagination et l'irrationnel étant sans limites en ce bas monde, nous n'avons jamais été à court de sujets.

En 1967, le cri « Vive le Québec libre ! » du général de Gaulle avait redonné un puissant souffle aux mouvements souverainistes, au point que les projets de livres traitant d'indépendance poussaient de partout.

En 1968, profitant du courant, René Lévesque fondait le Parti québécois et se mettait aussitôt à la rédaction d'*Option Québec*, un ouvrage capital pour étayer son projet politique. Ce livre, dont il a bien voulu me confier l'édition, il l'a écrit en grande partie dans mon modeste bureau de la rue de La Gauchetière. Le succès, on s'en doute, fut fracassant. Croyant que l'ouvrage pouvait présenter un certain intérêt pour les Français, qui n'étaient pas indifférents aux nouvelles mutations annoncées au pays du Québec, j'ai offert à un confrère parisien de lui en vendre les droits. *Option Québec*[59] est sorti à Paris en mai 1968 (!). On ne sera pas étonné d'apprendre qu'il s'y en est vendu, miraculeusement, soixante-dix exemplaires...

Je me souviens bien être allé à Paris en mai, mais ce n'était pas tant pour assister au lancement de l'ouvrage que pour assister aux lancements... de bombes lacrymogènes et de cocktails Molotov. Trois mois après avoir vécu les troublants événements de la Révolte, lors desquels j'ai eu le plaisir de faire la connaissance de Maurice Druon et de refuser de payer cinq mille dollars à Cohn-Bendit pour une interview, je mettais le cap (quelle imprudence) sur la Tchécoslovaquie pour y vivre l'historique « été des tanks ». Outre l'avantage d'en avoir rapporté un grand reportage et celui d'avoir participé à la rédaction d'un ouvrage collectif[60], j'ai pu me convaincre qu'il y avait un bon Dieu pour les téméraires de mon genre.

Entrer en Tchécoslovaquie occupée par les troupes soviétiques n'a pas été compliqué. Le problème, c'est que, dans le meilleur des cas, j'aurais pu y laisser ma peau ou encore être arrêté et expédié manu militari en URSS. J'avais bien un passeport canadien, sauf que celui-ci indiquait que j'étais né en Lituanie. Aux yeux des Soviétiques, ce détail suffisait à faire de moi un fortuné ressortissant soviétique. Et, c'est bien connu, les

---

59. Éditions Robert Laffont, Paris, 1968.
60. Alain Stanké, Pierre Desgraupes, Pierre Dumayet. *Prague, l'été des tanks*, Paris, Tchou Éditeur, et Montréal, Les Éditions de l'Homme, 1968.

bienheureux citoyens de ce pays n'étaient pas autorisés à quitter… le paradis qui se trouve derrière le rideau de fer!

Je suis quand même parvenu à me dissimuler dans la foule et, grâce à mes nouveaux amis tchèques, heureux d'assister un journaliste dans son travail, j'ai pu apprécier la grande solidarité et l'imagination sans limites des citoyens de Prague luttant pacifiquement contre l'agresseur. J'ai été époustouflé de voir la puissance de leur remarquable humour. En effet, partout dans les rues de la capitale, les panneaux indicateurs étaient barbouillés. Certains portaient des flèches avec l'inscription : « Moscou: 1 800 kilomètres ». Les plaques portant les noms de toutes les rues étaient arrachées, de même que les numéros des maisons. Impossible pour les Soviétiques de retrouver les demeures où se cachaient les personnes qu'ils souhaitaient arrêter. Sur les plaques encore en place avaient été apposés des collants portant le nom de Svoboda ou de Dubček. Heureuse coïncidence: en plus d'être le nom du président tchèque, Svoboda signifie aussi *liberté*! La ville était ivre de mots. Chacun y allait de sa petite trouvaille qu'il collait sur les murs de la capitale ou affichait dans sa vitrine. On y lisait, en souriant, des petites perles telles que celles-ci :

« Pauvre soldat russe : tu ne défends rien, tu tues la liberté! »

« 1938: on a eu Hitler. 1968: on a Brejnev. Joyeux anniversaire! »

« Ivan rentre vite chez toi, Natasha couche avec Petrov! »

« On peut nous violer, mais nous n'enfanterons pas! »

« L'espoir meurt le dernier! »

« Rentrez chez vous, ne soyez pas des assassins! »

« Lénine, lève-toi! Brejnev est devenu fou! »

« Avertissement: N'approchez pas les soldats soviétiques… Risques d'épidémie! »

L'humour est salvateur. En voyant les soldats russes patrouiller dans les rues trois par trois, un passant m'interpelle.

— Sais-tu pourquoi ils vont toujours par trois? me demande-t-il. C'est facile à comprendre. Le premier sait lire, le deuxième sait écrire et le troisième sait tirer!

Preuve que le désespoir peut être parfois vivifiant, salutaire, joyeux et que dans les moments les plus sombres, l'humour parvient à alléger la vie.

Je n'ai certes pas l'intention de revenir sur les drames du passé ni sur la brutalité des Soviétiques qui, avec leurs tanks, ont cruellement écrasé quantité d'innocents. Je les ai même vus tirer sur une mère de famille dont la seule faute était de porter une robe aux couleurs du drapeau tchèque. À quarante ans de distance de cet événement qui a ébranlé le monde, ma mémoire est devenue opaque aux tragédies pour ne retenir que les images d'une résistance pacifique exemplaire, l'imagination sans limites et la grande force de ce peuple que les communistes n'ont pas réussi à asservir.

Un des moments qui m'a le plus frappé fut quand l'Armée rouge prit la décision de se retirer. Au cours de sa retraite précipitée, deux chars d'assaut soviétiques se sont violemment heurtés. Comme ils n'étaient plus en état de fonctionner, les tanks durent être abandonnés. Une sentinelle fut cependant assignée pour les garder. On avait promis au soldat sans grade, chargé de cette surveillance, de revenir le chercher, mais, les imprévus de la guerre étant ce qu'ils sont, on ne tint pas parole. Du coup, le pauvre gardien des deux chars d'assaut s'est retrouvé abandonné dans un coin perdu, sans nourriture. Au bout de vingt-quatre heures d'attente, ne voyant rien venir, et ne voulant surtout pas mourir de faim, il alla frapper à la porte d'une ferme voisine pour y quêter de quoi apaiser sa faim.

Après l'avoir toisé d'un air torve, le fermier lui dit sur un ton autoritaire :

— Chez nous, les gens qui ne travaillent pas ne mangent pas !

Comme le soldat russe était affamé et qu'il ne voulait pas être réprimandé par ses supérieurs pour avoir déserté son poste, il conclut un marché : le jour, il aidait le fermier à cultiver la terre et, le soir venu, il retournait dormir dans sa carcasse d'acier en attendant qu'on vienne le libérer. L'ineffable comédie dura quinze jours !

Après l'exaltante expérience tchécoslovaque, j'ai senti que le temps était venu pour moi de revoir mon pays natal. J'avais quitté la Lituanie à l'âge de neuf ans, empli de frayeur, égrenant un minuscule chapelet dans ma poche et encadré de deux soldats de la Wehrmacht qui m'ont conduit, avec mon frère et mes parents, dans un camp de concentration. La guerre terminée, j'avais bien tenté de revenir en Lituanie à plusieurs reprises, mais sans succès. Les autorités soviétiques — qui ont une remarquable mémoire et pas mal de ressentiment — n'avaient oublié ni mes reportages ni mon livre sur la Tchécoslovaquie. Avec les années, les choses se sont finalement tassées, de sorte qu'en juillet 1987, j'ai pu enfin revoir ma terre natale, que j'avais quittée... quarante-trois ans plus tôt.

Pour effectuer ce périple, j'étais accompagné de mon frère Louis et de mon fidèle caméraman Michel Thomas d'Hoste. Comme, à cette époque, les journalistes n'étaient pas bien vus par l'occupant soviétique et qu'il ne fallait surtout pas éveiller de soupçons, on trafiqua ingénieusement notre caméra pour lui donner l'allure d'une banale caméra de touriste. Michel avait été chargé par ma bonne amie Alanis Obomsawin de consigner sur vidéo, pour l'Office national du film du Canada, les moments les plus significatifs de mes retrouvailles avec la terre qui m'a vu naître.

L'émotion était à son comble. Jusqu'à la venue de ce jour, je ne pensais plus que j'avais encore un pays à moi. À la fois citoyen du monde, un peu Français, un peu Canadien, beaucoup Montréalais et quelque part, bien enfoui au fond de moi, toujours Lituanien. Cent pour cent d'octane survolté dans les veines, certes, mais pas d'image précise d'identité. Transplanté, comme tous les immigrants, dans un pays choisi par nécessité, j'avais appris à aimer mon dernier pays d'accueil, le Québec, comme si j'y étais né. En allant en Lituanie, je savais que j'y retrouverais les témoins de mes premiers jours trop vite dérobés, trop vite interdits, et que j'y nouerais de nouveaux liens. J'étais heureux de retrouver la plénitude dans un décor que j'avais effacé de ma mémoire. Lorsque j'ai débarqué à Vilnius et que j'ai entendu les gens parler le lituanien, une langue que je n'utilisais guère qu'avec mes proches et sporadiquement avec quelques Lituaniens en exil, j'ai craqué...

Ce fut un voyage[61] rempli de peur, de rêve et de féerie. Mon premier séjour dura dix jours. Deux mois plus tard, j'ai ressenti un besoin irrépressible d'y retourner. À cette époque, Gorbatchev commençait à expliquer timidement sa *glasnost*. L'instant était rempli d'espoir, mais il y avait aussi beaucoup de méfiance.

Ce voyage organisé, je l'ai fait en compagnie d'un groupe d'une trentaine de Lituaniens parmi lesquels se trouvait curieusement une Polonaise, Dr Lydia Lankevitch. Médecin de son état, elle pratiquait à Montréal. La raison de son voyage à elle était tellement émouvante que je ne résiste pas à l'envie de parler d'elle avant de parler des émotions que j'ai vécues, moi.

En 1941, Lydia et une de ses amies, qui, comme beaucoup de Polonais, vivent à Vilnius, décident de fuir le pays menacé d'occupation par les troupes allemandes. Les deux copines entreprennent leur fuite, avec pour seul bagage un petit sac à dos. Pour aboutir en Suisse, où elles rêvent d'aller étudier la médecine, elles devront traverser pas moins de cinq pays… à pied! Avant de commencer leur périlleuse expédition (vaut mieux mettre toutes les chances de son côté), elles font une halte au célèbre sanctuaire de Notre-Dame Porte de l'Aurore où, agenouillées au pied de l'image de la Vierge Marie, elles lui font une promesse: « Si vous nous aidez à réaliser notre rêve, si nous réussissons l'impossible, si nous nous en sortons vivantes, une fois la guerre terminée, nous tiendrons notre promesse et nous reviendrons vous remercier! »

Après avoir affronté les pires dangers, franchi les plus grands obstacles, la peur, le froid, la faim, l'épuisement, elles parviennent finalement à atteindre leur but, la Suisse! Leur étonnante survie n'a tenu qu'à une longue enfilade de hasards improbables.

Après avoir survécu à la guerre et réussi ses études médicales, Lydia revenait donc à Vilnius dans le seul but de remercier sa sainte protectrice pour faveurs obtenues.

Traverser cinq pays à pied en temps de guerre est un exploit qui tient du miracle. Mais à la dernière étape de leur périple, il s'est produit un autre miracle, tout aussi étonnant, que Lydia a bien voulu me raconter.

---

61. L'expérience de mon retour en Lituanie a fait l'objet de mon livre: *Lituanie: l'indépendance en pleurs ou en fleurs*, Montréal, Les éditions internationales Alain Stanké, 1990.

Au terme de leur expédition, un peu avant de toucher la Suisse, Lydia et son amie s'engagent dans un petit chemin tortueux qui sillonne les montagnes. Des marques de peinture rouge placées sur des arbres et des pierres indiquent la voie à suivre. En atteignant ce dernier sentier de l'espoir, elles voient sur le sol les traces d'un chien et celles de bottes cloutées. Deux cents mètres plus haut, entre deux rochers, est plantée une guérite, dernier *check-point* de la frontière allemande. Impossible de l'éviter.

Lorsque, la peur au ventre, elles s'approchent du poste de garde, elles s'attendent au pire. Seront-elles refoulées ou mises aux arrêts ? À leur plus grande stupéfaction, la guérite est déserte ! Pas âme qui vive ! Devant cet étonnant coup de pouce du destin, les deux amies s'infiltrent donc rapidement en territoire ami. Chemin faisant, elles rencontrent trois soldats suisses. Les trois hommes sont complètement sidérés de les voir là. Ils ne comprennent absolument pas que la sentinelle allemande ait pu les laisser passer. Les consignes données aux militaires allemands sont très strictes, pour ne pas dire tyranniques : « Personne, sous aucune considération, n'a le droit de franchir ce poste sous peine d'être arrêté ou, en cas de résistance, fusillé sur place sans autre forme de procès ! » Jamais, de mémoire de soldat, personne n'a encore réussi à se rendre jusqu'au lieu que les deux fuyardes ont atteint sans encombre. Voulant s'assurer qu'elles leur disent la vérité, un des officiers suisses prend la peine de remonter jusqu'à la mystérieuse guérite allemande pour voir si elle est réellement inoccupée. Personne n'arrive à expliquer ce qui a bien pu se passer, car le soldat incrédule qui s'est rendu jusqu'à la petite cabane vient d'y voir... un soldat allemand armé jusqu'aux dents avec un gros chien à ses côtés ! Devant la manifestation d'un tel phénomène, bouleversés, les Suisses ont pitié des deux femmes et leur permettent d'entrer dans leur pays où on finit par leur accorder des visas de réfugiées.

C'est à la fin de la guerre, une fois ses études en médecine terminées, que Lydia immigrera au Canada.

Quarante ans plus tard, le retour au pays natal et les retrouvailles avec la famille qui était restée au pays

À ma descente d'avion, à Vilnius, il y avait foule. Ma première réaction fut de me cacher derrière mon frère. Il avait la charge d'aller au-devant des membres de la famille qui étaient restés en Lituanie durant quatre décennies. Je craignais de ne pas les reconnaître. La dernière fois que j'avais vu mes deux cousins, ils n'avaient pas encore douze ans…

Le temps avait assurément creusé un grand fossé entre nous. À ma grande surprise, je n'ai eu aucun mal à reconnaître ni ma vieille tante de quatre-vingts ans ni mes cousins dont les traits, même vieillis, avaient gardé un air familier. Nous nous sommes tous embrassés avec force et tendresse. C'était ma terre natale que j'embrassais après quarante années de séparation.

Ma brave tante Olga m'arracha aux autres. Elle me voulait pour elle toute seule. J'avais la gorge nouée d'émotion. Je me suis laissé faire. Je ressentais à tout instant que ce pèlerinage avait pour moi valeur de renouveau. Je savais qu'à partir de là, je ne serais plus jamais le même. Tant de questions que me posait l'existence trouvaient soudain une réponse dans ces jalons qui ont marqué mon enfance. Lorsque je me suis mis à déambuler dans les rues de Kaunas, la ville où je suis né, des fragments d'images oubliées jaillirent subitement dans ma mémoire. Des scènes du passé — heureuses et tragiques — se sont reconstituées comme par magie, parfaitement nettes et imprégnées d'une intense émotion.

J'ai pris conscience alors, comme jamais je ne l'avais fait auparavant, que notre mémoire a d'étonnantes capacités, car c'est sans la moindre difficulté que j'ai retrouvé des lieux que j'avais rêvé éternels : la maison où je suis né, ma première école, la maison de mes grands-parents et d'autres sites heureux d'une enfance couvée. Tel un automate, j'ai également indiqué à Michel certains endroits que j'aurais préféré avoir effacés de mon souvenir : un immense chêne au pied duquel, en compagnie de mes petits camarades, j'avais été forcé d'assister à la pendaison, par les Allemands, de trois parachutistes russes ; et puis aussi ce vieux cimetière dans lequel j'avais vu avec effroi, alors que j'étais caché dans un arbre, des Soviétiques torturer un maquisard. Comment, après tant d'années, n'avais-je pas réussi à évacuer toutes ces monstrueuses horreurs et tous ces lieux maudits qui me revenaient avec une étonnante clarté ? Insondables mystères du cerveau et de l'inconscient. Témoins de ce phénomène, mes deux cousins restaient bouche bée. La situation dépassait tout le monde. Il ne fallait pas nécessairement chercher une explication à ces instants de cruelle vérité, mais plutôt les vivre et les considérer comme des moments bénis.

À cette occasion, j'ai tout de même pris conscience que dans la vie rien n'est jamais stable, que les repères, la sécurité et les réconforts que l'on recherche sont souvent chahutés par des événements imprévisibles et des inconnus. Parmi les gens que j'ai retrouvés, il en est qui avaient bien vieilli et d'autres dont le délabrement sautait aux yeux. Sur les moins chanceux, le temps n'avait pas juste glissé. Il avait été plus cruel en les rabotant, en les griffant, en les défigurant avec un acharnement désespéré.

Les Lituaniens qui luttaient pour retrouver leur indépendance se sont mis soudainement à proclamer leur espoir de manière plus ouverte. De plus en plus de gens organisaient des manifestations, narguant les soldats soviétiques, pourtant encore bien présents et tout aussi menaçants.

Leur attitude pacifiste et leur imagination me rappelèrent beaucoup celles des gens que je venais d'observer récemment en Tchécoslovaquie. Fervents de la doctrine indienne de l'*ahimsa* (la non-violence), ils utilisaient leurs voix non pas pour injurier les Russes, mais plutôt pour chanter avec dignité et démontrer ainsi leur détermination et leur solidarité. Dans toutes les rues, des affichettes rappelaient la consigne : « Les jeunes, souvenez-vous : pas de provocation ! Notre révolution se fait en chantant ! »

— Pourquoi chantez-vous ? ai-je demandé à un homme dans la rue.

— Parce qu'une pierre, ça porte bien moins loin qu'un chant ! me répondit-il avec un radieux sourire.

Mais les changements les plus tangibles, je les ai vus lors de mes voyages subséquents en 1988 et 1989. Au cours de ces deux années, dans un geste spontané, toute la population avait pris la décision, une fois pour toutes, de faire l'Histoire plutôt que de continuer à la subir.

En juillet 1989, pour commémorer le cinquantième anniversaire du pacte Molotov-Ribbentrop, Estoniens, Lettons et Lituaniens organisent le « chemin de la Baltique », une gigantesque chaîne humaine, du jamais vu dans le monde entier. Elle réunit deux millions de personnes sur une distance de six cent cinquante kilomètres, allant de Tallin, en Estonie,

Un maillon de la chaîne humaine unissant les trois pays baltes

jusqu'à Vilnius. Et que font toutes ces personnes en se tenant par la main ? Elles chantent encore et toujours pendant que, du haut des airs, un petit avion les bombarde de... fleurs !

Pareille manifestation de masse peut difficilement passer inaperçue. Son but d'une grande noblesse est sans équivoque. C'est l'expression unanime de tous les Baltes, ces enfants perdus et volés de l'Europe orientale qu'on a fini par ne plus reconnaître et par ne plus appeler par leur propre nom.

En 1990, Sajūdis (le premier mouvement lituanien pour l'indépendance) m'invite cordialement, en compagnie d'une trentaine d'autres personnes — parlementaires, universitaires, politicologues, etc. — du Canada, des États-Unis et d'ailleurs, à titre d'observateur des premières élections libres tenues dans ce pays depuis cinquante ans.

Huit Canadiens font partie du groupe, notamment Bob Rae, député du parti démocratique (qui devint premier ministre de l'Ontario par la suite) et dont les ancêtres sont lituaniens.

Après avoir suivi avec rigueur le déroulement des élections, tout le monde s'est accordé pour dire qu'elles se sont effectuées dans l'ordre et le respect des règles de la démocratie.

Le 11 mars 1990, le Parlement lituanien vote le rétablissement de l'indépendance. La République soviétique de Lituanie redevient République de Lituanie.

Malgré une dernière tentative musclée de retenir le pays dans son giron, le gouvernement de Gorbatchev ne trouve aucun allié au monde pour le soutenir. Une à une, les nations accueillent avec enthousiasme la Lituanie dans le concert des nations libres.

Suivant l'exemple, le Canada délègue à Vilnius son ministre de l'Industrie et du Commerce, Michael Wilson, pour signifier la reconnaissance officielle, par son pays, de l'indépendance de la Lituanie. J'ai l'honneur d'être invité, en compagnie de six autres personnes, à faire le mémorable voyage à ses côtés, en jet Challenger de l'armée canadienne. Une mission historique.

L'émotion passée et les retrouvailles joyeusement célébrées, les intérêts du journaliste reprennent le dessus. Je me remets en quête de sujets de reportages dans mon pays natal. Ils ne manquent pas. Pas question bien sûr d'énumérer ici tout ce qui a pu captiver mon attention. Ce serait beaucoup trop long. Dans cette liste sans fin se trouve pourtant un sujet très particulier qui mérite sans doute qu'on s'y attarde. Il s'agit de l'histoire incroyable de Benediktas Mikulinas, un homme qui a vécu vingt-sept longues années caché dans un cellier! Sans lumière et sans chaleur, il s'est littéralement vitrifié dans sa termitière en attendant la réalisation de son désir le plus cher: éviter la mort et, paradoxalement, continuer à jouir de la vie, dans sa prison volontaire… mais comme un homme libre!

Pourquoi cet étrange personnage s'est-il glissé ici, entre les lignes? Je ne sais trop. Peut-être parce qu'il est resté pour moi une sorte de symbole. Un exemple de la précarité d'une vie. Un exemple qui montre bien jusqu'où peut conduire la peur. Un symbole inimaginable de la force qui est en nous…

Lorsque j'ai rencontré Benediktas dans sa masure de campagne, où il vivait dans une précarité accablante, il réapprenait à vivre au grand jour. Je suis resté ébaubi par son récit. Il me sidère encore.

— Tout le monde a peur, m'a-t-il dit, même les hommes les plus courageux. Celui qui prétend ne pas avoir peur est un menteur ou un être anormal!

Il n'y a pas de doute, l'homme savait ce dont il parlait. La peur, il la connaissait. Terrorisé par le danger d'être fusillé par les Soviétiques qui occupaient son pays, il a vécu en reclus durant un quart de siècle !

Voici son incroyable histoire.

En 1947, Benediktas est étudiant. Un jour, en compagnie de son frère, il commet l'imprudence de s'aventurer dans une forêt où se cachent des résistants du régime, déterminés à lutter contre l'occupant communiste. Soupçonnés de collaboration avec les partisans, les deux frères sont pris en chasse par la milice. Le frère de Benediktas est capturé tandis que lui-même, âgé alors de vingt-quatre ans, parvient à s'enfuir pour aller se terrer dans la ferme de ses parents.

Le frère, bien que parfaitement innocent, est arrêté et fusillé sur-le-champ devant les habitants du village. Comme son exécution doit servir d'exemple, ses restes sont sauvagement découpés en morceaux et éparpillés sur la place publique. Quant au fugitif, une grande chasse à l'homme est organisée pour le retrouver. Terrorisés à l'idée que leur deuxième fils subisse le sort du premier, les parents décident de le cacher dans un cellier contigu à leur maison. Exiguë, humide, glaciale et sans le moindre rai de lumière, la remise sert habituellement à entreposer des légumes.

Quelques minutes après que Benediktas se soit réfugié dans le cellier, les miliciens envahissent la maison. Ils fouillent la demeure de fond en comble, mais par bonheur négligent de pousser leur recherche jusqu'à la cachette. Persuadés que le jeune n'est pas encore revenu, ils sont tout de même convaincus qu'il finira par… rentrer chez lui. Pour l'attendre, ils postent des gardes armés à l'entrée de la ferme. La vigie du « comité d'accueil » dure quatre mois. Au départ des gardes, alors que les parents de Benediktas s'apprêtent à faire quitter sa cachette à leur fils, comble de malheur, un kolkhoze s'installe aux abords de la petite ferme. Le danger d'être découvert ou dénoncé est constant. Deux solutions s'offrent au malheureux ermite : sortir au grand jour, se livrer et être fusillé, ou continuer à se terrer. Il choisit la seconde.

Deux années plus tard, à bout de patience, Benediktas décide de quitter l'humidité et l'obscurité de sa tanière. Prêt à risquer sa vie, il parle de son projet à ses parents qui l'en dissuadent. Ils sont convaincus que sa longue disparition ne fera que confirmer les soupçons de la milice. Pourquoi se serait-il caché aussi longtemps s'il n'avait rien à se reprocher ?

Benediktas continue donc à vivre comme une bête traquée, hibernant dans son terrier durant vingt-sept interminables années. Il finit par en émerger à la mort de ses parents, qui étaient seuls à connaître sa survivance et à lui fournir sa plus que maigre pitance. À partir de cet instant, même si le régime stalinien s'est relâché, l'homme continue à vivoter en cachette, toujours habité par la peur d'être découvert et exécuté. Ce n'est qu'à la déclaration de l'indépendance du pays qu'il ose enfin sortir au grand jour et raconter son incroyable odyssée à quelques voisins qui le croyaient disparu depuis longtemps.

Le jour où j'ai rencontré Benediktas chez lui, je l'ai trouvé étonnamment lucide. Ses yeux, longtemps éteints par les ténèbres, le guet et la peur, étaient d'un bleu franc. Lorsque, par des phrases courtes, il me raconta son invraisemblable aventure, je me souviens lui avoir posé cette question que je croyais essentielle :

— Où avez-vous puisé cette force qui vous a permis de tenir aussi longtemps ?

— J'avais trop peur de mourir ! me répondit-il avec une tranquille assurance de terrien. Pour certains, ce que j'ai fait relève de la lâcheté. Pour d'autres, mon geste relève du courage, de l'héroïsme. Pour moi, je n'ai fait qu'obéir à une décision suprême de Dieu. Il ne voulait pas que je meure et, afin que je vive, il a voulu que je me cache. Tel devait être mon destin.

Totalement interdit devant cette vie de trappiste si austère qu'elle en est presque inimaginable, j'ai demandé à Benediktas si, au cours de ce quart de siècle, il lui était arrivé de sombrer dans le désespoir.

— Oui, très souvent !

— Vous n'avez jamais songé à vous enlever la vie ?

— Non, jamais. Cela, jamais !

Et comme il a vu que je m'étonnais de son étonnement, il a ajouté :

— Tout comme on n'a pas le droit d'enlever la vie aux autres, on n'a pas le droit de s'enlever celle que Dieu nous a donnée. Chaque être humain a une ou plusieurs épreuves à traverser au cours de sa vie. Mon épreuve à moi était de continuer à vivre caché avec ma peur.

Au cours de ces exécrables années, Benediktas a passé la majeure partie de son temps dans la position qu'il appelle «l'homme dans le cercueil». Une fois par jour, il se levait pour se délier les jambes dans le seul coin du cellier où le plafond lui permettait d'adopter la position verticale. Il n'avait pas de montre et, de toute manière, il n'aurait pas pu y déchiffrer l'heure puisqu'il ne distinguait jamais le jour de la nuit. N'ayant aucune fenêtre dans son réduit et pas d'électricité, il ne pouvait ni lire, ni écrire, ni écouter la radio.

Que faisait-il alors pour passer le temps? Tout ce temps gaspillé…

— Je ne faisais rien! Strictement RIEN! Au début, je me remémorais des souvenirs d'enfance. Je revoyais les visages d'amis, des choses que j'avais apprises, puis, avec les années, j'ai fini par ne plus penser à rien! Le vide! Il n'y avait rien pour me distraire. Aucun bruit ne me parvenait. Aucun son d'aucune sorte. Rien que le silence et la nuit.

— Vous n'aviez aucune nouvelle de l'extérieur? Vous ignoriez ce qui se passait?

— Parfois, en m'apportant ma nourriture, ma mère me chuchotait des bribes de nouvelles. Cela me donnait matière à réflexion pour les mois à venir.

Lorsqu'il est sorti de sa cachette et que la nouvelle s'est répandue, Benediktas est immédiatement devenu un phénomène qui passionna la science médicale.

— Tout le monde voulait m'examiner, m'explorer physiquement, constater ce qui est visible et ce qui ne l'est pas. Ce qui les a frappés, ce sont mes doigts d'arthritique, tordus par les années d'humidité. Il semblerait qu'ils ne connaissaient pas d'autre exemple que le mien. Ils se sont tous demandé comment j'ai pu survivre en ne mangeant presque rien. Ma vie aidera peut-être à démontrer que les hommes peuvent hiberner aussi bien que les ours. Je suis un phénomène aussi sur un autre plan: je suis un des rares hommes connus sur terre à s'être constitué prisonnier de son propre gré, à avoir été son propre geôlier, son propre juge et son propre libérateur… Il ne me reste plus qu'à me réhabiliter… tout seul!

Pour finir, je lui ai demandé ce qu'il ferait si le communisme revenait et s'il était de nouveau menacé. Songerait-il à se cacher?

Benediktas Mikulinas a vécu 27 ans caché dans un cellier.

— Jamais! Jamais plus! Maintenant, j'ai une hache et je me battrai jusqu'à la mort! dit-il en riant aux éclats. Je me battrai pour défendre ma vie et ma liberté. Je n'ai pas à me battre pour mes possessions puisque je ne possède rien. Juste un petit appareil de radio, une vieille table, deux chaises, un banc, un poêle à bois et une pile de vieux journaux. Ce n'est peut-être pas beaucoup, mais je me sens quand même très heureux et riche parce que je suis un homme libre. Ma plus grande richesse aujourd'hui, c'est de m'être débarrassé de la peur!

Après cette bouleversante histoire de l'homme qui avait peur de mourir, je me sens le besoin de raconter celle de l'homme qui n'avait pas peur de... donner la mort. C'est l'histoire de Donald Lavoie, un tueur à gages devenu délateur (coupable d'avoir tué de sang-froid quinze personnes, d'avoir participé à trente-quatre meurtres et de posséder des preuves accablantes de sa participation à soixante-seize assassinats). Pourquoi me suis-je attardé sur la vie de cet être?

Les personnes de son genre sont sans doute indéfendables, mais ce sont quand même des êtres humains. En cela, je partage l'opinion du célèbre criminaliste Jacques Vergès, qui s'y connaît en cette matière. Il affirme que «le monstre fait partie de la beauté du monde, et cela ne choque que celui qui ne peut considérer l'ensemble». Montaigne, qui a lu saint Augustin, le dit en termes encore plus clairs: «Ceux que nous appelons monstres ne le sont pas pour Dieu qui voit en l'immensité de son ouvrage l'infinité des formes qu'il y a comprises.»

Pour en revenir à Donald Lavoie, il faut dire que la justice a passé l'éponge sur ses crimes en échange de l'aide qu'il a apportée dans la lutte contre la criminalité au Québec. Ce genre d'existence étant très rare, je lui ai proposé d'éditer ses mémoires. La police lui transmit mon offre de publication, et Lavoie accepta de me rencontrer pour parler… affaires. Nous avons eu plusieurs rencontres tous les deux. À chaque nouveau tête-à-tête, nous nous sentions plus à l'aise. L'homme avait compris que je n'étais pas là pour le juger, mais pour comprendre le parcours qui l'avait conduit à tuer. Il finit par s'ouvrir sans réserve et accepta de m'accorder un entretien filmé de deux heures dans lequel il s'est totalement livré. Une partie de l'interview fut reprise dans un long-métrage français intitulé *Carré blanc*[62]. J'en ai également tiré un document d'une heure qui fut présenté à plusieurs reprises à la télévision de Radio-Canada[63], ainsi qu'un ouvrage[64].

Aujourd'hui, Lavoie vit en liberté sous une fausse identité. Il lui arrive fréquemment de me téléphoner «juste pour me donner… de ses nouvelles».

Je me souviens lui avoir demandé s'il fallait avoir des dispositions particulières pour tuer quelqu'un de sang-froid.

— Je crois qu'il faut être totalement désespéré, et ça peut arriver à n'importe qui, m'a-t-il répondu. N'importe qui peut tuer! J'en suis convaincu. N'importe qui peut faire ce que j'ai fait. Dans mon cas, avant l'âge de vingt-six ou vingt-sept ans, je n'avais jamais pensé qu'un jour j'allais tuer. Si on me l'avait dit, je ne m'en serais jamais cru capable. Mais une fois qu'on tombe dans l'engrenage, on ne peut plus en sortir!

62. Gilles Delannoy, Isabelle Pierson. *Carré Blanc*, Paris, 1986.
63. *Le tueur*, RDI et CBC, 2006
64. Alain Stanké. *Le tueur: confession d'un ex-tueur à gages*, Montréal, Éditions Au Carré, 2006.

À la veille d'être libéré (dans le plus grand des secrets), je lui ai demandé s'il ne retomberait pas dans le crime.

— Ne dit-on pas « Chassez le naturel, il revient au galop ? » lui ai-je fait remarquer.

Donald esquissa un grand sourire et me dit :

— C'est très juste de dire que le naturel revient au galop… Mais comme mon naturel n'est pas de tuer… je ne crains rien !

Voilà vingt ans que Donald vit libre sans avoir jamais fait de rechute. Selon Richard McGinnis, le limier qui est chargé de son dossier, Lavoie n'a jamais repris d'alcool et n'a même jamais écopé de la moindre contravention.

Certes, cette réhabilitation réussie n'efface pas l'odieux des actes qu'il a commis et ne ramène pas à la vie les personnes qu'il a cruellement supprimées. Elle mérite tout de même d'être signalée.

Encore un souvenir. Dans les années 1980, la télévision de la Société Radio-Canada m'a offert d'animer *Stanké Centre-ville*, une émission quotidienne d'affaires publiques à Québec. Une expérience des plus enrichissantes qui m'a donné la chance de rencontrer quantité d'invités recrutés parmi une armée de quidams aussi bien que de célébrités. Toutes les personnes faisant l'actualité, comme les plus grandes vedettes de passage dans la Vieille Capitale, faisaient un arrêt obligé dans mon studio.

Pour amorcer la série, j'ai eu la chance d'interviewer en exclusivité (l'unique interview qu'elle ait accepté de faire avant de mourir) Marie-Andrée Leclerc, la compagne du célèbre tueur en série Charles Sobhraj. Surnommé « le serpent », cet homme, expert dans la manipulation des victimes, a longtemps échappé à la police, puis, une fois capturé, a réussi à s'évader de plusieurs prisons. Escroc, séducteur, détrousseur de touristes, roi de la cavale, expert en poisons, Sobhraj était considéré comme un « meurtrier diabolique ». Sa petite amie québécoise était sa complice. Dans un geste humanitaire, les autorités indiennes ont relaxé Marie-Andrée Leclerc, atteinte de cancer, pour qu'elle puisse retourner au Canada. À son retour au Québec, elle consigna son expérience dans un troublant ouvrage[65].

---

65. Marie-Andrée Leclerc. *Je reviens*, Montréal, Les éditions internationales Alain Stanké, 1983.

Animer cette émission a été pour moi un véritable bonheur. Grâce à elle, quantité de personnes m'ont comblé de leur générosité et de leur amitié. L'une d'elles fut la merveilleuse Juliette Gréco.

La célèbre chanteuse venait de terminer sa tournée au Québec. Sa campagne de promotion étant achevée, elle n'avait aucune raison de continuer à faire des apparitions à la télévision, et notre émission n'avait pas de budget prévu pour des invités de sa classe (qui se déplaçaient généralement gratuitement pour pousser la vente des billets de leur spectacle ou celle de leurs disques). Juliette, chez qui j'étais allé un jour en France pour faire une émission et dont j'avais édité l'autobiographie[66], affréta un petit avion (deux mille dollars!) et se rendit de Montréal à Québec, juste pour me faire plaisir!

Juliette Gréco et Gérard Jouannest

Dans la liste de mes prestigieux invités de Québec se trouve aussi l'enfant chéri du cinéma français, Jean Marais. J'avais rencontré cette «légende» du film dans le sud de la France, également pour le tournage d'une interview. Encore une rencontre. Quelques jours avant de clôturer la saison de *Stanké Centre-ville*, Jean Marais vint donner un spectacle à Montréal.

---

66. Juliette Gréco. *Jujube,* Montréal, Les éditions internationales Alain Stanké, 1982.

Profitant de son passage au Québec, j'ai pensé lui consacrer la dernière émission de ma série. Jeannot accepta d'emblée. Pour se rendre jusqu'à Québec, il pria l'un de ses amis de le conduire en auto. Il nous avait promis d'arriver une heure avant le début de l'émission. Dans les studios de Radio-Canada, tout le monde l'attendait avec beaucoup d'impatience. Dix minutes avant l'heure, il n'était toujours pas là ! On ignorait tous ce qui lui était arrivé. Désespérés, nous nous sommes résolus à remplacer l'interview tant attendue de Jean Marais par un vague documentaire « bouche-trou ». Une fin de série pas très glorieuse, surtout que son passage à la dernière émission avait été annoncé avec tambours et trompettes. Il finit par arriver à l'arraché, essoufflé et complètement en nage… trois minutes plus tard. Nous n'étions plus qu'à sept minutes avant de passer en ondes. Plus réellement le temps de penser au maquillage. On se précipite sur le plateau. Je dis à Jean Marais de ne pas trop s'inquiéter, car je connais sa vie et sa carrière par cœur, mais, par précaution, je suggère tout de même que nous nous entendions rapidement sur les grands thèmes à aborder.

— Attendez, attendez, me dit-il en se levant soudainement, je reviens tout de suite…

Et, sur ces mots, il me quitte pour aller serrer la main à tous les techniciens présents en studio. Ils sont quatorze ! Il grimpe même sur une immense échelle en haut de laquelle est juché le préposé à l'éclairage. Après cette séance de civilités, étonnamment paisible, le regard toujours aussi doux, il revient prendre place dans le fauteuil à mes côtés. C'est pour lui une règle primordiale et sa façon chaleureuse d'initier un contact. Malheureusement, il ne nous reste plus de temps pour comploter notre menu, car l'émission vient de démarrer. D'entrée de jeu, j'amorce une première question, mais Jean Marais me coupe.

— Bonjour, bonjour ! dit-il. Mais, si vous me le permettez, avant de commencer notre entretien, j'aurais besoin d'une petite minute… Voilà de quoi il s'agit. Comme vous avez pu le constater, je suis arrivé très en retard. Je vous prie de m'excuser. C'est que, figurez-vous, l'auto de mon ami qui avait accepté de me conduire jusqu'ici a pris feu sur l'autoroute. Bien entendu, pas question pour moi d'attendre l'arrivée des pompiers, puisque j'avais un rendez-vous avec vous. Il fallait trouver une solution, alors j'ai décidé tout simplement de faire de… l'auto-stop. Un gentil monsieur — dont l'auto roulait malheureusement au pas de tortue — eut la générosité de me prendre à bord et de me conduire jusqu'ici. Au cas où ce brave samaritain serait à l'écoute, j'aimerais lui dire un gros MERCI ! Sans lui, je n'aurais pas pu être des vôtres !

Jean Marais

On n'a jamais su si le brave samaritain a entendu les remerciements de Jean Marais. Il put néanmoins se vanter par la suite d'avoir transporté dans sa vieille chignole une des plus grandes figures du théâtre et du cinéma français de tous les temps.

Le rendez-vous de Québec ne fut pas ma dernière rencontre avec Jean Marais. J'ai eu le plaisir de le revoir à Paris quelques années après cette mémorable émission.

Pour raconter cette troisième rencontre avec Jean Marais, il me faut remonter un peu en arrière et, en guise de préambule, avouer que j'ai toujours eu un grand problème avec le temps. Gagner du temps a été le sport de toute ma vie. Cette perpétuelle frustration me donna un jour une idée saugrenue. «Ah ! me suis-je dit, si seulement on pouvait acheter du temps comme on achète de l'argent.» Pour ceux qui se plaignent d'en manquer, le temps est une ressource non renouvelable et elle n'est pas non plus transférable. C'est en continuant à réfléchir sur ce thème qu'une idée germa en moi. Elle se présenta à moi comme une sorte de rêve. Pourquoi n'existerait-il pas en ce bas monde, me suis-je dit, un magasin où il serait loisible d'acheter ou de vendre du temps? Un établissement calqué sur les banques qui prennent de l'argent à ceux qui en ont, pour le prêter à ceux qui en manquent. Je me suis mis aussitôt à rédiger le scénario d'un film que j'ai intitulé *Ah! Si j'avais le temps!* L'intrigue voulait raconter la découverte, par quelques privilégiés souffrant cruellement du manque de temps, d'un négoce bien particulier dirigé par un vieil horloger — plus philosophe qu'horloger — qui leur offrait l'occasion d'acquérir du temps à satiété ou de vivre quelques années à rebours. Il n'est pas interdit de rêver…

Pour tout dire, j'ai écrit l'histoire en ayant le comédien Jean Carmet en tête. Depuis que je l'avais rencontré, je ne voyais personne d'autre que lui pour incarner le rôle de l'horloger philosophe. Une fois le scénario complété, je le lui ai soumis en espérant qu'il lui plairait. Il a été séduit par l'idée et accepta d'en être le principal acteur, c'est-à-dire celui qui devait personnifier l'horloger. Six semaines avaient été prévues pour le tournage du film, dont trois au Québec, deux à Paris et une semaine à Klaipėda, en Lituanie, où se trouve un musée de l'horloge, unique au monde, consacré à l'histoire du temps. Bien entendu, j'étais au septième ciel et surtout très impatient de procéder à la réalisation de mon rêve. Selon Jean, cette coproduction franco-québécoise ne pouvait laisser indifférents les gens qui souffrent du manque de temps, soit… beaucoup de personnes.

Par malheur, trois mois avant la date prévue du premier tour de manivelle, Jean Carmet est décédé subitement! En même temps que j'enterrais un ami très cher, j'enterrais aussi mon projet. Je ne voyais pas comment j'aurais pu tourner ce film sans lui. Quelques mois plus tard — aux alentours de la date à laquelle nous aurions dû commencer à tourner —, j'ai rêvé de Jean Carmet. Il m'est apparu dans mon sommeil, détendu, souriant comme toujours, mais avec un message qu'il tenait absolument à me livrer « personnellement ». Je n'ai aucune difficulté à me souvenir des mots qu'il a prononcés à cette singulière occasion:

Jean Carmet

— Dis donc, connard, ce n'est pas parce que je ne suis plus
là que tu ne dois pas faire le film. Moi, ton scénario, il m'a plu.
Je suis sûr que tu pourrais trouver un autre comédien qui sera
séduit par le sujet comme je l'ai été. Sors-le du tiroir où tu l'as
enfoui, retravaille-le et propose-le à quelqu'un d'autre. Ne perds
pas de… temps, c'est le cas de le dire !

Après avoir eu cette fugitive vision, l'idée ne m'a jamais plus
quitté. J'ai donc suivi son conseil, retouché le scénario afin de
l'adapter à la personnalité d'un comédien de remplacement.
Cet homme de grand talent était plus âgé que Jean Carmet. S'il
acceptait de jouer le rôle de mon horloger, je savais que le film
ne passerait pas inaperçu. C'était… Jean Marais ! Par bonheur,
mon deuxième Jeannot aima l'idée lui aussi, mais avait des
restrictions. Il se disait trop vieux pour voyager au Canada et en
Lituanie. Il voulait bien tourner avec moi, mais à condition que
le film se fasse entièrement à Paris. L'ajustement n'était pas
compliqué à faire. Le jeu en valait la chandelle.

Hélas, deux mois après notre accord, Jean Marais mourut à
son tour ! Mes deux amis voulaient bien faire le film, mais ils
ont… manqué de temps ! Décidément, l'ironie du hasard ne
manquait pas, elle, de cruauté.

Cette fois, j'ai enfoui mon scénario d'une manière définitive dans mes archives en me promettant bien de ne plus jamais
y toucher. C'est mon fils Alexandre, qui devait faire la musique

du film, qui est revenu à la charge. Plutôt que de poursuivre l'aventure du film, il me suggéra d'en faire un petit livre qu'il publia sous le titre de *Conte à régler avec le temps*[67].

Attendez, ce n'est pas fini…

Un beau jour, Suzanne Cloutier, l'ex-épouse de Peter Ustinov, est tombée par hasard sur le petit bouquin. Comme elle l'a beaucoup aimé, elle en parla à sa fille Pavla Ustinov, réalisatrice à Hollywood. Lors d'une visite qu'elle fit à sa mère à Montréal, Pavla demanda à me rencontrer et, de fil en aiguille, réussit à me persuader de… ressusciter le projet.

Pavla tenait à s'impliquer non seulement dans la réalisation du film, mais également dans la scénarisation de celui-ci. Après discussion, nous avons décidé de garder l'idée de base — celle du petit artisan qui s'occupe de vendre et d'acheter du temps, mais la nouvelle aventure devait prendre une autre voie : celle de l'humour. J'ai beaucoup apprécié de travailler avec la fille d'Ustinov, qui n'en était pas à sa première expérience. Nous avons trimé sur le texte alternativement à Montréal et à Hollywood. Bien entendu, chemin faisant, nous avons montré notre travail à son père, qui nous prodigua de précieux conseils. Comme il semblait apprécier l'histoire, nous en avons profité pour lui demander de faire partie de notre distribution. À notre plus grande joie, Peter a dit oui… mais, malheureusement, il est mort, lui aussi, quelques mois après, alors que les trois quarts du scénario avaient été couchés sur papier.

Toujours cette satanée réalité du… manque de temps !

Aujourd'hui, nous en sommes là. Bien au courant du projet et de toutes ses macabres mésaventures, un ami m'a suggéré de ne proposer désormais un rôle dans ce film qu'aux comédiens que je n'aime pas ou, à défaut d'ennemis, à… Ben Laden ?

Il n'a jamais été question pour moi que mon travail occupe la majorité de mon temps. Je n'aurais jamais profité pleinement des ressources qu'il me rapportait si j'avais fermé les yeux sur les moins bien nantis. À la sortie de la guerre, j'ai vécu un temps grâce à la générosité d'inconnus qui m'ont fait l'aumône et

---

67. Alain Stanké. *Conte à régler avec le temps*, Montréal, Éditions Alexandre Stanké/ Coffragants, 1999.

offert des vêtements. Maintenant que la vie me souriait, je savais que le moment était venu pour moi de prendre le relais et, en remerciement de ce que j'avais reçu, redonner ma juste part à ceux qui étaient dans le besoin.

C'est ainsi que, durant deux années, j'ai présidé les campagnes de souscription de Développement et Paix[68]. J'ai aussi eu l'honneur de présider la campagne de souscription de l'Accueil Bonneau[69]. Ici, une petite parenthèse s'impose. Lors de l'inauguration de cette collecte de fonds, j'ai appris qu'un groupe de fines fourchettes préparait, lui, un grand dîner gastronomique à Montréal au coût de soixante-quinze dollars le couvert! Les profits de cette fastueuse soirée, annoncée en grande pompe, devaient être versés aux œuvres de charité. Histoire sans doute de se donner bonne conscience et prouver qu'on ne les oubliait pas. Bien que généreuse au départ, l'idée me dérangeait. Pendant que nous nous adressions au cœur, de leur côté ces gens sollicitaient l'estomac. J'imaginais sans peine les convives de ces ripailles s'encourageant mutuellement à boire et à manger tout en se lançant des invitations du style:

— Allez, allez, ma chère, ne vous privez donc pas! Prenez encore un peu de caviar… c'est pour le bien des pauvres.

— Soyez bien à l'aise, profitez-en, reprenez du champagne… C'est au profit des S.D.F.!

Comme je trouvais illogique de faire bombance sous prétexte que les miettes du repas n'étaient pas perdues, car elles allaient secourir ceux qui n'ont rien à manger, j'ai pensé organiser, en revanche, un grand souper à l'Accueil Bonneau au même coût de soixante-quinze dollars le couvert! À la seule différence que les convives de notre souper n'allaient ni manger du caviar ni boire du champagne, mais mangeraient rigoureusement le même repas que l'on servait habituellement, gratuitement, aux sans-logis. L'immense salle à manger de l'Accueil fut bondée de monde… Quant aux membres du groupe de fines fourchettes (auxquels on a sans doute réussi à

68. Organisme de solidarité internationale dont le but est de combattre la pauvreté dans les pays du Sud et de promouvoir une plus grande justice sur le plan international

69. Organisme du genre de l'œuvre de la soupe populaire les Restos du Cœur qui, depuis de nombreuses années, sert près de sept cents repas par jour aux nécessiteux

saborder l'appétit), ils n'ont jamais plus refait de festin gastronomique ou, s'ils l'ont fait, c'est en catimini.

Mais, l'œuvre dans laquelle je me suis le plus investi depuis une douzaine d'années est la Fondation Travail sans frontières, un organisme sans but lucratif voué à l'insertion sociale, créé à Montréal il y a vingt-cinq ans. C'est dans le cadre de cette fondation que j'ai eu l'idée un jour de lancer la première Télé Sans Frontières, une « télévision de rue » entièrement produite par des jeunes en mal de vivre que l'on traite communément d'insoumis, de rebelles ou de jeunes de la rue. Cette télévision d'un genre nouveau — qu'on se plaît à qualifier de « petit écran au grand cœur » — donne la possibilité aux jeunes de Montréal de s'exprimer librement sur tous les sujets qui les préoccupent. Le succès que les reportages de nos participants ont remporté avec leurs créations fit boule de neige et inspira de nombreux pays à travers le monde. En 2004, lors d'un premier festival tenu à la Cinémathèque québécoise, les jeunes vidéastes de quinze pays se sont retrouvés à Montréal pour partager leurs expériences.

Depuis le démarrage du projet, près de cent jeunes âgés de dix-huit à trente ans, que la société continue souvent à rejeter, ont produit, avec une passion qui leur a redonné le goût à la vie, une impressionnante série de documents suscitant l'émotion et la réflexion. Leurs images, aussi troublantes qu'instructives, sont ponctuellement montrées sur les ondes de Télé-Québec, Canal Vox et sur le site Web de l'Office national du film du Canada. Elles parlent de sujets cruciaux et dérangeants qui préoccupent les jeunes d'aujourd'hui : drogue, prostitution, pédophilie, chômage, suicide, brutalité policière, graffitis, etc.

Les membres qui forment la TSF se divisent en deux groupes. D'un côté se trouvent ceux qui ont suivi une formation technique en cinéma et télévision, et auxquels notre télé donne l'occasion de transmettre leur savoir, et de l'autre, les jeunes réfractaires qui vivent en équilibre entre le désespoir et l'espoir d'un monde différent. Ils ne sont pas forcément tous des itinérants. Copieusement tatoués et remplis de *piercings*, au point de ressembler parfois à de véritables quincailleries, ils restent pour moi des êtres très attachants. Leur refus provisoire d'être actifs est leur façon à eux de s'insurger contre leurs parents, contre l'école et l'autorité en général. Ils n'acceptent pas la société qu'ils trouvent figée dans les contradictions et les injustices. Leur souhait est de la changer à travers un mode de vie marginal et alternatif.

Le créateur de la Fondation Travail sans frontières est monsieur Gérard Henry, le plus étonnant humaniste qu'il m'ait été donné de rencontrer. Un être généreux, d'une rare qualité qui est un formidable exemple en ces temps troublés où l'acte gratuit est devenu désormais… hors de prix. Pour moi, Gérard est la réincarnation même de saint Martin partageant son manteau. Cet homme a, par ailleurs, le génie de savoir mettre en confiance les jeunes les plus récalcitrants. Rempli d'idées, Gérard, que jamais rien ne décourage, songe maintenant à élargir l'expérience de la TSF en inaugurant une radio à l'image de la télé de rue. Il lui a d'ailleurs trouvé un titre un tantinet suggestif, pour ne pas dire provocant. Il appellera sa radio « Elle jasera » !

La cécité est un état qui m'a toujours beaucoup troublé. J'ai consacré beaucoup de mon temps à rencontrer des aveugles. Une occasion pour admirer leur courage et leur débrouillardise. C'est à leur contact que j'ai saisi le véritable sens des mots de Saint-Exupéry « On ne voit bien qu'avec le cœur. L'essentiel est invisible pour les yeux. »

L'une de ces étonnantes personnes est Michelle Brûlé. Avant de faire sa connaissance, j'avais tendance à penser qu'un aveugle (elle n'apprécie pas le terme « mal voyant ») était nécessairement un handicapé. Quand j'ai su que Michelle parlait le français, l'anglais, l'allemand et le japonais, qu'elle chantait, touchait l'orgue, jouait du violon, du piano, du clavecin, du violoncelle et de la flûte à bec et que, de plus, elle était œnologue, face à elle je me suis carrément senti… handicapé. Dans le passé, Michelle a été directrice générale de l'Institut national canadien pour les aveugles (INCA), présidente de la bibliothèque pour aveugles Jeanne-Cypihot et attachée de presse aux éditions Stanké. Elle a même traduit en français, pour ces dernières, un ouvrage allemand consacré à Woody Allen[70].

---

70. Berndt Schulz. *À table avec Woody Allen*, Montréal, Les éditions internationales Alain Stanké, 1996.

Afin d'amasser des fonds pour notre bibliothèque pour aveugles, Michelle, son mari (également aveugle) et moi, nous avons imaginé de faire des «dîners dans le noir», un concept original qui consistait à faire manger des voyants dans une pièce plongée dans l'obscurité la plus totale. Une sorte d'initiation, sans douleur, au monde des aveugles. Quelques années plus tard, la France a eu envie de reprendre l'idée. Le Musée Juste pour rire l'essaya le temps d'un été. Les gastronomes à la recherche d'insolite ont la possibilité d'expérimenter le dîner dans le noir dans un restaurant nouvellement ouvert à Montréal.

Faire du bénévolat au service de la bibliothèque Jeanne-Cypihot, surtout aux côtés de Michelle, fut pour moi une véritable récompense. Observer le courage, l'originalité et l'imagination d'une telle personne représente une inestimable leçon de vie.

Une raison supplémentaire pour admirer cette dame tout en feutre et velours : lorsque, par malheur, il lui arrive de se retrouver sans emploi et sans revenu, plutôt que d'importuner ses amis, discrète, elle préfère s'installer dans un couloir du métro de Montréal et jouer quelques airs de flûte, juste le temps que de généreux passants lui remplissent sa sébile. Quelle femme !

L e 28 mai 2001, j'avais un grand anniversaire à célébrer : mon demi-siècle de vie au Québec. Pour mieux souligner cet événement majeur (pour moi !) et exprimer publiquement ma gratitude envers mon pays d'accueil, j'ai commis un article dans le quotidien *Le Devoir*, intitulé : «Après 50 ans, il est grand temps de dire merci !» J'y ai déployé mon parcours, souligné le bonheur que j'avais éprouvé à vivre au Québec et exprimé ma profonde reconnaissance à tous ceux qui m'avaient aidé à me rendre jusque-là.

Si je tiens à rappeler ce moment précis de ma vie, c'est pour mieux montrer à quel point l'hospitalité et la simplicité des Québécois est réelle.

À huit heures du matin, le jour de la parution de l'article, je reçois un coup de téléphone.

Une voix féminine m'annonce qu'un certain monsieur Landry souhaiterait me parler. L'instant d'après, j'entends une voix d'homme m'annoncer :

— C'est à NOUS de vous dire merci !

— Je vous demande pardon, mais… je ne comprends pas…

— Ce matin, dans le journal, vous remerciez les Québécois. Moi, je vous dis que c'est à nous de vous dire merci pour tout ce que vous nous avez apporté !

— À qui ai-je l'honneur ?

— Bernard Landry… on m'appelle aussi premier ministre…

Un appel pour le moins inattendu et incontestablement roboratif. La puissance d'une telle impulsion inciterait n'importe qui à poursuivre sur la même lancée.

Le monde de l'édition — qui m'apportait approximativement cinq cents manuscrits par année — me donna l'idée de suivre des cours de lecture rapide. Les résultats obtenus par cet enseignement furent pour moi absolument exaltants et d'une très grande utilité. Devenu un des « lecteurs les plus rapides au monde » (c'est écrit sur mon diplôme !), je parvenais à lire tout ce qui m'incombait en un rien de temps. Exemple : j'ai absorbé *L'étranger* de Camus (qu'à ma grande honte, je n'avais jamais lu auparavant) en quatorze minutes ! « Efficacité, efficacité ! Technique américaine ! » aurait dit Jacques Tati.

C'est un peu par recherche de cette efficacité et beaucoup par l'envie de me sentir comme un oiseau que je me suis mis à suivre des cours de pilotage. Grâce aux petits Cessna et Beechcraft que je louais pour être plus mobile et efficace dans mes déplacements, j'avais l'impression de posséder le don d'ubiquité. À mon bureau des Éditions, sur les plateaux de studios de télévision et aux réunions du Comité d'étude de la politique culturelle fédérale, à Ottawa, où je siégeais plusieurs jours par mois, je n'avais jamais de retard avec mes lectures. À jour grâce à la lecture rapide, et à l'heure grâce à l'avion.

Piloter un avion m'a procuré des joies immenses remplies souvent de grandes surprises. Celle qui me revient en mémoire précisément au moment où j'écris ces lignes concerne la visite de Gérard de Villiers, le célèbre auteur de la série des polars SAS. La scène s'est déroulée à Québec où l'écrivain était venu participer à mon émission de télévision. Une fois l'émission terminée, je lui ai offert de profiter de mon avion pour faire le trajet de Québec à Montréal, avec moi. Le petit périple, au cours duquel il a pu m'examiner à sa guise, lui inspira un bouquin[71], dans lequel je me suis retrouvé représenté par un zigoto portant le nom de Jan Kaunas (nom de ma ville natale) et dépeint comme un homme, lituanien d'origine, aux «mains énormes, avec des doigts spatulés et des ongles ronds comme des pièces de monnaie, très bombés». L'histoire, comme toutes les histoires de cet auteur, est du même calibre. Amour, suspense, meurtre, mystère… Malheureusement, dans ce cas précis, l'action menée par l'indomptable Kaunas et soigneusement décrite par le valeureux romancier a été légèrement minée par son regrettable manque de recherches. Du coup, le lecteur qui est familier avec Montréal ne parvient pas à lire l'ouvrage sans éclater de rire. Exemple : la rue du célèbre Dr Penfield devient Perfield et, en décrivant la ville, l'auteur mêle complètement ses pinceaux et place les lieux — qu'il s'obstine à rebaptiser en anglais — dans des endroits qui n'ont rien à voir avec la réalité. Pour l'intrigue, passe encore, car Villiers, c'est bien connu, est un

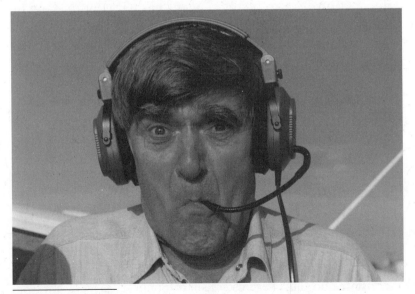

Mayday ! Mayday ! Gloup !

71. Gérard de Villiers. *Le vol 007 ne répond plus*, Paris, Plon, 1984.

maître du suspense, mais pour le reste, la lecture est carrément loufoque et affligeante. La cerise sur ce gâteau arrive lorsque l'auteur livre son impression sur le parler québécois: «L'affreux accent québécois, dit-il, donne des boutons (...) il serait capable de réduire à l'impuissance un chimpanzé en rut.»

Ce n'est peut-être pas la formule la plus adéquate pour conquérir de nouveaux lecteurs au pays du Québec ou pour se faire aimer des primates en rut...

Je n'ai pas l'imagination d'un romancier. J'écoute et observe avec plus de facilité que je n'invente. Je lis avec plaisir les œuvres de fiction, mais je me crois totalement incapable d'écrire un roman. Dans ce domaine, mon imagination est limitée. De ce fait, tout au long de mon existence, je n'ai fait qu'observer, enregistrer et raconter mes découvertes aux autres.

Du côté des polars ou des films policiers, je suis très sélectif. À la télé, j'adore *Colombo*. Côté livres, seuls ceux de Frédéric Dard et de Georges Simenon ont grâce à mes yeux de lecteur.

Il faut dire qu'en faisant mes premières armes dans le journalisme, je me suis très tôt intéressé au crime sous forme de «non-fiction». Mon intérêt ne vient pas par goût du sang ou du macabre, mais plutôt par celui du doute. «L'appétit de savoir vient du doute», disait Gide. Et puis, n'est-il pas juste de penser qu'une société sans crimes serait comme un rosier sans roses?

Ceci explique cela et notamment la raison pour laquelle, en débutant dans mon métier, j'ai rapidement été captivé par le milieu carcéral de notre monde libre. Les psychologues expliqueraient vraisemblablement que cette attirance me vient de mon passé vécu en Allemagne. C'est sans doute là que j'ai acquis la certitude qu'il n'y avait pas plus grand malheur dans la vie que celui d'être privé de liberté. En plus de me guérir d'une confiance aveugle dans la justice, elle m'a rendu particulièrement attentif à l'erreur judiciaire.

Après avoir entendu d'innombrables confidences de prisonniers que j'ai eu le privilège de visiter dans les pénitenciers, je constate que, dans l'exercice de leur fonction, les juges ont beau rendre des jugements, hélas, ils ne rendent pas toujours la justice...

Mes premières visites au pénitencier m'ont beaucoup marqué. J'avais beau savoir que ces hommes étaient des bandits notoires, des assassins, cela ne m'empêchait pas de ressentir devant eux une impression inconfortable d'injustice. J'étais libre, moi, d'entrer et de sortir comme je le voulais, alors qu'eux, ils avaient perdu le droit à l'air pur, à la lumière et à la liberté.

En visitant ces prisons, j'ai découvert assurément l'horreur et la splendeur de vivre…

Tout ce que j'avais appris à l'école sur les gens célèbres me revenait en tête : Verlaine avait tiré sur Rimbaud. Dostoïevski fit de la prison pour ses pensées socialisantes. Oscar Wilde purgea quatre ans de bagne pour homosexualité. Cervantès passa plusieurs années derrière les barreaux. Bien que médaillé militaire, Céline fut incarcéré un an et demi au Danemark. Il y eut aussi Sade qui croupit quelque trente années en prison.

Au moment de quitter ces forteresses de chagrin avec un reportage en poche, je ne pouvais pas faire autrement qu'apprécier ma liberté. C'est à cette liberté que pense en premier un prisonnier. Comme il n'y a pas de libertés collectives, semble-t-il, il n'y a que des libertés individuelles, quand il pense à la liberté c'est donc avant tout à la sienne qu'il pense et, conséquemment, à la manière dont il pourrait la recouvrer. J'ai enquêté sur suffisamment de tentatives d'évasion, les plus cocasses et les plus tragiques, pour, un jour, leur consacrer un livre entier. Il prouvera hors de tout doute que l'être humain, quel qu'il soit, préfère de beaucoup la liberté, même efflanquée, aux barreaux de la plus humaine des prisons.

En égrenant mes souvenirs, je repense notamment à Robert Laplante, dit Ti-Blanc mouton noir, dont le seul tort fut de s'être trouvé au mauvais endroit au mauvais moment.

Un jeune homme, qu'il vient tout juste de rencontrer dans un bar, lui propose d'aller prendre un verre en sa compagnie dans un autre estaminet. Ils sautent dans un taxi.

Ti-Blanc s'installe sur le siège arrière du véhicule. Son jeune compagnon prend place près du chauffeur. À peine le véhicule a-t-il démarré que le garçon le fait arrêter, sort un revolver et réclame son argent au chauffeur. Constatant que celui-ci n'a que deux dollars en poche, il lui fait enlever ses souliers pour vérifier s'il n'y cache pas de l'argent. Une altercation s'ensuit.

Pour se défendre, le chauffeur s'agrippe au poignet de son agresseur et les deux se retrouvent finalement sur le trottoir. En tentant de se dégager, le jeune donne un coup brusque et c'est le drame : la balle part. Le chauffeur meurt sur le coup. Les deux comparses sont rapidement retrouvés et accusés de meurtre. Celui qui a tiré le coup (et qui est mineur) est défendu par un brillant avocat. Il est jugé coupable d'homicide involontaire et condamné à sept ans de prison.

Dans sa « sagesse », le juge fait retomber tout le blâme sur Ti-Blanc parce que celui-ci a trente-sept ans et que, comme c'est un « adulte », il a nécessairement, croit-il, influencé le jeune.

La sentence ne se fait pas attendre et elle est irrévocable : Ti-Blanc est condamné à mort !

Ce qui suit n'est pas plus joyeux !

En attendant sa pendaison, le condamné est incarcéré dans une cellule de la section des condamnés à mort. Sa cause est rejetée par la cour d'appel. Pourtant, la veille de sa pendaison, un miracle se produit : on lui accorde un sursis de trois mois pour permettre à son nouvel avocat de préparer une autre défense. Trois jours avant l'expiration de son sursis, T-Blanc apprend qu'on lui accorde un deuxième sursis de deux mois et demi.

La saga prend fin quinze jours avant la date (la troisième !) de sa pendaison. La sentence est commuée en emprisonnement à vie. Dix ans plus tard, vu son excellente conduite (il n'aurait pas fait de mal à une mouche), son dossier est révisé par le ministère de la Justice et Ti-Blanc est libéré. Au moment de notre rencontre, alors qu'il était encore incarcéré, j'ai encouragé Ti-Blanc à écrire son autobiographie qui lui a demandé dix-huit mois de travail. J'ai souligné sa sortie de prison et celle de son livre par une émission spéciale à la télévision. Le livre fut un succès, et les recettes qu'il a générées lui ont permis de démarrer dans sa nouvelle vie.

Durant son séjour en prison, il caressait trois rêves : recouvrer sa liberté, ouvrir un restaurant et se marier avec une amie qui lui était restée fidèle durant toutes ses années d'absence. À ses noces, il n'y avait que trois personnes : lui, sa nouvelle épouse et moi, leur témoin.

En prison, c'est bien connu, les détenus ont beaucoup de temps à perdre et, malheureusement, ils passent le plus clair de ce temps à ne rien faire de productif. Un jour, je me suis demandé ce que je ferais si je devais être enfermé durant des années dans une sinistre cellule de pénitencier. La première idée qui m'est venue fut de consacrer mes jours à la recherche du style que seuls les bénédictins pourraient se permettre. Imaginez ce que vous pourriez accomplir si vous n'aviez pas à vous soumettre aux obligations, aux nombreuses visites et à répondre au téléphone. De là, il n'y avait qu'un pas à faire pour trouver un ou plusieurs prisonniers intéressés à investir leur temps dans des fouilles qui demandaient de la patience. J'ai soumis mon idée au ministère de la Justice qui a consenti, pour la première fois, à encourager l'écriture au même titre que l'artisanat (cuir repoussé, petit point, construction de la tour Eiffel avec des cure-dents, etc.). Plusieurs volontaires, encore très timides et craignant d'attirer la risée, se sont présentés. Lentement, la bibliothèque s'est remplie. J'y suis allé de mes conseils d'éditeur pour encourager de mon mieux la littérature… encagée.

Quel beau programme que celui de s'évader… par l'écriture.

La plus belle réussite de cette expérience fut sans contredit celle qu'initia, dans les années 1960, le trio Robert Paquette, Paul Lasnier et Claude Gauthier. Les trois détenus entreprirent la rédaction du premier *Dictionnaire des mots croisés*[72] jamais réalisée. Le travail des trois Titans a pris six ans. Ils avaient le temps ! Durant cette période, ils ont réussi à colliger quarante mille noms propres couvrant aussi bien l'Antiquité que les temps présents, les pyramides d'Égypte, les stars du cinéma, l'histoire, la géographie, la littérature, la musique, etc. La publication de l'ouvrage fut un succès instantané et les revenus qu'il généra ont grandement aidé ses auteurs à se réinsérer dans la société après leur libération.

Les rencontres que j'ai faites — dans les prisons ou ailleurs — m'ont souvent procuré de véritables moments de bonheur. Bonheurs souverains, sublimes, ineffables, durables et même

---

72. Robert Piquette, Paul Lasnier, Claude Gauthier. *Dictionnaire des mots croisés*, Montréal, Les Éditions de l'Homme, 1966.

intemporels. J'ai connu aussi des bonheurs précaires, imparfaits, frileux et mêlés de peine qui n'en furent pas moins… des bonheurs. Des occasions de découvrir les innombrables facettes cachées des êtres humains qui, sous le charme de leur lumineuse intelligence ou l'horreur de leur monstruosité, ont fait de moi un témoin privilégié.

Les joies de l'éditeur : Yves Beauchemin et Michel Tremblay

Robert Charlebois et Claude Péloquin

Gabrielle Royl

Marc Favreau, alias Sol

La variété des destins et l'unicité des êtres humains me fascinent. Il y en a que j'ai oubliés, d'autres que je n'arriverai jamais à effacer de ma mémoire. D'un magma d'impressions émergent bien sûr plusieurs visages. En premier lieu, tous ceux que j'ai publiés : Mouammar Kadhafi, Richard Nixon, Fidel Castro, le père de Che Guevara, Han Suyin, Dr Hans Selye (le découvreur du stress), Isaac Asimov (le roi de la science-fiction), Dr Lobsang Rampa, Dr Patch Adams,

Dr Alain Bombard (le célèbre « naufragé volontaire » dont j'ai édité un livre précurseur[73]), Léon Uris, Henry Miller, Pierre Dudan, Hubert Reeves, Hervé Bazin, Louis Pauwels, Jean Paul Lemieux, Gabrielle Roy, Yves Beauchemin (dont j'ai eu le bonheur de publier le tout premier roman), Arlette Cousture, Guy Mauffette, Yves Thériault, Pierre Bourgault, Roch Carrier, Marc Favreau (Sol), Pierre Légaré, Claude-Henri Grignon, Gilles Vigneault, Robert Charlebois et des centaines d'autres qui, au cours de mes quarante-deux années passées dans le monde de l'édition, m'ont permis d'aider à faire venir au monde plus de deux mille titres et, par la même occasion (quelle horreur !), d'abattre une astronomique quantité d'arbres…

J'ai aussi serré la main un jour à la reine Elizabeth ainsi qu'à George Bush… père (c'est tout de même moins pire que le fils).

J'aurais aimé serrer celle de la princesse Grace de Monaco, qui a été un jour ma voisine de table à la Colombe d'Or, à Saint-Paul de Vence. Mais je n'ai pas osé la déranger.

J'aurais souhaité aussi serrer celle de l'admirable dramaturge Neil Simon dont je connais l'œuvre par cœur. Mais vu que je n'avais pas acheté son livre à la librairie où il donnait une séance de signatures, il a refusé.

À l'hôtel Ritz Carlton de Montréal, j'ai partagé un agréable petit-déjeuner avec Bernard Pivot. Il s'est dit très étonné de rencontrer quelqu'un qui était à la fois éditeur et animateur de télévision.

Je me suis longuement entretenu avec Jean-Louis Barrault dont je partageais la passion qu'il éprouvait pour son métier. Je l'ai tout de suite aimé quand je l'ai entendu dire :

— Je tire directement tant de joie de mon travail que je ne peux pas me formaliser si certains n'aiment pas ce que je fais.

Du temps de Batista, à l'aéroport de La Havane, j'ai longuement embrassé et serré dans mes bras Édith Piaf. Elle a eu la générosité de me réconforter après que des douaniers voyous eurent tenté de m'escroquer.

J'ai servi de guide à l'abbé Pierre, à Montréal.

---

73. Alain Bombard. *La dernière exploration : voyage dans un monde qui se meurt*, Montréal, Éditions La Presse, 1974.

La grande Piaf et… le petit Alain

J'ai eu l'effronterie de gifler Lanza del Vasto à la télévision. Fervent catholique, il avait dit que lorsqu'on était giflé sur une joue, on devait irrémédiablement tendre l'autre… Il l'avait bien cherché.

À trois reprises (à Vilnius, à Paris et à Ottawa), je me suis retrouvé devant Gorbatchev, mais il ne m'a jamais tendu la main. Je ne lui en veux pas.

En France, j'ai rencontré le bon Dieu en personne (le Christ de Montfavet), mais quand j'ai voulu lui parler, il a couru se cacher dans ses appartements.

J'ai eu le temps d'échanger deux mots au téléphone avec Amin Dada, avant qu'il ne me raccroche la ligne au nez.

À Saint-Tropez, on m'a présenté à Brigitte Bardot qui ne m'a pas adressé un mot ni accordé un regard.

Pendant les événements de mai 68, j'ai longuement dîné chez Lip avec la femme de Marcel Achard et Maurice Druon. Je l'ai revu comme ministre de la Culture. C'est rassurant, il ne m'avait pas oublié.

Eugène Ionesco a été mon complice lors d'une farce de potaches que nous avons jouée au réalisateur montréalais Nicolas Doclin.

J'ai bu un verre avec Charles Trenet alors qu'il en avait déjà bu une dizaine ce soir-là.

Dans une rue de Paris, j'ai demandé mon chemin à Bourvil, mais je ne l'ai pas reconnu.

J'ai passé deux jours en Camargue avec Manitas de Plata. Il venait de se faire voler sa guitare sur laquelle Picasso avait signé son nom. Plutôt que d'être désolé, il s'est contenté de dire que celui qui lui avait dérobé le précieux instrument en avait sûrement plus besoin que lui! Manitas était illettré. Il ne savait pas non plus lire la musique. Ça ne l'a pas empêché de vendre plus de quatre-vingt-treize millions de disques. Le jour où il est monté sur scène pour donner son concert au Carnegie Hall de New York, on a eu la délicatesse de lui installer un lutrin afin qu'il puisse y déposer ses notes de musique. Manitas m'a raconté, plié en quatre, qu'à la place d'une partition, il déposa un exemplaire du magazine *Playboy* et joua ainsi, sans fausse note, toute la soirée durant en dévorant des yeux l'inspirante photo de la double page du centre.

Lors d'un déjeuner à La Coupole avec Francis Esménard (grand patron d'Albin Michel), Jean-Edern Hallier a déployé beaucoup d'efforts pour m'enrôler dans un combat d'intellectuels qui me dépassait.

Henry Kissinger n'a pas voulu me confier la publication de ses mémoires parce que, peu de temps avant, j'avais publié celles de Nixon.

J'aurais aimé éditer Soljenitsyne, que j'ai rencontré chez Alexandra Tolstoï, mais comme il avait cessé d'écrire, je me suis bien gardé de lui en faire la proposition.

L'ex-chauffeur personnel de Guevara, qui m'a servi de conducteur lors de ma visite au père du Che à La Havane, a failli me faire mourir dans un accident de la circulation. Lorsqu'il était au volant de son bolide, l'homme avait la vilaine habitude de griller tous les feux rouges.

Je n'ai jamais approché Saddam Hussein. En revanche, j'ai connu un de ses sosies de qui, après son immigration au Canada, j'ai refusé de publier le manuscrit.

À Westmount, j'ai longtemps été voisin du premier ministre Jean Charest qui m'a promis d'organiser un barbecue dans la cour arrière de nos demeures. L'occasion ne s'est toujours pas présentée.

Lorsque Raymond Peynet (*Les amoureux de Peynet*) est venu à Montréal, je l'ai invité à dîner avec un ami graphiste à qui je voulais faire une fleur. Durant toute la soirée, ce dernier a cru qu'il mangeait avec... le dessinateur Eiffel.

J'aurais aimé faire un film sur Lucien Dumais (alias Lucien Desbiens), un héros du régiment des Fusiliers Mont-Royal qui, en se faisant passer pour un directeur de pompes funèbres durant la dernière guerre, a réussi à faire évacuer de France une centaine d'aviateurs des forces alliées en les transportant dans des... cercueils. Hélas, je m'y suis pris trop tard. Il est décédé en 1993.

Paco Rabanne m'a gentiment fait visiter son château dans lequel se trouve une chambre hantée où personne n'a encore réussi à dormir en paix. Paco prétend que, la nuit venue, les meubles ne restent jamais en place.

Les premiers mots que j'ai dits à Marlène Jobert lorsque je l'ai rencontrée devant les caméras l'ont un peu interloquée.

— Vous ne me reconnaissez pas ? Pourtant, nous avons déjà dormi une nuit ensemble !

C'était la pure vérité ! Deux jours auparavant, la ravissante comédienne, qui était ma voisine, s'était endormie sur mon épaule dans l'avion qui nous transportait de Montréal à Paris.

À table avec les membres de l'Académie Goncourt. Emmanuel Roblès, Michel Tournier, Roger Lemelin, le président Hervé Bazin, un intrus et Robert Sabatier. Si le photographe avait pris le grand-angulaire, on aurait aussi aperçu Arnaud Salacrou, Jean Cayrol, Armand Lanoux, Raymond Queneau, Bernard Clavel et Françoise Mallet-Joris.

Lorsqu'il était président de l'Académie Goncourt, Hervé Bazin avait échafaudé avec moi une opération appelée Fleur de Lis, qui, si nous l'avions poursuivie, aurait débouché sur une aventure québécoise à la Émile Ajar. Malheureusement, Romain Gary avait été plus rapide que nous.

Un jour, à l'hôtel Ritz Carlton de Montréal, j'ai partagé un repas aussi mémorable que gargantuesque avec Lawrence Durrell. Le maître d'hôtel, qui connaissait l'identité du célèbre auteur du *Quatuor d'Alexandrie*, avait donné des instructions très contraignantes à ses serveurs afin que ceux-ci portent une attention toute particulière à mon illustre invité. Ce qui fut fait, et si bien fait qu'une semaine après le départ de Durrell, j'eus envie de retourner au même restaurant. Ce jour-là, le service fut encore meilleur que la première fois. J'étais absolument ravi de la réception que l'on m'avait réservée, jusqu'au moment où un serveur a eu la maladresse de me demander à l'oreille :

— Monsieur Durrell prendra-t-il un petit café ?

Après la mort d'Albertine Sarrazin, dont j'ai publié un ouvrage[74], j'ai fait venir son mari à Montréal — via New York

---

74. Albertine Sarrazin. *Bibiche*, Montréal, Les éditions internationales Alain Stanké, 1973.

— pour une campagne de promotion. À cause d'une tempête de neige, l'avion qu'il avait pris dut rebrousser chemin et retourner à New York. Comme le brave homme ne parlait pas un traître mot d'anglais, il n'a jamais su ce qui arrivait. Du coup, en débarquant à New York, durant vingt-quatre heures, il s'est cru… à Montréal.

Dans une page de ses *Mémoires*, François Truffaut, que j'aurais adoré rencontrer, a eu de très bons mots à mon endroit. À mon grand désespoir, il est mort avant que je puisse le remercier de vive voix.

J'aurais adoré connaître Claude Lelouch, mais l'occasion ne s'est pas encore présentée.

En revanche, je n'ai jamais rencontré Georges *Dobelyou* Bush, Pinochet, Poutine, Berlusconi ni Ben Laden, mais je ne m'en porte pas plus mal.

À cette longue, mais incomplète liste de noms, je m'en voudrais de ne pas ajouter celui de Frank Abagnale, un des plus célèbres imposteurs du monde. Frank, dont j'avais fait la connaissance un jour à Atlanta, avait réussi à se faire passer, pendant de nombreuses années, pour avocat, médecin, professeur d'université et… pilote d'avion. Ce dernier métier lui a permis de faire le tour du monde aux frais de la défunte compagnie PAN AM, sans toutefois jamais piloter aucun appareil (Dieu merci!), à laquelle il a escroqué plus de deux millions de dollars. Fait notable : il a remboursé cette somme intégralement avec des sous gagnés honnêtement. En effet, après avoir abandonné sa vie d'escroc, Frank s'est mis à donner une série de conférences sur la manière… d'éviter les escroqueries! Son chiffre d'affaires annuel frisait sept millions de dollars! Frank a confessé ses exploits dans un ouvrage intitulé *J'avais des ailes, mais je n'étais pas un ange*[75], que j'ai eu le plaisir d'éditer. À la sortie du livre à Paris, *Paris Match* en publia de larges extraits dans ses pages. Le succès fut instantané. Le sujet se prêtait parfaitement à un long-métrage. Détenteur de tous les droits, j'entrepris aussitôt des démarches pour trouver un

---

75. Frank W. Abagnale. *J'avais des ailes, mais je n'étais pas un ange*, Montréal, Les éditions internationales Alain Stanké, 1981. Réédité en 2001 sous le titre *Arrête-moi si tu peux !*

producteur. J'en ai trouvé deux (dont l'un était le comédien et producteur québécois Pierre Valcour). Malheureusement, faute de fonds suffisants, tous deux durent abandonner le projet en chemin. Bien que la vente du livre en librairie se soit poursuivie avec succès, plus personne ne semblait croire au film. Plus personne, sauf Spielberg. En effet, soudainement, vingt et un ans plus tard (!), il eut un coup de foudre pour les aventures d'Abagnale et en tira un long-métrage intitulé *Arrête-moi si tu peux!*, qui, comme toutes ses productions, a connu un succès retentissant. Preuve que...

Pour finir la tournée de mon tableau de chasse de ces célébrités dévorées par les médias, je dois sûrement dire un mot sur celui qui a longtemps été comme un infréquentable ostrogoth, mais qui, avec le temps et les insondables et énigmatiques machinations de la politique, est devenu un homme devant lequel les ennemis d'hier déroulent désormais le grand tapis rouge...

Je veux parler de Mouammar Kadhafi, l'ineffable Guide de la Libye.

L'histoire de ma rencontre avec lui se résume en deux mots.

En 1998, après avoir signé la préface d'un ouvrage écrit par Kadhafi, Pierre Salinger, l'ex-conseiller de John Kennedy, s'est proposé de lui trouver un éditeur américain. Une tentative condamnée à l'échec dès le départ. Comme prévu, il ne s'est trouvé aucun preneur assez téméraire pour s'intéresser aux écrits d'un dictateur, génie de l'intrigue accusé de commanditer de multiples subversions internationales. Je fis venir, toutes affaires cessantes, le mystérieux manuscrit que je lus d'un trait. Contrairement à ce que l'on aurait pu imaginer, le contenu de l'ouvrage n'était pas une bombe enrubannée de propos belliqueux, mais un texte souvent très naïf, proche de la satire et fortement coloré de références au Coran. L'écrit traitait de tout sauf de politique. J'ai donc offert aux représentants de Kadhafi d'éditer son livre au Canada, en Angleterre et (ce qui intéressait le plus l'auteur) aux États-Unis. Après avoir transité par la Suisse, le contrat, en tous points conforme à ceux en cours dans l'industrie de l'édition, m'arriva quelques jours plus tard. Je n'y fis qu'un seul ajout. Une clause exigeant que l'entente soit « signée personnellement par l'auteur en présence de l'éditeur » (la seule façon pour moi, on l'aura compris, de rencontrer l'inabordable personnage !).

Ravi d'avoir trouvé un éditeur qui lui faisait confiance et allait faire connaître ses écrits au monde, Kadhafi a accédé à ma demande. C'est ainsi que, deux semaines plus tard, je me suis retrouvé à Tripoli, chez celui que l'on surnommait partout dans le monde « monstre solitaire », « banquier des terroristes », « diable incarné » ou « Satan ».

Notre première rencontre eut lieu au camp militaire de Tripoli, dans sa tente bureau, dressée à quelques pas de l'immeuble en ruines bombardé en 1986 par les Américains, où fut tuée Hana, sa fillette de 16 mois. Lors de la signature du contrat d'édition, nous sommes convenus que les revenus provenant de la vente des ouvrages seraient versés à des organismes de charité. Il s'est avéré par la suite qu'aucun organisme (y compris l'UNESCO) n'a voulu accepter l'argent de Kadhafi !

L'argent a assurément une odeur !

Dès le départ, ma relation avec l'homme du désert fut empreinte d'une franche cordialité qui existe habituellement entre un auteur et son éditeur. Avec le temps, elle devint plus soutenue et déborda rapidement le cadre de l'édition. Un jour, alors que ses rapports avec les Britanniques étaient au plus bas, j'ai réussi à le convaincre d'accorder la seule interview qu'il ait jamais donnée à la télévision britannique[76].

J'avoue avoir éprouvé beaucoup de plaisir à bavarder avec lui (sans l'ombre d'un garde du corps) sur les sujets les plus divers. Il m'a parlé avec passion de son penchant pour les livres d'histoire, de philosophie et les essais polémistes, en particulier pour les auteurs français tels que Jean-Jacques Rousseau.

Un jour, je me suis beaucoup amusé à l'entendre me narrer ses escapades dans les salles d'urgence des hôpitaux de Tripoli où il débarquait déguisé en clochard, afin de constater la manière dont étaient traités les indigents. Pour me faire connaître Syrte (à cinq cents kilomètres de la capitale), son désert et sa tente de Bédouin solitaire, il m'envoya son jet privé à Tripoli.

---

76. Associated Press

Mouammar Kadhafi à l'époque où personne ne voulait lui parler. Le temps (et le pétrole) change les gens...

J'ai souvent remarqué que Mouammar n'aimait ni la flatterie ni la critique. Lorsqu'il m'est arrivé de lui parler du respect des droits de l'homme et de l'emprisonnement de ses opposants, il s'est contenté, comme c'est souvent son habitude, de répondre par les mots d'Ibn Khaldun, un penseur maghrébin pour qui il voue une véritable vénération : « Si tu n'es pas pourri, ils diront que tu es fou. Si tu es pourri, ils auront peur de toi. Ils ne te pardonneront pas de ne pas leur ressembler et te combattront jusqu'au moment où tu montreras ta force. Alors, ils s'inclineront, et c'est pourquoi, jusqu'à ce jour-là, tu dois attendre patiemment et leur présenter un visage impénétrable!»

J'ai eu beaucoup de plaisir à rencontrer dans son entourage des personnages attachés à Kadhafi et attachants pour ceux qui les fréquentent, tels que Bechir Salah, un francophone qui a commencé par diriger le service du protocole avant d'accéder au poste de directeur du cabinet de Kadhafi (le poste le plus important qui soit), ainsi que le Dr Mouftah Missouri, un diplomate de carrière. Cet homme érudit, dont je me suis fait un ami, est le conseiller et l'interprète personnel de Kadhafi. Dès notre première rencontre, monsieur Missouri a tenu à me faire cette précision : «Mouammar Kadhafi n'apprécie pas qu'on l'appelle colonel. Une erreur que beaucoup continuent à faire. Il préfère être appelé Guide. Il est le Guide de la Révolution et non colonel ou président. Tout d'abord parce que le Guide n'est plus un simple colonel, et puis il n'est pas non plus le président de la Libye, c'est-à-dire de la Jamahiriya arabe populaire et socialiste.»

Disons en passant que «Mouammar», pour le marabout, signifie «doué d'une longue vie». Serait-ce là le sceau qui symbolise sa patience, son obstination, son endurance?

Lors de nos conversations, Kadhafi se montrait toujours très contrarié par l'imposition de l'embargo, mais il se disait aussi très fier de constater que son peuple, privé d'avions, de son transport naval et routier, arrivait à survivre malgré tout dans la dignité.

Lors de mes quatre séjours en Libye, Kadhafi m'a souvent entretenu sur le rôle que son pays jouait contre la montée de l'intégrisme musulman et contre ses fanatiques qui ont souvent tenté de l'assassiner. Selon lui, ces gens, qu'il appelle «renégats», polluent et déshonorent l'enseignement du Prophète.

Un jour, croyant sans doute que je pourrais lui être utile sur le plan politique, Kadhafi est allé plus loin.

«Votre pays devrait se distinguer et donner l'exemple aux autres!» me dit-il.

Souhaitant établir des relations privilégiées avec le Canada, il chargea l'ambassadeur de la délégation libyenne auprès des Nations Unies, monsieur Dorda, de me donner des *desiderata* qu'il aurait aimé me voir transmettre discrètement au gouvernement canadien. Je me suis rendu à New York afin rencontrer le diplomate (qui avait été lui-même blessé à Tripoli lors du bombardement américain). La Libye souhaitait ardemment qu'Ottawa lui permette l'ouverture d'un modeste «bureau d'affaires» dans la capitale canadienne, par l'entremise duquel des ententes commerciales auraient pu être entreprises au profit des deux pays. En retour, la Libye s'engageait formellement à doubler ses achats de blé et à accorder au Canada des privilèges dans le domaine du pétrole.

Endossant pour la première (et la dernière) fois de ma vie le rôle de lobbyiste, je suis allé transmettre personnellement l'offre à Lloyd Axworthy, ministre des Affaires étrangères. Monsieur Axworthy accueillit la proposition avec beaucoup d'intérêt et me laissa entendre qu'à première vue, rien ne pouvait empêcher l'instauration d'un tel bureau à Ottawa. Lors de notre deuxième rencontre, la donne avait changé. Visiblement embarrassé, le ministre me confia que personnellement, il aurait été prêt à passer à l'action, mais que par «précaution» (!) il avait téléphoné à sa vis-à-vis américaine, la secrétaire d'État Madeleine Albright. Celle-ci avait très mal accueilli le projet, au point de… l'engueuler!

Avec le recul du temps, je constate que les convictions les plus indéracinables finissent pas se lézarder à l'usage.

Peu de temps après, attirés par l'odeur du pétrodollar, *congressmen* américains, sénateurs français, hommes d'affaires du monde entier se sont rués à Tripoli pour rencontrer le provocateur, l'imprécateur assagi qui, grâce à l'indemnisation des victimes de Lockerbie, s'est refait une virginité. Pas de quoi avoir honte; Tony Blair, Jacques Chirac et le premier ministre canadien Paul Martin en ont fait autant. Et un peu plus tard, Sarkozy déroula le tapis rouge à Kadhafi et à… sa tente.

Il m'arrive de m'interroger sur ce qui serait survenu au Canada si, pour une des rares fois, mon pays avait osé se distancier de la politique américaine…

Peu de temps avant l'avènement du nouveau siècle, alors que j'avais un vague sentiment d'avoir fait le tour du jardin, j'ai rencontré un homme étonnant qui me fit comprendre qu'il y avait un temps pour tout, qu'il ne fallait jamais s'accrocher et que dans la vie, tout devait avoir une fin.

L'homme dont je veux parler n'est pas un homme comme les autres. C'est un roc! Corps de colosse, épaules carrées et voix d'orgue. Il s'appelle Jean-François Rozan. Je l'ai découvert un jour en Guadeloupe, à Saint-François, un petit village qu'il a lui-même créé. La première fois que je l'ai aperçu, il me fit penser à Jean Gabin. Le même air de force boudeuse, le même détachement, style : « Tu prends ou tu laisses! Tu fais pas chier! » La même façon de parler à voix basse comme s'il parlait continuellement dans un micro. Quelques années avant notre rencontre, l'avion qu'il pilotait avait eu une malheureuse rupture d'alimentation d'essence qui le plongea en pleine mer à une douzaine de kilomètres des côtes. Bravant les eaux infestées de requins, Jean-François réussit à revenir indemne à la nage et devint ainsi un véritable héros pour les habitants de l'île.

Jean-François était un bâtisseur mû par l'audace des colosses. Un survivant. Un être qui avait parcouru la terre entière et déjoué la mort un nombre incalculable de fois. Au moment où éclate la guerre, il est comédien et interprète déjà les rôles du répertoire avec les grands de la Comédie-Française. Bien que ses parents soient convertis et qu'ils élèvent leurs enfants dans la religion catholique, dans un geste de provocation, Jean-François fait inscrire sur sa carte d'identité qu'il est juif. Il est arrêté et jeté dans une cellule de la prison des Baumettes, puis livré aux S.S. Il n'a que quinze ans. Son frère, son père et tous ses amis seront fusillés ou gazés. Un jour, Jean-François est placé à bord du train 052, appelé le « train de la mort », et envoyé sans ménagement à Sobibor avec onze cents compagnons d'infortune. Les passagers du train seront tous tués avant que le funeste convoi n'ait eu le temps d'atteindre le terminus. Jean-François, lui, réussit à s'évader. Il est le SEUL survivant du train! Plutôt que de se terrer en attendant la fin de la guerre, il choisit de s'engager dans le mouvement de la Résistance française, où, comme il fallait s'y attendre, il se dépasse. La guerre terminée, ses actions dans le maquis lui méritent le grade de chevalier de la Légion d'honneur (le plus jeune Français à la recevoir), la Croix de guerre avec palme et étoiles et la Médaille de la Résistance.

Tarzan, Rambo et Schwarzenegger à la fois !

J'ai souvent rêvé de faire un film sur lui, car, outre tous ses exploits, à l'âge de vingt ans, Jean-François fut engagé par les Nations Unies comme interprète et œuvra auprès de Marshall, Truman, Chu En-Lai, Eden, Mendès France, Gromyko, Pham Van Dong et de nombreuses autres personnalités internationales. Il travailla aussi à titre de secrétaire général adjoint des Nations Unies et de président de la commission de sécurité. Il fut présent aux négociations secrètes sur l'Indochine et participa activement à la libération de l'État indonésien ! Interprète de grande renommée, à vingt-quatre ans, il est devenu professeur d'interprétation consécutive à l'Université de Genève. Ajoutez à cela qu'il a été le traducteur attitré du dramaturge Arthur Miller et de Steinbeck.

À trente ans, Jean-François, qui était visiblement né pour vivre plusieurs vies, entreprend une nouvelle carrière en devenant bâtisseur. Il construit trois villes ouvrières à Abadan en Iran, à Eilat en Israël, et dans le Rio Turbio en Patagonie.

En 1968, après avoir survolé la Guadeloupe, il se découvre une nouvelle passion : le soleil des Antilles. Raison de plus pour devenir promoteur et se lancer aussitôt dans la création d'une nouvelle cité. N'écoutant que ses rêves, il réussit à faire surgir d'un terrain marécageux et inhospitalier, le village de Saint-François, véritable perle touristique qui sera pourvue d'un casino (parce qu'il aime jouer), d'un golf (parce qu'il est adepte de ce sport), et d'un petit aéroport (parce qu'il est passionné d'aviation).

J'avoue n'avoir jamais rencontré dans ma vie un homme aussi libre, détaché, indépendant, sûr de lui, parfaitement à l'aise dans ses pompes, et vivant aussi intensément le moment présent. S'il ne porte jamais de décorations (« Quelle vantardise ! » dit-il), ne garde aucune archive ni souvenir et déteste se faire photographier, c'est à cause de sa devise personnelle qui se résume en un seul mot : « Continuer ! »

— Si je veux continuer, dit-il, je n'ai pas à m'accrocher au passé !

S'il se contente de modestes besoins, c'est pour éviter de donner prise à l'angoisse. Il possède peu. Juste le strict nécessaire.

— Je ne suis pas accessible. Je ne suis pas vulnérable. Je n'ai aucune angoisse de survie matérielle, avoue-t-il avec un calme olympien. Je ne fais pas porter mes soucis par mon entourage et je ne partage mes bonheurs avec personne. De cette manière, personne n'a de prise sur moi. Sur le plan de la solitude, je vis dans la même contradiction que bien des hommes : quand tu n'es pas seul, tu te fais chier et quand tu es seul... tu te fais chier ! Vous ne saurez jamais, en me regardant, si j'ai cinq millions de dettes ou cinq millions en banque. Vous ne devinerez jamais ma situation financière du moment par mon air ou mon attitude. Je suis toujours le même. L'avantage que je trouve dans ma façon de vivre se résume au fait que, quelle que soit ma situation, que je sois riche ou pauvre, mon quotidien ne change jamais.

Sur beaucoup de plans, Jean-François a été mon modèle. J'ai souvent tenté de l'imiter. Hélas, sans grand succès. Son regard sur la fin d'une carrière m'a sûrement beaucoup influencé lorsque j'ai pris la décision de me départir des actions de ma maison d'édition en faveur du puissant groupe Quebecor[77].

Jean-François a toujours eu beaucoup de respect pour les grands du monde de l'après-guerre, et en particulier pour ceux qui ont su quitter à temps les activités qui les avaient fait connaître, les gens qui ont fait preuve d'une plus grande noblesse encore dans leur retrait que dans leur action. Les plus belles images pour lui demeurent celles des hommes qu'il aime citer.

— De Gaulle, puissant et solitaire sur les grèves d'Irlande battues par le vent. Churchill, un autre géant, à son chevalet après la bataille d'Angleterre, El Alamein et la victoire, brossant sous son grand chapeau sa mauvaise aquarelle, cigare coincé dans son sourire. Truman, après Hiroshima, la Corée et McCarthy, frappant comme un sourd sur son vieux piano, accompagné de Margaret entonnant une ritournelle. Ben Gourion, enfin, autant concerné, le jour venu, par l'éclosion

---

77. Le 30 juin 1997

des melons dans le sol aride de son kibboutz qu'il l'avait été par l'éclosion de son État. IL FAUT SAVOIR PARTIR! L'homme n'est jamais autant lui-même que lorsqu'il cesse de s'accrocher et qu'il assume, le temps venu, son départ avant... sa disparition définitive!

Chaque année, en ouvrant la première page de mon nouvel agenda, j'ai pris l'habitude d'y inscrire ces mots précieux d'un auteur dont j'ai malheureusement perdu le nom. Ils m'ont souvent servi du garde-fou qui aurait bien pu avoir été érigé par un philosophe de la trempe de Jean-François Rozan:

« Il faut savoir dételer au bon moment. Pas trop tôt pour ne pas se priver du plaisir d'accumuler, tant que c'est possible, des griseries d'image ou de pouvoir. Pas trop tard, afin que la sortie ne soit pas ratée et n'entame la qualité du souvenir qu'on gardera de vous. C'est un problème des puissants et des glorieux dans la phase terminale... »

Pour tout dire, voilà pourquoi, un jour, en relisant ces mots et me souvenant de la sagesse de mon ami Jean-François, j'ai décidé de quitter, sans trop de chagrin, le monde de l'édition.

Flash-back! Lors d'une série d'émissions de télévision appelée *Venez donc chez moi*[78], j'ai eu l'immense privilège de côtoyer, à une certaine époque, les gens les plus prestigieux que comptait la France dans tous les domaines, et en particulier celui des spectacles. Maquillées, démaquillées, illuminées, passionnées, ces célébrités m'ont reçu avec beaucoup de générosité. La liste serait trop longue à dresser ici. Je me contenterai de ne citer que Catherine Deneuve, Claude Brasseur, Gérard Depardieu, Tino Rossi, Charles Aznavour, Mireille Mathieu, Pierre Richard, Joe Dassin (la dernière interview avant sa mort), Annie Cordy, Petula Clark, Pierre Cardin, Alexandre Lagoya, Michel Fugain, Line Renaud, Jean Marais, Jean Carmet (dont je suis devenu un proche ami), Jean-Claude Brialy, Jean Rochefort, François Périer, Gérard Lenormand, Juliette Gréco, sans oublier Georges

---

78. *Venez donc chez moi* à Télé-Métropole

Moustaki[79] dont j'ai publié un livre, et combien d'autres encore dont je garde inéluctablement un souvenir intarissable.

Et, pendant tout ce temps, comme tout bon arpenteur du monde qui pratique allègrement le nomadisme, je n'ai pas cessé, Dieu merci, de quadriller le monde en me souvenant ce que m'a dit un jour Moustaki le métèque : « Quand on ne sait pas où on va, tous les chemins nous y mèneront ! »

Sans relâche, j'ai sillonné la France, circulé en Italie, en Suisse, en Belgique et en Hollande, vagabondé en Espagne et en Islande, parcouru le Maroc et la Tunisie, visité l'Autriche, l'Angleterre et l'URSS, rôdé au Chili, au Mexique, au Pérou et en Argentine, arpenté Israël, séjourné en Haïti, en République dominicaine et aux Bahamas, festoyé à New York, San Francisco, Washington, Hollywood, gelé au pôle Nord, à la terre de Baffin et au Groenland, bronzé dans la jungle du Zimbabwe et à l'Île de la Réunion.

J'ai souvent observé avec admiration et stupeur les souvenirs que publient les gens. La plupart d'entre eux sont capables de décrire avec une grande précision la couleur des yeux ou des chaussettes de tous ceux qu'ils ont croisés sur leur chemin. Hélas, ma mémoire est défaillante. Mes souvenirs à moi me reviennent, comme on l'a vu, en désordre dans un mélange chronologique plutôt déroutant. J'espère que le lecteur aura l'indulgence de me pardonner de ne pas avoir su mieux faire. Il est important de préciser cependant que si je me suis offert le luxe de reconstituer ici une petite partie de ma trajectoire, ce n'est surtout pas par narcissisme. À vrai dire, je me porte peu d'intérêt. Ce que j'aime par-dessus tout, c'est découvrir et admirer. Je suis d'un naturel curieux. J'ai toujours eu soif de m'en mettre plein la vue. Tout dans la vie m'étonne. Je trouve surprenante même la connerie humaine, car elle est parfois sans limites ! Vivre autrement m'aurait mis de la corne à la place du cœur. Admirer m'a dopé, m'a élevé.

De Gaulle ne disait-il pas préférer les hauteurs ? Selon lui, « sur les chemins de crête, on rencontre moins de monde » !

---

79. Georges Moustaki. *Questions à la chanson*, Montréal, Éditions La Presse, 1973.

Chez Gérard Depardieu

Un jour, sur une de ces routes remplies de trésors, je me suis rendu jusqu'à Pacific Palisades, en Californie, pour rencontrer le grand Henry Miller, que j'avais juste croisé à Montréal quelques années auparavant. J'avais une envie irrésistible de découvrir cet homme réputé pour avoir une curiosité universelle et une largeur d'horizon hors du commun. Louis Pauwels, qui aimait beaucoup Miller, accepta de m'envoyer auprès de lui dans le but d'obtenir une interview pour le *Figaro Magazine*[80]. La suite s'est passée comme dans du beurre. Il m'a suffi de frapper à sa porte, en ignorant grossièrement la consigne qui y était apposée. La petite note disait :

« Quand un homme a atteint l'âge de la vieillesse et qu'il a accompli sa mission, il lui est légitime d'envisager l'idée de la mort en paix. Il n'a plus besoin des autres hommes, il les connaît et en sait assez long sur eux. Ce dont il a besoin alors, c'est de la paix. Il n'est pas convenable de rechercher un tel homme, de le tourmenter avec les bavardages du monde et l'ennuyer avec des banalités. On doit passer la porte de sa maison en faisant comme si personne ne l'habitait plus. »

— Vous n'avez pas lu ce qui est écrit sur le petit carton ? me demanda le vieil homme en m'ouvrant la porte.

80. Henry Miller. « On n'a pas le Nobel quand on le mérite », *Le Figaro Magazine*, n° 2, 14 octobre 1978.

Pierre Richard, un distrait invétéré

Chez Line Renaud et Loulou Gasté

Mireille Mathieu

— Si, si, si! Je l'ai lu! Mais comme je n'ai pas l'habitude de suivre à la lettre tout ce qui est écrit sur les panneaux... À l'entrée de la ville, il y a un panneau qui dit: «*Drink Pepsi Cola!*» S'il fallait faire tout ce qu'on nous recommande de faire...

Il éclata de rire et me pria d'entrer. Grâce à cette plaisanterie, j'avais réussi mon examen de passage.

Chez Michel Berger et France Gall

Avec Charles Aznavour, en Suisse

Cette inoubliable scène a le don de mettre ma mémoire en feu chaque fois que j'y repense.

Dès la première seconde où je l'ai approché, j'eus le sentiment de connaître cet homme depuis toujours. J'ai tout de suite senti qu'avec lui, les stratégies, les arrière-pensées, la méfiance n'étaient pas de mise. Quand il avait quelque chose à dire, il le disait directement, avec naturel et simplicité. C'était un être

Henry Miller

libre de contraintes et de préjugés, un homme qui répandait spontanément sa joie de vivre.

À partir de ce moment magique, nous sommes rarement restés sans nous voir, nous parler au téléphone ou nous écrire. Il me fit même l'honneur d'un petit texte en guise de préface à l'un de mes livres… et de me confier la publication d'un manuscrit (le seul qu'il ait écrit en français!) intitulé *Je ne suis pas plus con qu'un autre!* [81]

On a écrit beaucoup de choses sur cet homme remarquable chez qui je n'ai jamais perçu la moindre grincherie. Chez lui, la seule caractéristique prévisible était l'imprévisibilité. Il m'a souvent répété que rien ne pouvait nous arriver de bien si on ne faisait pas soi-même un certain effort pour le gagner. C'est aussi lui qui a dit: «Celui qui n'épouse pas son destin, le mauvais sort le traîne par la queue!»

Avec Miller, le contact était toujours facile. Aucune fierté, aucune distance et jamais la moindre gravité.

— J'avoue que je suis schizo, m'a-t-il confié un jour. Je ris et je pleure en même temps. Je suis convaincu que se moquer de soi (pas des autres) est la chose la plus importante qui soit. J'ai

81. Henry Miller. *Je ne suis pas plus con qu'un autre!* Montréal, Les éditions internationales Alain Stanké, 1980.

tellement cru à cette vérité tout au long de ma vie, qu'un jour j'ai même pensé devenir... clown !

La dernière fois que j'ai vu Henry Miller, il avait quatre-vingt-six ans. Il paraissait plus radieux que jamais. Avec une confusion issue droit du cœur, il me dit, avec son accent bien typique de Brooklyn :

— Si vous me voyez tellement en forme, c'est que je suis amoureux ! C'est un secret bien gardé depuis deux ans, mais comme la femme que j'aime me rend fou de bonheur, maintenant je me sens obligé de partager ma joie. Elle est formidable ! Très belle. Elle n'a que trente ans ! Elle a de la dignité, de la classe, de la grâce et tellement de charme. Il y a quelques années, elle a été élue Miss Amérique. Elle est comédienne. Elle se nomme Brenda Venus. Elle a déjà fait huit ou dix films dont un avec Clint Eastwood, que je n'aime pas particulièrement. C'est dommage qu'elle doive travailler dans l'industrie cinématographique. C'est une industrie difficile. Je suis très bien avec elle... voilà pourquoi je me conserve si jeune. L'amour, il n'y a que ça ! Vivre en amoureux, c'est le premier devoir de l'homme. Amour et bonheur sont synonymes. Il faut obéir à l'appel de la folie, faire ce qu'on a envie de faire sans se soucier des contingences du scandale ou de la logique des autres ! Tiens, voilà que je parle comme Lord Byron !

Henry est mort deux ans plus tard...

Il n'y en avait pas deux comme lui ! Écrivain de génie, peintre, don Juan professionnel, romantique, misogyne, anarchiste, pacifiste capable d'aller à la guerre, voyeur, libertin, autocrate, moraliste, égoïste, curieux, bavard, courtois, charmeur, saint homme (autoproclamé) et champion des remises en question de notre société. Henry Miller était tout cela et... plus encore !

L'autre grand auteur dont la précieuse amitié résonne toujours dans mon cœur est Frédéric Dard ! Trois heures après notre première poignée de main, nous sommes devenus des amis pour la vie. J'ai lu et souvent relu tous ses livres. Ceux qu'il a signés de son propre nom et ceux qu'il a publiés sous le nom du célèbre commissaire San-Antonio. Nous nous sommes beaucoup vus, beaucoup écrit, beaucoup aimés. Il m'est arrivé de lui consacrer quelques articles et un chapitre dans un de mes petits livres. Il m'a répondu par un clin d'œil touchant dans l'un des siens[82].

Lorsque les motoneiges n'avaient pas encore fait leur apparition en Europe, Frédéric me chargea un jour de lui procurer le premier véhicule et de le lui expédier par cargo aérien. Malheureusement, aussi curieux que cela puisse paraître, il n'a pu utiliser son *ski-doo* qu'à une seule occasion : le jour où le véhicule fut livré chez lui, à Gstaad, en Suisse. En revanche, pendant vingt ans, chaque fois qu'un photographe cherchait à faire une image exotique du célèbre écrivain, Frédo enfourchait sa diabolique machine (sans jamais la démarrer) et posait fièrement pour la postérité.

Il faut dire que, par manque de chance, un règlement du canton fribourgeois interdisait strictement l'usage des motoneiges à cause de leur bruit jugé trop infernal. Las de toujours présenter une fausse image de lui aux gens de la presse, mon copain a fini par offrir son méphistophélique appareil à l'unique personne qui pouvait l'utiliser dans l'exercice de ses fonctions sans être importunée par les forces de l'ordre : le chef de police de son village !

Est-il utile de préciser que Frédéric Dard, alias San-Antonio, est un des êtres qui m'ont le plus marqué dans la vie ? Candide, humble (malgré ses deux cent soixante-dix millions d'exemplaires vendus !), sincère, spontané, touchant, chaleureux, généreux, profond et bourré d'émotions, Frédéric avait toutes les qualités. Il était tonique. Il respirait la vie à pleins poumons. Je me suis souvent réchauffé à son regard. Se frotter à lui était purement délectable. On en sortait enchanté de… soi-même. Avec lui, le régal était total. C'était toujours tout ou rien. Tout, tout de suite et maintenant, sinon… je pleure. Et il pleurait souvent !

Un jour, alors que j'étais interviewé sur les ondes de Radio-Canada[83], voulant me faire plaisir, les organisateurs de l'émission — sans me prévenir — avaient branché le studio au téléphone de Frédéric, en Suisse. Au cours de l'entretien, l'animateur eut l'idée de me demander s'il m'était arrivé, au cours

82. San-Antonio. *Ma cavale au Canada*, Paris, Fleuve Noir, 1989.
83. *Périscope*, CBOF, Ottawa, 24 novembre 1993.

de mon métier de journaliste, d'aller au-delà de l'habituelle rencontre professionnelle et de me lier d'amitié avec la personne que j'étais venu interviewer.

Bien entendu, ma réponse fut oui (encore une synchronicité!). D'autant que j'ai fréquemment cherché à rencontrer certaines personnes qui m'intéressaient sur le plan personnel en utilisant le fallacieux prétexte de l'interview. Et quand, par bonheur, après ce premier contact, on se découvrait des affinités, il ne restait plus qu'à se laisser entraîner dans le sillon de l'amitié.

— Avez-vous un exemple à nous donner? me demanda le journaliste.

En réponse à la question du journaliste, le premier nom qui me vint spontanément à l'esprit fut celui de Frédéric Dard.

— Voilà qui tombe bien, me dit-il, parce que monsieur Dard est justement au bout du fil et il nous écoute…

J'ai failli perdre connaissance. Quelle belle surprise, d'autant qu'à cette occasion, Frédéric eut la gentillesse de commenter notre lien avec l'éloquente tendresse que voici:

— Notre amitié à Alain et moi n'est pas de marbre, car le marbre peut se casser! Notre amitié est de cœur. Elle est indélébile! Dès le premier jour, ça a été évident, miraculeux. Nous nous sommes flairés, et nous avons su dès cet instant que nous ne pourrions plus nous passer l'un de l'autre. J'attendais un gars comme lui. En le voyant, j'ai su qu'il allait devenir un ami pour la vie…

Devant une telle déclaration, faite en direct, je n'ai pas pu retenir mes larmes… Ce moment magique, je le garderai tant que je vivrai à fleur de mémoire.

Quel dommage que les êtres que l'on aime partent toujours trop vite!

Frédo, tu me manques!

Grand saut en arrière… À cause de mon métier, longtemps j'ai recueilli des témoignages. Celui qui suit me concerne personnellement. À trente-cinq ans, j'étais le plus heureux des hommes. Je ne manquais de rien. Comment aurais-je pu désirer autre chose? Plus de privation à combler. Plus de réels besoins.

Plus d'avidité. Plus de convoitise. Couple en accord. Famille heureuse. Maison cossue. Compte en banque suffisamment confortable pour aider la petite famille à traverser sans trop de soucis des années qui auraient pu s'avérer moins grasses. On nageait dans le bonheur.

Certaines personnes proches de moi prétendaient parfois que, dans la vie, tout ne pouvait pas toujours être parfait, que le bonheur, quand on avait la chance de le rencontrer, n'était souvent que passager.

Je pensais que cette remarque ne s'adressait pas à moi. Si elle avait un fond de vérité, elle s'appliquait plutôt aux autres. Jamais à moi! Après tout, n'avais-je pas déjà vécu, moi, mon lot de malchances? N'avais-je pas suffisamment donné? Depuis que j'étais arrivé au Québec, j'étais blindé et convaincu que rien de mauvais ne pourrait jamais plus m'arriver. Vivais-je dans l'illusion? Sans doute. Mon couple, je le désirais indissoluble. Et mon désir était si fort que j'ai fini par croire qu'il était indestructible.

Protégé par cette merveilleuse cuirasse protectrice, qui n'était malheureusement qu'illusoire, je n'ai absolument rien vu venir! Je n'ai pas le goût du déballage intime, je vais donc raconter le plus succinctement possible cette importante portion de ma vie en maniant le souvenir personnel sans trop m'y tacher ni trop maculer les autres.

Le premier signe de turbulence s'est présenté à moi comme un incident singulier, certes, mais sans grande conséquence.

Un beau matin, au réveil, la petite Yolaine, qui vivait toujours avec nous, annonce à toute la famille avoir fait un rêve étrange qu'elle s'empresse de raconter sans nous épargner aucun détail.

— Figurez-vous que dans mon rêve, je suis entrée dans une chambre à coucher où il y avait un grand lit. Et dans ce lit, qu'est-ce que j'ai vu? Un monsieur que je ne connais pas. Il était couché avec ta femme, Alain!

Le récit succinct de sa vision onirique créa un imperceptible malaise que la principale visée prit le soin de dissiper précipitamment en conseillant à la petite de préparer son cartable pour l'école plutôt que de perdre son temps à raconter des sornettes.

On tourna rapidement la page.

Par la suite, il n'a plus jamais été question de l'incident, jusqu'au jour où Yolaine nous est revenue avec la « prise deux » de son rêve. Une fois de plus, elle tenait absolument à nous le raconter.

— Figurez-vous que j'ai encore fait un rêve la nuit dernière, dit-elle triomphante. Je suis entrée une fois de plus dans cette chambre à coucher dont je vous ai parlé l'autre fois, et j'ai encore vu Marie-José au lit avec le même monsieur. Mais cette fois, toi, Alain, tu es entré dans la chambre et tu t'es mis à te bagarrer avec l'homme. J'ai assisté à la bataille sans pouvoir rien faire. Et à la fin, j'ai été bien contente parce que c'est toi qui as gagné ! C'est à ce moment-là que je me suis réveillée…

Le petit déjeuner se termina sur une note joyeusement admirative pour le héros du récit du troublant pugilat. Tout le monde tourna la page une fois de plus, bien que, pour ma part, l'idée que ce rêve pût être prémonitoire m'ait quand même traversé l'esprit à la vitesse d'un éclair… Certes, nous menions, ma femme et moi, une vie extrêmement active. Nous devions nous occuper des enfants, de nos jobs, respecter les heures de tombée de plus en plus exigeantes, voyager souvent à l'étranger chacun de son côté sans jamais plus pouvoir prendre de véritables congés ensemble.

Un jour, se disant épuisée, ma femme décida d'aller à New York afin de s'y reposer, seule, durant un week-end, loin des tracas professionnels et des soucis familiaux.

Elle quitta Montréal un vendredi matin avec le projet de revenir le lundi suivant.

Toujours amoureux et espérant rendre son séjour plus agréable, je fis porter une douzaine de roses à notre hôtel habituel où elle avait nécessairement prévu de descendre.

Pendant ce temps, je profitai une fois de plus de cette escapade, comme lors d'autres absences de la maman, pour passer plus de temps en compagnie des enfants. M'occuper des petits n'a jamais été une grande charge pour moi. Je les adorais. Pour tout dire, l'absence de leur mère — beaucoup plus stricte sur l'éducation que je n'ai jamais su l'être — équivalait à un « grand congé » pour la maisonnée. Les habitudes de papa contrastaient beaucoup avec celles de maman. Règle générale, on expédiait rapidement les devoirs afin de pouvoir se lancer au plus tôt dans les jeux les plus divers dont la durée dépassait immanquablement l'heure prévue du coucher. Pour tout dire, c'était la nouba !

Pendant que mes petits diables et moi sommes en train de nous ébattre dans la piscine, le téléphone sonne. On cherche à retracer d'urgence Marie-José pour savoir si Jean-Paul Belmondo a confirmé sa participation à l'émission. C'est urgent. Sans perdre un instant, je téléphone donc à New York pour m'enquérir. À la réception de l'hôtel, où elle doit être arrivée depuis cinq bonnes heures, on m'annonce qu'on ne l'a pas vue et on en profite pour m'informer qu'un bouquet de roses l'attend ! Pris de panique, je téléphone à Air Canada pour m'assurer qu'il n'est rien arrivé de fâcheux à l'avion. On m'affirme que l'atterrissage s'est effectué conformément à l'heure prévue. De plus en plus inquiet, je suis démangé d'interrogations. J'appelle l'hôtel toutes les heures. Sans résultat. Va-t-elle finir par me téléphoner ? Malheureusement, c'est silence radio ! Je n'ai aucun signe de vie.

Comme je suis crédule de nature, que je préfère la confiance à la méfiance, l'idée d'une infidélité n'effleure même pas mon esprit. Cela ne m'empêche pas de passer la nuit blanche à me ronger les sangs. Au réveil, je passe un dernier coup de fil à l'hôtel. Elle ne s'est toujours pas présentée... et le bouquet de roses est fané ! Le mystère est complet. Que faire ? À qui m'adresser ? Qui pourrait bien m'aider ?

Peu avant midi, le téléphone sonne. C'est la compagnie de télégrammes. À l'époque, au Canada, on avait l'habitude d'appeler les gens pour leur lire le contenu du message avant de leur expédier la copie par la poste.

L'employé me lit donc le texte qui m'est destiné : « Suis bien arrivée. Je me repose. Tout va bien. Bons baisers. À lundi... » Je remercie le lecteur et raccroche. Je suis rassuré, mais... pas entièrement. Heureux de savoir que rien de déplorable ne lui est arrivé, mais inquiet de connaître la raison pour laquelle elle ne s'est pas rendue à notre hôtel habituel où elle a pourtant réservé une chambre et... où l'attend toujours mon bouquet de roses, légèrement défraîchi.

Une idée traverse mon esprit. La copie du télégramme comporte habituellement les informations dévoilant son origine. S'il a été envoyé d'un hôtel, le renseignement devrait donc se trouver sur un code inscrit sur le câblogramme. Je décide aussitôt de retrouver le message. Je téléphone à la compagnie de télégrammes CN-CP pour demander de bien vouloir me révéler les renseignements dont j'ai besoin. Comble de malheur, on m'apprend que les télégrammes, une fois lus au téléphone, sont postés aussitôt. Le mien se trouve donc déjà dans une boîte aux lettres. Demain matin, dimanche, il sera à la poste centrale d'où il sera acheminé à la succursale la plus proche de mon domicile, puis remis à un facteur qui, dans le meilleur des cas, s'il n'y a pas d'imprévus, me le livrera lundi ou mardi prochain.

Parfaitement conscient de l'utopie de ma démarche, à la première heure, je passe un coup de fil à la poste centrale de Montréal. J'explique à l'inconnu qui me répond qu'il est crucial pour moi de récupérer mon télégramme le plus rapidement possible et que je serais même prêt à me déplacer pour aller le chercher plutôt que devoir attendre sa livraison à mon domicile. L'homme éclate de rire.

— Vous n'êtes pas sérieux! dit-il. Il y a des milliers d'enveloppes ici, comment voudriez-vous que l'on trouve la vôtre dans tout cet amas?

Il est prêt à me raccrocher la ligne au nez, mais, devant mon insistance devenue une véritable supplique, il accepte de continuer à m'écouter.

— Je comprends qu'il y a beaucoup de lettres, mais en toute logique, j'imagine que les télégrammes du CN-CP devraient être regroupés dans une seule pile et que dans ce cas, il ne serait pas trop difficile de…

L'homme commence à perdre patience. Au bout d'un moment, il me coupe sec. Il a reconnu ma voix.

— C'est quoi votre nom au juste, monsieur? Il me semble que je reconnais votre voix!

En entendant prononcer mon nom, il éclate de rire.

— Vous n'êtes pas en train d'essayer de me jouer un tour pour vos *Insolences d'une caméra*, tout de même? Y aurait pas une caméra cachée quelque part ici?

Après l'avoir rassuré, je lui répète le sérieux et l'urgence de ma démarche.

Son ton devient plus conciliant.

— J'aimerais bien vous aider, je vous assure… surtout que j'ai justement devant moi toute la grosse pile des télégrammes que je suis en train de tamponner. J'ai l'impression qu'il y en a deux mille, au bas mot ! C'est beaucoup ! Même avec la meilleure volonté du monde, je ne pourrais pas vous aider. Comprenez-moi !

Je suis sincèrement désolé. Ma chimérique démarche a échoué. C'était prévisible. Pourtant, soudain, au moment où je m'apprête à abandonner la partie, l'homme s'écrie :

— Attendez, attendez ! Ça alors ! Ça parle au diable ! Quel hasard ! Je vois VOTRE enveloppe devant moi. C'est incroyable ! C'est justement ELLE que je m'apprêtais à oblitérer au moment où vous avez téléphoné. Vous habitez bien le…?

Incroyable, mais vrai ! Quelle coïncidence ! Quel hasard ! L'événement relève décidément d'un bouleversant phénomène du domaine de l'incompréhensible.

L'homme est visiblement ravi d'avoir fait la découverte magique de la précieuse enveloppe, mais pour l'ouvrir afin de me lire le code, c'est une autre histoire…

— Vous n'y pensez pas, me dit-il. C'est strictement défendu ! Vous savez que si je m'aventurais à ouvrir une enveloppe, je commettrais un acte criminel ! Nous ne sommes ABSOLU-MENT pas autorisés à faire ce que vous me demandez. Je perdrais mon boulot si je faisais ça ! Non, non, non. Il n'en est pas question !

Quel dommage de m'être rendu si près du but et de devoir m'incliner devant le sort… Face à cette dernière objection, il ne me reste plus qu'à remercier l'homme de la poste et raccrocher sans pouvoir connaître ce que présage le télégramme.

Soudain, il y a un autre revirement.

— Allez, tant pis, parce que c'est VOUS, je prends le risque ! dit-il. Mais c'est bien parce que c'est VOUS et que ça m'a l'air d'être très important. J'ouvre l'enveloppe et je vous lis ce que vous voulez savoir… Ça reste secret entre nous !

Absolument inespéré et… surréel !

En possession des chiffres du code inscrit sur le câblogramme, je m'empresse de téléphoner cette fois à la compagnie de télégrammes afin que l'on m'informe sur l'origine précise du message. Malheureusement, le service new-yorkais habilité à faire la recherche est fermé le dimanche! Il faut patienter jusqu'à l'ouverture des bureaux, le lundi, 9 heures du matin… soit trois heures avant le retour de l'avion de ma femme.

Lundi, 9 heures 5, je reçois l'appel tant attendu. On a retracé l'adresse que l'employé me livre sur-le-champ. «Le télégramme a été envoyé de l'hôtel Drake… de la chambre de monsieur Robert L…!»

Mon éveil à la rude réalité a la brutalité d'un coup de poing. Je suis terrassé. Je m'effondre. Je reçois la nouvelle comme l'annonce de la fin du monde. Tout mon univers s'écroule. La terre se dérobe sous mes pieds. Je craque. Mon corps est envahi par un violent tremblement. Je sais qu'à partir de maintenant, rien ne sera plus jamais comme avant. L'espoir de poursuivre une vie de famille heureuse, remplie d'amour et de sérénité, me paraît soudainement détruit à tout jamais.

Robert est un important éditeur parisien de mes amis, que j'ai présenté un jour à ma femme afin qu'il l'aide dans sa tâche de «recruteuse d'invités» pour l'émission dont elle s'occupe.

Je suis victime d'une double trahison. Trompé par ma femme et par… mon ami. Qu'arrivera-t-il aux enfants? Comment survivront-ils à cette pitoyable détresse?

L'heure d'atterrissage de l'objet de ma désespérance approche. J'ai promis d'être à l'avion. J'y serai.

Je conduis mon auto comme si j'étais en état d'ébriété. L'abondance des larmes m'empêche de voir distinctement la route. Je suis un véritable zombie. Au comble de mon tragique désespoir, lorsque je me retrouve sur un pont, l'espace d'un éclair, je pense à tourner le volant brusquement pour m'écraser sur un pilier, tant ma douleur est devenue insupportable. Ce qui m'arrive est au-dessus de mes forces. Il vaut peut-être mieux en finir. Pour toujours. Tout de suite! Dieu merci, je chasse la macabre idée aussi vite qu'elle m'était venue. Jamais, dans le passé, en aucune circonstance, je n'ai songé à me supprimer. Si d'autres, ceux qui auraient voulu m'effacer de cette Terre, n'avaient pas réussi à le faire, je n'allais tout de même pas, lâchement, me substituer à eux. Ma vie est toujours aussi précieuse. J'en suis responsable comme je suis responsable de la vie de mes enfants…

À l'aéroport, c'est dans un climat glacial que j'apprends la triste réalité. Sa décision est prise. Ferme et irrévocable. Elle projette de déménager à Paris pour y refaire sa vie avec l'homme qu'elle aime. Je reste terrassé devant elle dans un silence étourdissant, mes genoux flageolant d'angoisse.

Soudain, en cet instant précis, je comprends que nous venons de nous dire adieu.

Un retour à la vie passée n'est assurément plus envisageable. Le divorce est inévitable. Nous allons devoir faire planète à part. Les enfants quittent la maison avec leur mère pour emménager dans une maison à appartements en banlieue de Montréal. Je suis troué de chagrin. Je vais devoir redémarrer ma vie avec un immense vide…

Le destin décide de me surprendre avec une étrange coïncidence de plus. Dans cette maison, habite, comme par hasard, la petite amie d'un coanimateur de mon émission. Et, comble d'ironie, sa copine a — à une lettre près — le même nom que la mère de mes enfants.

La similitude des patronymes embrouille le facteur qui dépose distraitement le courrier de l'une dans la boîte aux lettres de l'autre. Si bien que l'amie de mon ami reçoit régulièrement les lettres d'amour de Robert. La situation relève à la fois d'une tragédie comique et du satané hasard.

Un jour, dans une de ces lettres égarées dans la mauvaise boîte, que mon copain a l'idée de m'apporter, j'apprends l'ébauche d'un projet de déménagement des enfants à Paris. Je décide aussitôt d'en faire une photocopie que je veux remettre sans délai à mon avocat afin d'être paré à toute éventualité. C'est ici que le destin me refait encore son petit clin d'œil taquin.

Au bureau, nous venons tout juste d'installer une nouvelle photocopieuse. Elle est gigantesque, extrêmement sophistiquée et d'une efficacité redoutable. Redoutable est le bon mot ! J'y place discrètement la lettre d'amour dont le contenu pourrait éclairer le tribunal lors des procédures du divorce, et j'appuie sur le bouton portant le chiffre *1*. Le bolide démarre en un quart de tour et dans un vrombissement impressionnant recrache non pas une copie, comme je lui ai demandé de faire, mais une longue série de copies sans fin. C'est la panique à bord. Ma dévouée secrétaire, qui est habituellement chargée de faire ce genre de travaux, me demande pourquoi je ne suis pas passé par elle, comme j'en ai l'habitude. Je tente de mon mieux d'arrêter la diabolique machine, mais rien n'y fait. Elle continue à imprimer à une allure vertigineuse et fait trembler tout le plancher. Lorsqu'elle s'arrête enfin, le panier est rempli à ras bord. Au lieu de me donner une copie, elle a eu la générosité de m'en offrir MILLE! Nouveau problème : où engloutir tout cet amas de feuilles? Comment faire disparaître les 999 copies d'une lettre d'amour dont une seule suffisait amplement pour me briser le cœur? Drame et... dérision du plus haut comique.

Trêve d'entracte. Il est temps de passer au prochain acte : les procédures du divorce[84]. Au tribunal, les audiences s'étendent sur trois interminables journées. Préalablement, le juge Claude Bisson se donne la peine de rencontrer seul, un à un, les quatre enfants. Il leur demande s'ils préféreraient vivre avec leur père ou avec leur mère. Bien qu'elle dépasse l'entendement, cette question totalement déplacée est, hélas, encore fréquemment posée par les hommes de loi lors des procédures de divorce. En ce qui nous concerne, dans sa « grande sagesse » le

---

84. « La vérité existe, on n'invente que le mensonge ! »
Je tiens à expliquer la raison qui me pousse à raconter ici ce pan de ma vie, autour duquel j'aurais préféré garder le silence. Dans deux ouvrages rétro biographiques parus récemment, l'ami Robert a livré sa version personnelle et édulcorée des événements que nous avons vécus. À force d'écrire ce que l'on aimerait faire croire, on finit par croire que c'est ainsi que les choses se sont déroulées. Hélas, dans ses souvenirs, l'homme mélange abondamment les faits avec... l'effet. Il est vrai que lorsqu'on atteint un certain âge on peut se souvenir de tout ce qui est arrivé... même quand ce n'est pas arrivé... Et puis, tout le monde a ses moments de faiblesse. Tout le monde a le droit de chercher une sortie digne. J'aspire moi aussi, tant qu'à faire, à une sortie tout aussi honorable. Pour présenter ma version des faits relatés ici, je dois descendre jusqu'au fond du puits de ma conscience pour y retrouver la pure vérité. Je lève la main droite et je le jure ! Ces pages constituent en quelque sorte mon droit de réponse. Tout le reste n'est que littérature, car, comme tout le monde sait, la vérité ne triomphe jamais, mais ses adversaires finissent par mourir...

tribunal admet que les enfants expriment une préférence pour vivre avec leur père en ajoutant : « Probablement en raison de certains conflits de caractère avec leur mère. »

Vu mon emploi du temps chargé, le magistrat responsable de l'épineux dossier décide d'accorder la garde des enfants à la mère, en ménageant des droits de visite au père à qui il impose une pension alimentaire de… quatre cents dollars par semaine (à l'époque, la plus haute pension accordée de l'histoire du Québec!). Malheureusement, Son Honneur a erré dans le calcul des revenus. Il a comptabilisé par erreur les honoraires que j'ai reçus pour une importante émission spéciale, bilingue, diffusée une seule fois sur le réseau du pays, comme s'il s'était agi d'une émission… mensuelle.

Un peu plus loin dans son jugement, le savant juge souligne : « Le père insiste pour que les enfants demeurent au Canada et ce désir, conclut-il, est parfaitement légitime. Ce problème n'est pas académique, puisqu'au printemps 1970, la mère avait formé le projet de quitter le pays pour aller vivre avec les enfants à Paris… »

Et le document clôture par ces mots : « À tout événement, ni l'un ni l'autre des enfants ne pourra quitter le Canada et même le Québec, pour quelque période que ce soit, si courte soit-elle, sans une ordonnance de cette cour sur requête d'une partie dûment signifiée à l'autre. »

Le document accorde toutefois une exception : les jours de sortie, il autorise le père « à sortir les enfants du Québec pour faire des promenades ou des séjours au Vermont ».

Il est clair qu'avec cette clause du jugement, le projet de celle qui espérait refaire sa vie à Paris en y emmenant les enfants devient irréalisable. La distance séparant les deux pays aurait aliéné de façon irrémédiable le contact des enfants avec leur père si jamais leur mère avait été autorisée à quitter le Québec en leur compagnie.

Il n'y a, pour ainsi dire, aucune porte de sortie, aucune solution envisageable à ce drame, à moins que l'un des deux parents se montre assez magnanime pour se sacrifier au profit de l'autre. Le problème est insoluble.

Une parenthèse s'impose. Elle concerne un incident totalement inattendu qui réconforte.

Dans un plan d'expansion de sa maison d'édition au Canada, Robert vient de nommer à la tête de son bureau montréalais un auteur québécois, Marcel G., que je ne connais que de réputation. Étant dans l'incapacité d'assister aux audiences du procès qui se déroule à Montréal, Robert y délègue en estafette son directeur et ami Marcel. À tout bout de champ, celui-ci saute sur le téléphone pour aller présenter un rapport circonstancié du déroulement de l'affaire. Mais plus les heures avancent, plus le brave Marcel découvre l'injustice qui y règne. À la fin de la deuxième journée, n'y tenant plus, il court rencontrer mon avocat, Me Gravenor, et lui propose de témoigner en ma faveur. Il était parfaitement au fait, depuis un certain temps déjà, des infidélités dont j'étais victime, car il lui était arrivé fréquemment de louer des chambres d'hôtel à son nom afin que le couple puisse s'y réfugier sans attirer de soupçons. Mon procureur explique à Marcel que, malheureusement, son témoignage est irrecevable par le fait qu'il a assisté aux séances du procès et entendu les témoignages qui y ont été recueillis. Désolé de ne pas être d'utilité, il insiste avec véhémence, car, dit-il, «ma conscience me le commande!» Le lendemain, le juge Bisson lui fait la même remarque que Me Gravenor. «Je comprends, monsieur le juge, répond Marcel, mais je ne pourrai pas vivre en paix avec moi-même si je ne dis pas ce que je sais…» Le brave homme soulage donc sa conscience et quitte le tribunal, la tête haute. Le même soir, il reçoit son avis de congédiement. Un écrivain, c'est connu, ne roule pas sur l'or, et l'emploi que Marcel occupait dans la succursale canadienne de la maison d'édition de Robert était son gagne-pain principal. Son geste était courageux et d'une grande noblesse.

Comme il se retrouve sans emploi, je veux lui venir en aide. Je crée aussitôt une nouvelle maison d'édition, L'Actuelle, dont je lui propose la direction. Marcel refuse. «Accepter ce poste pourrait être interprété comme une récompense, me dit-il. Ce que j'ai fait, je ne l'ai pas fait pour recevoir quoi que ce soit en retour. Je l'ai fait en mon âme et conscience. Je n'ai jamais été capable d'être complice d'aucune injustice.»

Marcel, qui est petit de taille, est sans contredit un très grand homme!

Un ami dont la vie vous fait cadeau, pour la vie!

Fermons la parenthèse.

En attendant d'apercevoir le bout du tunnel, je me débats dans une obscurité sans rivages et sans fin. Je fais de mon mieux pour vivre avec ma peine, toujours vulnérable, mais jamais totalement anéanti par mes blessures. Ce qui m'anime le plus est encore l'espérance. Sur ce chemin cahoteux, le geste de Marcel est un baume bienfaisant. À mesure que les journées passent, je prends étrangement conscience qu'à chaque instant, il y a en moi deux êtres : le premier est en contrôle de sa vie, tandis que l'autre n'est qu'un simple jouet du destin...

Le 14 août 1971, Josette, cette femme éclatante au regard absolument pur, plein de lumière, au cœur de laquelle j'entends battre mon propre cœur, accepte de devenir ma compagne de vie pour le meilleur d'elle et... le pire de moi, parfois.

Ensemble, nous allons explorer le bonheur ailleurs, car depuis, cette femme est tatouée dans mon cœur. J'aime de nouveau la vie. L'air qui y circule, grâce à elle, sent miraculeusement le neuf. Mon avenir retrouve le visage de l'espoir. Le sang coule dans mes veines comme jamais.

En plus de devenir ma compagne de vie, elle devient aussi ma précieuse collaboratrice aux Éditions. Et puis, après avoir tourné la page de l'esthétique, elle retourne à l'université pour devenir psychologue. Une fois ses études terminées, compétente à créer du fabuleux, elle prend la responsabilité de la collection Parcours, spécialisée dans les sujets d'ordre psychologique où elle excelle. Entre autres *best-sellers*, Josette déniche un ouvrage qui, dès sa parution, bat tous les records de vente, *Ces femmes qui aiment trop*[85]. La publication de ce livre donne lieu, au Canada comme en France, à la création de nombreux cercles d'entraide aux femmes souffrant de dépendance affective.

À la cérémonie du mariage, tous les enfants sont à nos côtés, joyeusement réunis. Ma nouvelle compagne n'a qu'un fils, prénommé Éric. Du coup, Josette fera son apprentissage de mère de famille recomposée et... nombreuse.

Dix jours plus tard, surprise ! Mon fils (qui a toujours été aussi mon meilleur copain) quitte sa mère et ses petites sœurs,

---

85. Robin Norwood. *Ces femmes qui aiment trop*, Montréal, Les éditions internationales Alain Stanké, 1986.

débarque à la maison avec sa guitare et m'annonce péremptoirement qu'il n'en ressortira plus. Ce qu'il veut avant tout, c'est vivre avec son père !

Second mariage avec Josette Ghedin

Le premier septembre suivant, mon confrère parisien Yves Berger, directeur littéraire de la maison Grasset, grand ami de Robert, est de passage à Montréal. Il m'invite à venir souper avec Josette au domicile de Marthe C., son amie intime.

Sitôt le repas terminé, Yves me prie de le suivre au salon. Il a une communication importante et visiblement très délicate à me faire. Sa proposition est un brin réfrigérante.

— Voilà de quoi il s'agit, me dit-il d'un air compassé. Robert trouve que c'est toi qui as gagné le divorce…

Je ne le laisse pas terminer. Si on peut se risquer à parler en termes de «gagnant» et de «perdant», je dirais plutôt que dans cette bataille homérique, où la garde des enfants a été accordée à la mère, c'est plutôt moi qui ai tout perdu!

Yves insiste pour s'expliquer:

— La situation est pourtant bien claire! Robert tient à refaire sa vie à Paris avec ton ex. À son grand désespoir, il ne voit pas comment il pourrait réaliser son rêve puisque le jugement interdit strictement aux enfants de quitter le Québec et que sa future femme affirme qu'elle ne peut absolument pas vivre sans eux. La seule solution qu'il voit, c'est que tu veuilles bien accorder la permission à la mère de partir en France avec les enfants. Il est prêt à y mettre ce qu'il faut…

Je suis stupéfait. Je crois avoir mal entendu la dernière phrase. Je lui demande de répéter.

— Voilà. Il m'a dit de te dire qu'il est disposé à te donner une somme d'argent en retour de cette permission. Dis ton chiffre. Combien veux-tu?

— Non… mais je rêve?

— Il a suggéré CENT MILLE dollars! Qu'en penses-tu?

La soirée se termine abruptement. Scandalisé par l'«offre d'achat», je quitte la maison en priant Yves, le messager, de porter ma réponse: je trouve ce projet outrageant et d'une incohérence démesurée.

— Dis à ton bon ami que mes enfants ne sont pas à vendre! S'il en veut, qu'il se les fabrique lui-même!

À la décharge de mon regretté ami Yves, je dois dire que, plusieurs années plus tard, je l'ai rencontré fortuitement (encore le hasard!) à l'hôtel de Jean-François Rozan, en Guadeloupe. Il est venu à moi et, en toute humilité, m'a présenté ses excuses pour avoir servi d'inqualifiable intermédiaire.

L'histoire ne s'arrête pas là. Le samedi suivant, le jour prévu pour ma visite des enfants, soit quatre jours après le mémorable souper avec Yves et sa copine québécoise, je ne trouve personne au domicile des enfants. J'ai beau frapper à la porte avec insistance, téléphoner, questionner les voisins, mes tentatives restent vaines. Le mystère finit par se dévoiler enfin dans le courant de la semaine grâce à un appel téléphonique que je reçois de Paris. C'est Brigitte, ma fille aînée, qui est au bout du fil. Elle est en larmes :

— Papa, viens nous chercher. Viens vite ! On est à Paris...

Elle a à peine le temps de terminer sa phrase que le téléphone est raccroché. Pendant deux jours de suite, elle persévère, parle à voix basse, mais n'arrive jamais à terminer sa conversation, car la communication est interrompue abruptement. Quelqu'un l'empêche visiblement de parler. Je suis totalement dévasté. N'ayant plus la possibilité d'exercer mes droits de visite, il ne me reste plus qu'une solution : retourner devant le tribunal pour obtenir justice.

Ma fille réussit finalement à convaincre quelqu'un d'assez compatissant pour l'aider à me téléphoner confidentiellement. Je peux lui parler pour la première fois. Elle n'a que onze ans et ne comprend pas pourquoi je refuse de venir les chercher, elle et ses sœurs, à Paris pour les ramener à Montréal. Je tente de lui expliquer du mieux que je peux. Je lui dis que je suis retourné voir un juge et que j'attends sa permission pour aller les chercher. Du même coup, je l'informe que je ne possède plus les passeports des enfants vu que leur mère les a utilisés pour fuir le pays.

Une semaine plus tard, je reçois une grande enveloppe brune adressée de la main de ma fille. Elle contient les trois passeports des enfants. Une petite note signée de la main de Brigitte l'accompagne. « Papa, j'ai trouvé les passeports. Les voilà. J'ai mal au ventre. Maintenant, viens nous chercher ! »

À partir de ce moment, je m'englue dans un scénario cauchemardesque sans fin.

Les procédures légales prennent une éternité et, comble de malchance, le juge Ross chargé du dossier tombe malade. Onze longs mois s'écoulent avant qu'il ne revienne siéger pour livrer son jugement irrévocable. Cette fois, le jugement m'accorde officiellement la garde des enfants. La mère, elle, est passible d'outrage au tribunal pour avoir sorti illégalement les enfants du pays.

Sans plus attendre, je prends l'avion pour Paris. À mon arrivée, j'exige de rencontrer mes enfants. L'émouvante rencontre avec les petites, que je n'ai pas vues depuis de longs mois, se déroule chez Sip, boulevard Raspail. C'est Robert lui-même qui me les amène. Toutefois, il prend la précaution de poster un aide de camp, fortement musclé, à l'entrée du restaurant pour le cas où l'«imprévisible père» déciderait de se sauver avec elles.

La joie de me retrouver avec mes filles est sans nom. Elles me font une véritable fête!

Brigitte, qui est très fière d'avoir réussi à dérober les passe-ports, n'a que ces mots à la bouche: «Quand est-ce qu'on part?» Je les fais patienter un moment, le temps d'avoir un échange avec Robert, assis quelques tables plus loin. Je lui exhibe le jugement dont les termes sont sans équivoque.

Pour tout commentaire, je l'entends me dire:

— Ici, on est en France. Ce document n'a que la valeur du papier sur lequel il est imprimé. Les enfants sont maintenant ici et ils resteront ici!

Je tente de le convaincre qu'il faut avant tout penser au bien-être des enfants, pas à nous. Rien n'y fait. Je lui propose une dernière solution. Nos avocats pourraient, d'un commun accord, trouver un psychologue compétent qui, après les avoir entendus, déciderait s'il est préférable pour eux de rester à Paris auprès de leur mère ou de retourner vivre au Québec avec leur père. Je lui donne ma parole que je m'inclinerai devant le jugement du spécialiste s'il est agréé par les deux parties. À l'évidence, il n'y a rien pour lui faire changer d'idée. Devant son intraitable obstination et l'ardent désir des enfants de retourner à Montréal, je suis contraint de trouver une autre solution. Mettant un terme à cette discussion sans issue, je vais embrasser les petites et leur glisse à l'oreille qu'elles auront une agréable surprise très bientôt.

Sitôt revenu à mon hôtel, je me mets à la recherche d'un jet à affréter pour le lendemain matin. Il faut à tout prix que je puisse sortir du pays le plus rapidement possible avec mes enfants. L'accord avec la compagnie d'aviation est signé.

Tout est prêt et en règle. L'avion que j'ai nolisé quittera Le Bourget dès mon arrivée avec les fillettes. Je décide de faire d'abord une escale à Londres. Le jugement que j'ai en poche a la même portée au Canada qu'en Grande-Bretagne, puisque le nom de la reine Elizabeth est mentionné sur le document.

Le lendemain matin, un taxi me conduit à la porte de l'école des enfants. Dès leur arrivée devant l'entrée de l'établissement scolaire, j'ouvre la portière, les trois fillettes s'engouffrent dans le véhicule et nous filons aussitôt à l'aéroport pour sauter dans l'avion qui nous attend. Direction : l'Angleterre.

Mon indéfectible soutien dans cette aventure héroïque est bien sûr Josette. Sitôt installé dans un hôtel de Londres, je l'appelle à Paris pour la prier de venir nous retrouver. Après nos heureuses retrouvailles dans la capitale britannique, nous décidons qu'il serait salutaire pour tout le monde d'aller d'abord passer quelques jours au soleil, histoire de s'oxygéner et de tenter d'oublier les tracas des mois passés avant de revenir à Montréal. Nous ébauchons un plan. À l'heure où les enfants devraient être de retour de l'école, je téléphone à leur mère pour lui dire de ne pas les attendre. Je lui explique que j'aurais préféré m'entendre à l'amiable avec Robert, mais que face à son disgracieux refus, je n'avais pas d'autre alternative que celle de suivre la décision écrite en toutes lettres dans le jugement. Les fillettes sont désormais sous la garde légale de leur père, tel que décrété par le tribunal.

Deux jours plus tard, au moment de quitter l'aéroport de Londres pour quelques jours de vacances au soleil avant notre retour au Canada, nous sommes interceptés par des officiers de sécurité. Impossible de quitter le pays. Un avis de recherche vient d'être lancé par la mère des enfants auprès d'Interpol pour retrouver ses enfants et leur père qu'elle accuse de « kidnapping » ! Seule une ordonnance de la cour peut annuler l'interdiction de sortir du pays. Nous sommes contraints de retourner aussitôt à l'hôtel en attendant notre avocat qui est à Paris et qui, vu la tournure des événements, vient nous retrouver le soir même, à Londres.

À peine est-il descendu de l'avion que Me Philippe Lette, mon avocat montréalais, me téléphone.

Dans les quotidiens de Londres, l'histoire — qui a un goût de cinéma — prend plus de place que le nouveau film de Jean-Luc Godard.

— Ne sortez surtout pas de l'hôtel, me conseille-t-il. Les photographes sont déjà dans la rue, car le *Evening Standard* et le *Evening News*[86] viennent de publier la nouvelle du prétendu kidnapping !

Bien entendu, la nouvelle traverse la frontière et atterrit à Montréal sur le fil de la Presse canadienne où, par bonheur, elle est accueillie par une belle… synchronicité. En effet, cette nuit-là, comme par hasard, c'est mon bon ami Jean-Louis Morgan (toujours le même) qui est chef de pupitre. Connaissant parfaitement le dossier, Jean-Louis décide de l'intercepter. L'événement n'aura pas d'échos dans les médias du pays…

Le rideau tombe, mais, à l'évidence, la saga n'est pas près de prendre fin.

Le lendemain, système britannique oblige, je me vois contraint de confier le dossier à un avocat, Me Andrew Davies, et à un *barrister* (un plaideur), Me Ian McCulloch. La responsabilité de l'un est de s'occuper des détails inhérents à l'instruction de la cause, et celle de l'autre, de plaider devant le juge, car il y aura procès !

---

86. Londres, 9 et 10 juin 1971

L'épopée dure une semaine, le temps qu'aurait duré notre escapade au soleil. En contrepartie, on fait connaissance avec la pluie brouillardeuse de Londres.

Le jour final des procédures, mes avocats et moi sommes convoqués à comparaître devant le dernier juge à qui revient la charge de trancher le dilemme et de décider s'il y a eu «kidnapping» ou non, et, subséquemment, si l'accusation n'est pas fondée, de m'innocenter et de m'accorder l'autorisation de quitter le pays en compagnie de mes enfants.

Robert et son épouse (ils se sont mariés quelques jours avant mon arrivée à Paris) sont dans la salle d'audience. Après que Me Ian McCulloch, le *barrister*, eut brillamment exposé la situation, le juge demande à voir le jugement canadien du divorce. Il prend attentivement connaissance de son contenu, fait la moue et prie mon procureur de s'approcher de lui. Après un bref échange avec ce dernier, il me demande de venir le retrouver à mon tour. Le juge conclut sans peine que l'accusation qui m'a conduit à ce procès était abusive et totalement injustifiée. « La requérante, qui a passé outre à l'ordonnance du jugement lui interdisant de sortir les enfants du pays s'est rendue coupable d'outrage au tribunal. De plus, elle a porté une accusation arbitraire qui est irrecevable. On ne joue pas avec la justice impunément... »

Suit un échange avec le juge et mon plaideur qui m'informe que le magistrat songe à envoyer quelques jours à l'ombre celle qui s'est jouée de la justice, afin qu'elle réfléchisse à l'acte qu'elle a commis. La justice est claire : celui qui a commis le crime doit s'attendre à affronter le châtiment.

Devant cette option, je me permets d'intervenir respectueusement et d'expliquer à l'honorable juge que, bien que je sois d'accord avec lui sur la portée de l'acte, je serais néanmoins très contrarié de voir la mère de mes enfants prendre le chemin de la prison. Le juge coupe court aux tergiversations.

— *What do you want then, sir ?* demande-t-il.

— Ce que je veux, monsieur le juge, c'est la permission de quitter Londres et de ramener mes enfants, au plus tôt, à la maison, à Montréal !

Le juge acquiesce à ma demande et m'invite à retourner m'asseoir dans la salle.

Après quoi, s'adressant au greffier, il demande à celui-ci de téléphoner à l'aéroport, toutes affaires cessantes, pour s'informer de l'heure de départ du prochain avion pour Montréal.

Je suis complètement renversé.

Après s'être enquis auprès de moi si l'heure me convenait (!), le magistrat prie le greffier d'annoncer notre arrivée au transporteur aérien.

J'ai l'impression d'assister à la projection d'un film. Je ne rêve pas. C'est la pure réalité.

Dès ce moment, une véritable course contre la montre s'amorce. En quittant le palais de justice, mon avocat et moi tentons désespérément de trouver un taxi. On ne voit rien à l'horizon. L'endroit est un véritable désert. C'est bien connu, les taxis ne sont jamais là quand on en a besoin. Soudain, au moment où, désespérés, nous nous apprêtons à quitter les lieux au pas de course, un véhicule arrive. Nous nous y engouffrons en priant le chauffeur d'aller à l'hôtel le plus vite possible pour y cueillir Josette et les enfants et filer droit à l'aéroport.

À une vingtaine de rues de l'hôtel, nous rencontrons un obstacle majeur : une parade militaire qu'accompagne une rutilante fanfare obstrue notre route. Selon les estimations les plus optimistes, la circulation risque d'être bloquée durant une petite éternité. Ça continue sérieusement à avoir les allures d'une mission du lieutenant Colombo. Nous prenons la décision de faire le reste du chemin à pied. Nous prenons nos jambes à notre cou, et c'est totalement essoufflés que nous arrivons à l'hôtel.

Durant toute sa carrière, l'aubergiste n'a sans doute jamais vu des clients déguerpir aussi rapidement. Après avoir lancé en chœur « Goodbye sir ! » et donné une fraternelle accolade à l'ami avocat qui a eu la généreuse idée d'informer le chauffeur de taxi de l'importance des passagers qu'il allait transporter jusqu'à l'avion, nous nous envolons littéralement en direction de l'aéroport. Lorsque nous atteignons l'aérogare, l'horloge indique 13 h 30, précisément l'heure du décollage. Convaincus d'avoir raté l'avion, nous nous rendons au comptoir de la BOAC pour vérifier l'heure des vols à venir. Nouvelle surprise ! Un groupe de préposés nous attend les bras ouverts avec un large sourire aux lèvres.

— *Hurry up, hurry up ! The plane is waiting for you !*[87]
crient-ils en chœur.

Vite, pincez-moi, quelqu'un ! Ce n'est pas possible, cette fois je rêve sûrement !

Et pourtant… le plus étonnant reste à venir !

En effet, lorsque nous finissons par mettre les pieds dans l'appareil, nous y sommes accueillis par une véritable salve d'applaudissements… « *Finaly, here they come !…*» annonce triomphalement au micro le commandant à ses passagers visiblement ravis de voir la tête du brave papa qui a récupéré ses enfants. Pour justifier le petit retard, et les faire patienter, il leur avait raconté notre douloureuse histoire…

Chaque fois qu'il m'arrive de me souvenir de ce moment et de me remémorer les paroles du pilote, que j'avais goulûment happées à l'entrée de l'appareil, je ressens aussitôt un profond déchirement qui me fait inévitablement venir les larmes aux yeux…

Je ne voudrais pas m'étendre trop longuement sur ce qui est entré maintenant dans la préhistoire. Mais je tiens tout de même à dire que notre retour au pays fut suivi par d'autres procédures abusives, dont un appel en cour et une enquête, rejetée par le tribunal, au cours de laquelle, déçus par la décision du tribunal londonien, Robert et sa nouvelle épouse avaient tenté de prouver qu'en vivant avec leur père, les enfants se trouveraient en « danger moral et physique »…

Après que toutes les poursuites furent épuisées, et puisque les jugements rendus restaient en ma faveur, j'ai pris l'initiative de téléphoner à Robert pour l'inviter à me rencontrer. La position du gagnant me conférait l'avantage de faire le premier pas dans le but d'enterrer la hache de guerre de manière irrévocable et définitive… À son arrivée chez moi, je lui ai présenté mon offre sans emphase ni grandiloquence. Une offre sincère d'homme à homme qui devait garantir désormais la libre circulation des enfants en France comme au Canada. Il accepta la proposition et me promit sur l'honneur de ne pas intervenir dans mon entente avec la mère des enfants. Il promit

_____

87. « Dépêchez-vous, dépêchez-vous ! L'avion vous attend ! »

aussi solennellement de veiller à ce que les années à venir se déroulent désormais dans la paix et l'harmonie la plus complète, pour le plus grand bien de tous.

Promesse tenue!

L es hasards arrivent par surprise, sans raison apparente ou explicable. Comme je l'ai souvent dit dans les pages précédentes, tout au long de ma vie je n'ai pas cessé d'être ébloui par ces mystérieux événements ponctuels qui semblaient avoir été manigancés par une étrange force occulte. Il faut croire que ces accidents inattendus devaient nécessairement être... attendus. Comme je ne voudrais pas trahir la mémoire par omission, je ne peux pas résister à la tentation de raconter ce qui m'arriva un jour lors d'une réception chez Me André Bureau. Le souvenir de l'étonnant événement survenu quelques années après l'« armistice » est resté parfaitement intact chez moi jusqu'à ce jour.

Quelques instants après mon arrivée chez mes amis Thérèse et André Bureau, ma première coupe de champagne à la main, je vais m'installer sur un divan. Un homme, dont le visage ne me semble pas inconnu, s'y trouve déjà. En l'examinant de plus près, je le reconnais. Un léger frisson secoue mon corps des pieds à la tête. Cet homme est nul autre que le juge Claude Bisson, le magistrat de mon divorce. Le même homme de loi qui, à ma plus grande peine, avait accordé la garde des enfants à leur mère. L'être qui avait laissé une trace de grande superficie en moi. Celui-là même à qui j'ai longtemps attribué la responsabilité de toutes mes expériences dévore-vie et tous les malheurs qui nous sont tombés dessus.

Décidément, le *timing* était millimétré et pour le moins désarmant! Badaboum!

Entre nous, il y a tout d'abord un échange de regards étonnés pendant que des images troubles du passé défilent dans ma mémoire à triple vitesse. L'homme ne sait sûrement rien des conséquences de son jugement. Les juges voient tant de dossiers. Il ignore probablement tout de la vie que nous avons menée. Tout de ces enfants qui ont été tourneboulés, sonnés, ballottés comme des bouchons de liège sur une mer agitée. Se souvient-il seulement de moi? Soudainement je pense à lui et je pense à moi. Je ne l'envie pas. Toutes comparaisons faites, je crois qu'il vaut sans doute mieux avoir subi l'injustice que de l'avoir commise, surtout pour un juge. Son visage auguste semble d'une impassibilité marmoréenne. À quoi bon me servirait-il de profiter de cette occasion pour lui parler du ratage terminal du divorce ? Je suis sur le point de quitter le divan quand, après un long silence, je vois ses yeux se poser sur moi.

— Comment allez-vous ? me demande-t-il timidement.

— Pour tout vous dire, MAINTENANT, ça va bien ! Mais ça n'a pas toujours été le cas !

Le juge esquisse un sourire timide et en posant amicalement sa main sur mon bras, dit :

— Je suis au courant de TOUT ce qui est arrivé. Croyez-moi, j'en suis sincèrement désolé. Je sais que si je vous présentais mes excuses, elles ne changeraient rien à ce que vous avez vécu. Je voudrais tout de même que vous sachiez que votre expérience m'a permis d'ouvrir les yeux et d'améliorer mes jugements. Désormais, je n'hésite plus à attribuer la garde des enfants aux pères !

Et pour prouver sa sincérité, le juge me cite le cas d'un ami, pianiste bien connu, qu'il vient de divorcer et à qui il a accordé la garde des enfants sans la moindre hésitation. Mon cas a au moins servi à changer, dans une modeste part, une pratique injuste bien ancrée au Québec.

Quelques instants après notre échange, nos femmes viennent se joindre à nous. L'épouse du juge, qui est d'une force souriante, semble très soulagée de pouvoir nous dire combien son mari a été troublé par tous les ennuis qui sont arrivés à notre petite famille. En me faisant cette confidence, la brave femme serre ma main avec effusion. À aucun moment, les deux ne profitent de l'occasion pour nous vendre autre chose que leur nouvelle amitié. Le seul nuage de cette soirée est celui sur lequel je plane. Cette rencontre impromptue d'une exceptionnelle intensité a été pour moi réellement bienfaisante et remplie d'une joie intense.

Les années qui ont suivi furent truffées d'innombrables rebondissements, de chagrins et de déchirements sans noms. Elles m'ont permis d'expérimenter l'étonnement, la nausée, le mépris, l'incompréhension, la rancune et le désespoir. Aujourd'hui, avec le recul du temps, ces épuisantes luttes me paraissent tellement futiles, puériles, inutiles, stupides… Si j'ai pris la liberté d'en narrer ici quelques-unes d'entre elles, ce n'est ni pour suborner le lecteur ni pour tirer une quelconque vengeance d'un affront. De tout ce que j'ai vécu, je ne garde ni colère, ni rancœur, ni ressentiment. Je n'ai pas de sentiments revanchards, aucune amertume au ventre. Après ces luttes acharnées, la vie a fini par reprendre son chemin. Pardonner à ceux qui nous ont fait du mal ne passe-t-il pas avant… avoir raison?

On peut renoncer au ressentiment, non à la mémoire. Alors, je me souviens…

Je reste convaincu que cette pénible traversée représente une part essentielle de ce que je suis devenu ou de ce que j'essaie d'être. Serait-ce que je sens mon horizon se rétrécir et que je m'approcherais inéluctablement de ma date de péremption? L'âge n'est sûrement pas étranger à la découverte de la sagesse. Après tout, ne m'est-il pas arrivé, à moi aussi, de répondre aux sonneries du cœur, de vivre des coups de foudre, des passions et de rechercher l'inaccessible amour?

Maintenant, je comprends sans peine que l'on ne puisse jamais échapper au destin. Comment pourrait-on éviter de faire souffrir ceux que l'on croit être des empêcheurs de toucher au bonheur qui nous tend les bras?

Pour fermer la longue parenthèse sur cet épisode de ma vie, je dois dire que cinq ans plus tard, la mère de mes enfants divorça et revint vivre au Québec.

Quand bien même on voudrait revenir en arrière, c'est fait. Il est trop tard! On peut juste constater la connerie… et apprécier que le temps ait fini par gommer l'insupportable et qu'il nous ait permis de reprendre une relation civilisée.

Aujourd'hui, je peux rire du passé, même si parfois, lorsque je repense à toutes les luttes inutiles qui nous ont écorchés, le rire me reste manifestement en travers de la gorge.

On peut fermer ses yeux sur la réalité, mais peut-on les fermer efficacement sur les souvenirs?

C'est Voltaire qui, le premier, a semé le doute dans mon esprit. Il était catégorique. Pour lui, *il n'y avait point de hasard*. Dans le même ordre d'esprit, Jérôme Touzalin disait, lui : « Il n'y a pas de hasards... il n'y a que des rendez-vous qu'on ne sait pas lire. » Moi qui n'arrivais déjà pas à distinguer la différence entre le hasard, la chance, la fatalité, le sort, le concours de circonstances qui nous ébranle et la coïncidence... la proclamation de ces écrivains avait de quoi me surprendre. Dans les pages précédentes, j'ai eu le loisir de raconter certains de ces hasards dont la répétition dans ma vie ne cesse de m'interpeller.

Pour compliquer le tout, Jung est arrivé avec son étude sur le principe de relation acausale : la synchronicité. Ce que j'en conclus finalement, c'est que toute coïncidence est productrice de sens. Les événements synchronistiques, les phénomènes inaccoutumés, accidentels, qui surviennent dans notre vie seraient sans doute tous significatifs. Le malheur c'est que nous, qui sommes témoins des présages qui nous sont envoyés par on ne sait qui, ne sommes pas prêts à les décrypter et à en saisir la portée.

Pour rester dans les hasards et les coïncidences, dont il a souvent été question dans ces pages, j'aimerais raconter ici trois troublantes expériences, parcourues parfois par un friselis d'humour, qu'il m'a été donné de vivre dans cet étrange domaine.

La première concerne Yves Montand.

Après avoir acquis les droits d'une grande émission spéciale de Jean-Christophe Averty, consacrée à ce géant que fut Yves Montand, les dirigeants d'une chaîne de télévision privée du Québec ont souhaité que celle-ci soit complétée par une interview exclusive de la vedette. On me demande donc de tenter de joindre le chanteur pour le convaincre de m'accorder un entretien filmé. Je téléphone aussitôt au domicile de Montand, à Paris.

Premier heureux hasard : c'est lui qui répond en personne !

— Je viens juste de rentrer de voyage, me dit-il. Je n'ai pas l'habitude de répondre au téléphone, mais comme je croyais que c'était Simone et que j'attendais son appel...

Je lui explique le but de mon appel. Montand se dit ravi de collaborer au projet, d'autant qu'il aime beaucoup le travail qu'a fait Averty. Il nous reste à décider du lieu et de la date de notre rencontre.

— La semaine prochaine, je suis en Angleterre, à Brighton, m'explique-t-il. Je tourne un film là-bas avec Barbara Streisand. Venez n'importe quel jour à mon hôtel et on se trouvera un petit moment pour faire ce que vous souhaitez.

— C'est d'accord! Pouvez-vous me dire le nom de votre hôtel?

Montand fait une longue pause, réfléchit, fait un grand effort pour se souvenir du nom de son hôtel, mais sans succès.

— C'est bête, mais j'oublie le nom pour l'instant, dit-il. De toute façon, vous n'aurez aucune difficulté à le trouver. Il n'y en a qu'UN SEUL à Brighton!

Il n'y était visiblement jamais allé (moi non plus d'ailleurs), car des hôtels, à Brighton, on ne trouve que ça! Pour tout dire, il y en a une quantité astronomique! C'est du moins la constatation que j'ai faite quatre jours plus tard en y débarquant avec mon équipe de tournage.

Devant l'infini amoncellement de gîtes de toutes sortes, je panique. Pas question bien sûr de dire à mes compagnons que je ne sais pas où je vais… Je roule ainsi un bon quart d'heure — mine de rien (!) — sur l'artère principale de la ville truffée d'hôtels illuminés par d'agressifs néons multicolores. Chemin faisant, j'ai une idée. Je vais en choisir un au hasard, me dis-je, et je vais aller demander à la réception de m'indiquer où a lieu le tournage mettant en vedette Montand et Streisand. J'imagine que pareilles prises de vues ne passent pas inaperçues. Je stoppe donc mon auto, d'un air assuré, en face du premier hôtel venu. Mes coéquipiers se préparent aussitôt à descendre, mais je leur dis de patienter un moment, le temps que je vérifie si l'établissement a bien enregistré nos réservations (!). N'importe quoi pour ne pas perdre la face! Pendant que ma bande m'attend patiemment dans l'auto, je cours vers la réception.

— Pardon, sir, est-ce que vous connaîtriez par hasard le lieu où se déroule le tournage du film avec Yves Montand?

L'homme en livrée paraît surpris et me répond par une question.

— Pourquoi voulez-vous savoir ça ? me demande-t-il en fronçant les sourcils.

— C'est que j'ai rendez-vous avec monsieur Montand ! lui dis-je fièrement.

— Ah bon ? Eh bien, dans ce cas, retournez-vous, il vient de rentrer. Regardez, il est là, juste derrière vous…

Je n'ai eu qu'à me retourner pour me présenter.

— Bonjour, monsieur Montand. Je suis Alain Stanké. Tel que prévu je viens d'arriver. Quand pourrions-nous nous voir pour l'interview ?

Une fois le rendez-vous fixé au petit-déjeuner et les chambres réservées, je sors de l'hôtel la tête haute pour annoncer à mon équipe que TOUT est réglé ! Il ne leur reste plus qu'à monter les bagages dans leurs chambres…

Après pareille aventure, comment ne pas croire aux miracles ?

La seconde expérience concerne ma mère.

Les dernières années de sa vie, elle les a passées en compagnie de Joujou, un adorable petit caniche blanc qui meublait joyeusement ses journées. Lorsqu'elle a atteint l'âge de quatre-vingt-treize ans, son état s'étant détérioré, nous avons dû la placer dans un établissement pour personnes âgées privées d'autonomie. Il n'était malheureusement pas question que Joujou la suive dans sa nouvelle demeure. La séparation, on s'en doute, fut très douloureuse. Le temps aidant, elle finit par ne plus parler de son petit chien qu'Anne Richer, une de mes bonnes amies, journaliste à *La Presse,* adopta pour la plus grande joie de ses petits-enfants. À quatre-vingt-quinze ans, un mois de novembre, ma vieille mère se mit étrangement à reparler de son Joujou avec beaucoup d'acuité. Elle en parla quotidiennement, avec passion, jusqu'au premier décembre, jour où elle s'est finalement éteinte.

À l'autre bout de la ville, le même jour, à la même heure, Joujou mourut lui aussi !

Un concours de circonstances réellement étrange qui laisse perplexe.

Le dernier événement fortuit, difficilement explicable lui aussi, est survenu tout récemment. Il est d'autant plus stupéfiant qu'il se relie à un événement qui est arrivé il y a plus de soixante ans !

Lors de la dernière guerre mondiale, alors que je n'avais que dix ans, j'ai connu les camps de concentration[88]. Les derniers mois de la guerre, je les ai vécus dans un petit camp situé à Würzburg où les nazis avaient réuni un groupe de personnes destinées à servir de cobayes pour des expériences sur l'hypothermie, dont j'ai déjà parlé brièvement au début du présent ouvrage. Ce camp, dirigé par nul autre que le fils du célèbre amiral allemand Von Tirpitz, était un camp où l'on ne faisait rien d'autre que d'attendre notre tour... c'est-à-dire d'attendre la mort.

Tous les jours, l'un de nous était choisi pour aller à la piscine. Il y allait sans prendre le soin d'emporter une serviette de bain, et pour cause... la piscine était remplie d'eau glacée et jamais personne n'en sortait vivant. Pendant l'expérience, un « chercheur médical » (!) se tenait au bord du bassin. Sa tâche consistait à noter scrupuleusement le temps que le baigneur réussirait à survivre avant de rendre l'âme. Heureusement pour moi et mes compagnons d'infortune, dont le tour de prendre le bain n'était pas encore arrivé, les soldats américains, eux, sont arrivés juste à temps pour nous éviter la mort.

Après avoir connu, la faim, la peur, l'angoisse de mourir sous les bombes, devant un peloton d'exécution ou gelé dans l'eau glacée de la « piscine du dernier bain », il était prévisible que je garde, tout enfant que j'étais, une certaine rancune contre mes bourreaux et, par association, contre tout le peuple allemand. Ce profond ressentiment (dont je n'étais pas très fier) dura de nombreuses années. En réalité, ce n'est qu'après avoir rencontré Stanislas Déry, commandant en second québécois, que ma rageuse ténacité s'est radoucie. Lors de la dernière guerre mondiale, Stanislas Déry a torpillé un sous-marin allemand et sauvé la vie à cinquante-quatre marins ennemis qu'il fit prisonniers, puis devint ami pour la vie avec son vis-à-vis allemand, l'*Oberleutnant zur See* Peter Heisig ! Des années se sont écoulées, et j'ai eu l'idée de produire un film[89] sur cette merveilleuse histoire compassionnelle qui a aussi été racontée dans un ouvrage[90].

88. Alain Stanké. *Des barbelés dans ma mémoire*, Paris, L'Archipel, 2004.
89. *Ne tirez pas !*, Télévision de Radio-Canada, 2008.
90. Jean-Louis Morgan et Linda Sinclair. *Ne tirez pas !*, Paris, L'Archipel, 2008.

En allant interviewer le vieil *oberleutnant* Heisig en Allemagne, j'avais décidé de faire la paix une fois pour toutes avec mes bourreaux du passé, et me laver de cette maladie qui ne pardonne pas : la rancune ! Une occasion inespérée. Comment aurais-je pu produire un film sur la compassion et la fraternité en continuant à entretenir du ressentiment ?

Les entretiens que j'ai eu le bonheur d'avoir avec l'homme de quatre-vingt-cinq ans ont fini par mettre le dernier baume sur ce qui restait de mes plaies d'enfance. À la grande surprise de l'octogénaire, mes interviews avec lui se sont déroulées en allemand, la quatrième langue que j'ai dû apprendre pour ne pas mourir de faim. À plusieurs reprises, le vieux loup de mer me demanda avec insistance de lui expliquer par quel concours de circonstances je parlais l'allemand. Je promis de lui donner la réponse qu'il recherchait sitôt les interviews terminées. Lorsque le tournage fut complété et que nous étions prêts à quitter son petit bourg de campagne composé d'une poignée de maisons, j'ai accepté de lui divulguer mon expérience du passé. Heisig fut bouleversé par la révélation. J'ai profité de l'occasion pour signaler au marin (quel hasard !) qu'à cette triste époque, mon garde-chiourme au camp de Würzburg était nul autre que le fils de l'illustre amiral Von Tirpitz, fierté de la marine allemande dont un des plus puissants navires de l'amirauté allemande portait d'ailleurs le nom !

— Vous avez bien dit Von Tirpitz ? me demanda Heisig d'un air consterné.

— Aucun doute, lui dis-je. Tant que je vivrai, jamais je ne pourrai oublier le nom ni le visage de cet homme.

Peter Heisig fit une longue pause, ouvrit tout grand ses yeux, se tourna vers la fenêtre qui était juste derrière lui et dit :

— Mais... mais... quel hasard ! Von Tirpitz est mon voisin ! Il habite juste à côté, là. Regardez... Voulez-vous que nous allions le voir ?

Je ne suis pas allé frapper à la porte de mon ex-geôlier. Je n'aurais pas eu la force de le faire.

Rien n'est jamais une fatalité !

Je crois que c'est précisément ce jour-là que le hasard avait choisi pour m'aider à tourner, pour toujours, la page sur ce pénible chapitre de mon passé.

La maxime ne dit-elle pas : « Quand quelque chose se ferme dans la mémoire, quelque chose s'ouvre dans le présent » ?

J'ai chassé les monstres du passé, cessé d'habiter ma mémoire comme une maison hantée, fait un grand ménage et ouvert enfin mes fenêtres sur le lumineux horizon du présent.

Que faut-il de plus pour vivre heureux au soir d'une vie ?

Et pour finir… Il a été journaliste, maire, chef de cabinet du premier ministre du Canada, président des chemins de fer nationaux et, au moment de prendre sa retraite, il s'est offert… un cancer. Sa vie fut remplie de joies, de douleurs, et lardée d'une impressionnante série de mémorables événements.

Lorsque je lui ai demandé pourquoi il n'avait pas encore entrepris d'écrire ses mémoires, modeste, comme toujours, Jean Pelletier eut cette pétulante réponse : « On écrit ses mémoires pour deux raisons : parce qu'on a un gros ego ou parce qu'on a eu une vie exceptionnelle. Ce n'est assurément pas mon cas ! »

Au moment où mon ami me fit cette confidence, je venais tout juste d'achever la rédaction de ces pages. S'il m'avait parlé avant, je ne me serais peut-être pas donné la peine de les écrire, car, à la réflexion, je ne crois pas être, moi non plus, infatué outre mesure.

Juré craché !

À bien y penser, croire que tout ce que l'on a vécu, entendu et observé au cours de sa vie mérite d'être imprimé, a un parfum de vanité.

« L'écriture, à la différence du vin, disait Philippe Bouvard, enivre davantage celui qui la fabrique que ceux qui la consomment. »

Ce n'est pas mon cas. Je suis plutôt de ceux qui accouchent dans la douleur.

En ce qui concerne les recueils de souvenirs, je suis de ceux qui croient qu'on devrait éviter de deviser de son propre passé, sauf si l'on vous sollicite… Du coup, je me sens un peu soulagé, car c'est mon éditeur et ami qui m'a beaucoup encouragé à écrire ce livre. Les reproches qu'on souhaiterait me faire devraient donc être adressés aussi à Jean-Daniel Belfond !

Montréal, 11 novembre 2008 (jour du Souvenir)

Mini lexique d'expressions québécoises à l'intention des lecteurs français... de partout, sauf du Québec

Bretter : flâner, être nonchalant
Bonjour : bonjour ou au revoir
Brocheuse : agrafeuse
Casseux de veillée : rabat-joie, trouble-fête
Chaise berçante : fauteuil à bascule
Coat à queue : redingote
Couverte : couverture
Criard : klaxon
Crosseur : pourri, salaud, qui trompe tout le monde
Écharpe : écharde
Épais : peu dégourdi, imbécile
Épingle à couche : épingle de nourrice ou de sûreté
Fafineux : mièvre, affecté
Fucké : détraqué, cinglé
Frais-chié : prétentieux
Guenille : chiffon
Guidoune : gourgandine
Hot-dog stimé : hot-dog à la vapeur
Malle, maller : poste, poster
Minab : pauvre type
Mongol : attardé, qui ne comprend pas vite
Moron : demeuré, imbécile
Niaiseux : niais, bête, stupide
Niochon : nigaud, ballot
Ouéyou : voyou, vaurien
Pas sortable : insupportable en société
Pelleteux d'nuages : rêveur
Prendre un break : faire une pause
Quétaine (kétaine) : démodé, sans goût
Stool : délateur
Suce : tétine
Téteux : flagorneur
Trousseau de bébé : layette
Varloper : critiquer sévèrement
Vidanges : ordures

Afin de ne pas perdre la face (quand on perd son français)

Accrocher ses patins : cesser de travailler
A braille : elle pleure
Ambitionne pas su'l'pain béni : n'exagère pas
Avoir le motton : avoir beaucoup de sous. Ou encore : avoir beaucoup de peine
Avoir les yeux dans graisse de bines : avoir les yeux dans le vague. Un regard amoureux
Avoir la guédille au nez : avoir la morve au nez
Avoir vu neiger : avoir de l'expérience.
Bade toézempa : ne t'en fais pas
Camtoé ! : relaxe !
C'est arrangé avec le gars des vues : c'est truqué
C'est écoeurant : c'est fantastique, extraordinaire, génial
C'est l'bout d'la marde : c'est la fin du monde, la fin des haricots
C'est ben d'valeur : c'est bien regrettable
C'est tiguidou : c'est parfait
Datsitte ! : c'est ça !
Donne-z-y trente sous pour qu'y aille jouer dans le trafic : fais en sorte qu'il s'éloigne
Décâlisse d'icitte ! : sors d'ici !
Et aickssa ? : et avec ça ?
Être au coton : être épuisé
Être aux oiseaux : être très heureux
Être en criss, en tabarnak, en estie, en câlice, en sacrament, en cibouère : être est en colère
Être su'l'piton : être éveillé, en pleine forme
Faire patate : rater son coup
Fucker le chien : tirer au flanc
Gar ladon : regarde la
Il a d'l'air gorlot : il a l'air mal foutu, bizarre, légèrement ivre
Il a pété au frette : il est mort subitement
Il a viré son capot de bord : il a changé d'idée brusquement

Il a de l'eau dans sa cave: ses pantalons sont légèrement trop courts

Il est lôdé, au boutte: il est bourré aux as, il en a plein les bras

Il sent la tonne: il sent l'alcool

J'ai un kick sur elle: j'ai le béguin pour elle

J'ai eu a chienne: J'ai eu peur

Kessé tufai? Cosse tufai ?: que fais-tu ?

L'affaire est ketchup: l'affaire est au mieux

Lâche pas la patate: tiens ton bout

M'a y parler dans l'casse: je vais le lui dire directement

M'a t'y crisser une volée: Je vais le battre

Ôte tes claques, débarque en ville: dégourdis-toi !

Partir s'une baloune: s'enivrer

Passer au cash: manger une bonne volée

Péter d'la broue: se vanter

Pis: et alors ?

Plan d'nèg: projet irréaliste

Quessé qu'ça mange en hiver?: C'est bizarre ; qu'est-ce que c'est?

Ça d'l'air de tsa: c'est comme ça

S'mett' en criss: se mettre en colère

S'en aller s'a bomme: dépérir

S'pacter la fraise: s'enivrer

Tcheck tes claques !: sois prudent !

Un char de marde: de gros problèmes